U0693960

银行客户经理信贷调查要点培训

（第二版）

立金银行培训中心　著

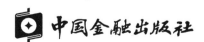

中国金融出版社

责任编辑：张清民
责任校对：孙　蕊
责任印制：陈晓川

图书在版编目（CIP）数据

银行客户经理信贷调查要点培训/立金银行培训中心著. —2 版 . —北京：中国金融出版社，2021.5

ISBN 978 - 7 - 5220 - 1177 - 6

Ⅰ.①银… Ⅱ.①立… Ⅲ.①信贷管理—岗位培训—教材 Ⅳ.①F830.51

中国版本图书馆 CIP 数据核字（2021）第 098757 号

银行客户经理信贷调查要点培训（第二版）
YINHANG KEHU JINGLI XINDAI DIAOCHA YAODIAN PEIXUN（DI - ER BAN）

出版
发行　**中国金融出版社**

社址　北京市丰台区益泽路 2 号
市场开发部　（010）66024766，63805472，63439533（传真）
网 上 书 店　www.cfph.cn
　　　　　　（010）66024766，63372837（传真）
读者服务部　（010）66070833，62568380
邮编　100071
经销　新华书店
印刷　河北松源印刷有限公司
尺寸　169 毫米 ×239 毫米
印张　18.75
字数　290 千
版次　2015 年 1 月第 1 版　2021 年 6 月第 2 版
印次　2025 年 2 月第 2 次印刷
定价　48.00 元
ISBN 978 - 7 - 5220 - 1177 - 6
如出现印装错误本社负责调换　联系电话（010）63263947

序

做个优秀的银行客户经理

立金银行培训中心一直从事银行客户经理的培训工作。银行客户经理是一个专业性极强的岗位，要求客户经理必须具备极强的责任心，同时精通各类信贷业务。我们以往出版的图书大部分是在讲营销，即如何去"攻"，很多人会问，能否出本书讲"守"，毕竟银行是需要控制风险的。为迎合大家的要求，本书将重点介绍如何控制风险。每个授信产品的风险控制机理截然不同，因此，本书重点讲解各类流行授信产品的调查要点。

做一名合格的客户经理，如何控制风险呢？我认为需要注意以下几点：

第一，要有清晰的风险意识，知道每项业务的风险重点。

银行客户经理既要积极把握市场机会，积极主动地营销客户，又要注重防控风险。要始终注意随时了解经济金融形势变化、国家及监管部门政策动态、行业变化及经济领域的重大事件。在营销时重点注意行业特点、企业发展阶段、所处产业链环节、企业管理层特别是法定代表人素质等关键要素，而不是简单地进行资产负债及财务分析。要把握不同合作对象的风险要点。首先要能够控制风险，其次要考虑怎样使银行的收益最大化。

第二，要真正了解企业的商业模式，动态掌控企业。

客户经理必须能够落实具体环节，深入客户经营中，及时了解、掌握客户经营状况和企业动态，特别注重分别同合作企业管理层、财务人员、销售人员等深入进行各种不同形式的沟通交流，不断去施工现场、工程工地，力求掌握第一手资料，对业务及客户做到心中有数。只有了解客户，才能够真正控制客户，进而真正控制风险。抵押、担保不是控制风险的关键，只有了解客户、控制客户的现金流才是控制风险的王道。

第三，要精通各类信贷产品，能够设计个性化的金融服务方案。

客户经理必须掌握各类信贷产品的风险控制要点。银行承兑汇票、商业承兑汇票、保理业务、保兑仓业务、动产融资业务等都有独特的风险控制要点，每位客户经理必须掌握风险控制的精髓，能够根据客户的经营模式，设计个性化的金融服务方案。

为了控制借款人的现金流，我们正在推广一个产品——倒签商业承兑汇票，就是先由借款人（卖方）向买方签发商业承兑汇票，再由买方承兑，然后将商业承兑汇票反向质押给银行，最后由银行提供融资。在实践中，这个业务可以非常有效地控制风险。

每位客户经理都要牢记"四常"：常思贪欲之害，常弃非分之想，常怀律己之心，常修信贷之德。坚持做到自重、自省、自警、自励，言行一致，以身作则。在严格要求自己的同时，面对利益诱惑不动摇、不动心，坚持遵守职业道德和行为规范。

在此，祝愿每位银行客户经理职业生涯一帆风顺！

陈立金

目　录

第一章　信贷业务调查要点

一、客户经理需要掌握的信贷制度

1. 法律

《担保法》《物权法》《民法通则》《公司法》《商业银行法》《会计法》《贷款通则》《破产法》等法律法规。

其中，《担保法》《物权法》是商业银行授信业务的风险核心抓手，告诉我们哪些可以作为担保方式，二者可以作为银行给企业提供授信额度的依据；而《民法通则》《公司法》《商业银行法》《会计法》约束的是企业行为。

2. 法规

《商业银行授信工作尽职指引》《贷款通则》《银团贷款业务指引》以及《固定资产贷款管理暂行办法》《流动资金贷款管理暂行办法》《项目融资业务指引》等贷款新规。

这些属于约束银行行为方面的法规，是商业银行经营信贷业务的基本准则。

3. 会计制度

《企业财务会计报告条例》《企业会计准则》《企业会计制度》等会计制度。这些属于企业财务的规范文件，提供了商业银行了解和分析企业的正确方法。

4. 相关规定

《中国证券监督管理委员会、中国银行业监督管理委员会关于规范上市公司对外担保行为的通知》（证监发〔2005〕120号）等规定。

《关于规范上市公司对外担保行为的通知》（证监发〔2005〕120号）第四（二）条规定，所称"上市公司及其控股子公司的对外担保总额"，是指包括上市公司对控股子公司担保在内的上市公司对外担保总额与上市公司控股子公司对外担保总额之和。

即对外担保总额占净资产比例的计算口径：（∑上市公司母公司及其各控股子公司对外担保总额）/最近期末经审计的上市公司净资产，包含上市公司对其控股子公司提供的担保。

上市公司为自身贷款提供担保不算对外担保。《关于规范上市公司对外担保行为的通知》（证监发〔2005〕120号）第四（二）条规定，所称"对外担保"，是指上市公司为他人提供的担保。

控股子公司（全资子公司）可以为上市公司担保。《关于规范上市公司对外担保行为的通知》（证监发〔2005〕120号）第一（七）条规定，上市公司控股子公司的对外担保，比照上述规定执行。上市公司控股子公司应在其董事会或股东大会作出决议后及时通知上市公司履行有关信息披露义务。

例如，仁智油服2015年4月21日公告的《关于全资子公司为母公司融资提供担保的公告》和国中水务2015年2月3日公告的《关于全资子公司为母公司提供担保的公告》。

5. 审议对外担保的特殊要求

（1）董事会必开

《上海证券交易所股票上市规则》规定，9.11 上市公司发生"提供担保"交易事项，应当提交董事会或者股东大会进行审议，并及时披露。

由董事会审批的对外担保，必须经出席董事会的2/3以上董事审议同意并作出决议。

《公告格式指引——第六号 上市公司为他人提供担保公告》规定，（七）对于董事会权限范围内的担保事项，除应当经全体董事的过半数通过外，还应当经出席董事会会议的2/3以上董事同意。

（2）股东大会达到标准开

《上海证券交易所股票上市规则》规定，9.11 下述担保事项应当在董事会审议通过后提交股东大会审议：

（一）单笔担保额超过公司最近一期经审计净资产10%的担保；

（二）公司及其控股子公司的对外担保总额，超过公司最近一期经审计净资产50%以后提供的任何担保；

（三）为资产负债率超过70%的担保对象提供的担保；

（四）按照担保金额连续十二个月内累计计算原则，超过公司最近一期经审计总资产30%的担保；

（五）按照担保金额连续十二个月内累计计算原则，超过公司最近一期经审计净资产的50%，且绝对金额超过5000万元以上；

（六）本所或者公司章程规定的其他担保。

《上海证券交易所股票上市规则》规定，10.2.6　上市公司为关联人提供担保的，不论数额大小，均应当在董事会审议通过后及时披露，并提交股东大会审议。

《关于规范上市公司对外担保行为的通知》（证监发〔2005〕120号）第一（三）条规定，应由股东大会审批的对外担保，必须经董事会审议通过后，方可提交股东大会审批。须经股东大会审批的对外担保，包括但不限于下列情形：4.对股东、实际控制人及其关联方提供的担保。

一般情况普通决议通过上述（一）、（二）、（三）、（五），经出席会议的股东所持表决权的1/2以上通过。

关联方担保关联方回避后普通决议通过。

《上海证券交易所股票上市规则》规定，10.2.6　上市公司为关联人提供担保的，不论数额大小，均应当在董事会审议通过后及时披露，并提交股东大会审议。公司为持股5%以下的股东提供担保的，参照前款规定执行，有关股东应当在股东大会上回避表决。关联方回避表决，该项表决由出席股东大会的其他股东所持表决权的过半数通过。

特别决议的情况上述（四），经出席会议的股东所持表决权的2/3以上通过。

【立金小提示】

商业银行必须遵循其中的法律准则。法律是保护商业银行的基本底线，所以每位客户经理都必须非常熟悉信贷法律。商业银行经营的是风险，法律是保护商业银行免遭损失的"盾牌"。

商业银行是经营信用的机构，要靠信用谋生存、求发展，也就是靠"义和利"。

所谓"义"，就是必须以客户的利益为依归，以法律、行规作为依据。所谓"利"，就是商业银行必须能赚钱，在商言商，我们不避讳谈利，在有益于国家的同时，实现企业的商业使命。

二、授信申请人/保证人需要提交的资料

授信申请人/保证人按属性分为企业法人、事业法人和机关法人三类。审查人员在进行资料合规性审查时，需分别对授信申请人和每位保证人填写风险要点。

1. 企业法人资料

企业法人资料审查要点详见表1-1。

表1-1　企业法人资料审查要点

项目	审查要点
企业法人营业执照	1. 通过工商部门年检
	2. 在营业期限内
	3. 企业客户的分公司申请借款的，由法人提供书面授权
客户组织机构代码证书	4. 通过年检
	5. 在证件有效期内
客户法定代表人	6. 提供法定代表人证明、法定代表人身份证复印件
公司章程	7. 经营范围与营业执照经营范围一致
	8. 借款及担保行为符合公司章程规定
客户成立文件	9. 从事特殊行业的客户经国家有权机构审批文件
客户验资报告	10. 首期出资比例符合《公司法》等法律法规规定
	11. 股东按照出资计划、出资形式履行出资义务
	12. 以实物、无形资产或土地使用权出资的，需提供资产评估报告
	13. 全体股东的货币出资金额不得低于有限责任公司注册资本的30%
客户财务报表	14. 提供近三年经财政部门核准或会计师事务所、审计师事务所审计的财务报告
	15. 提供3个月以内最近一期财务报表
	16. 提供详细的会计报表附注
	17. 集团客户提供合并及本部报表
客户机构信用代码	18. 通过年审，在有效期内
	19. 打印机构信用代码信息资料

企业法人是最经常出现的借款主体，是我们最应当关注的群体。商业银行吸收的银行承兑汇票的保证金存款等都是企业客户提供的。

【批复样本】

××银行授信审批批复

批复编号：

申请人名称	××市水利建筑工程有限公司				
呈报行、部	××分行		借款人评级		客户经理
					审查员

申请信息					
额度类型	公开授信额度	授信方式		综合授信额度	
授信额度（万元）	3000.00	期限（月）		12	

授信品种	业务品种细项	币种	金额（万元）	保证金比例（％）	期限（月）	利/费率
（1）履约保函		人民币	1000.00	30	12	按银行规定执行
（2）流动资金贷款		人民币	1000.00		12	按银行规定执行
（3）银行承兑汇票		人民币	1000.00	30	12	按银行规定执行

担保方式及内容	连带责任保证人：××交通工程有限公司	授信敞口（万元）	2400.00

批复意见
根据××银行授信审批有关制度，第＿＿＿次评审会，集体审议此项目。审批意见如下：

同意并按照以下方式给予授信

额度类型	公开授信额度	授信方式		综合授信额度		
授信额度（万元）	3000.00	期限（月）		12		

授信品种	币种	金额（万元）	保证金比例（％）	期限（月）	利/费率	是否循环	串用说明
（1）履约保函	人民币	1000.00	30	12	按银行规定执行	是	仅可串用为非融资类保函
（2）流动资金贷款	人民币	1000.00	0	12	按银行规定执行	是	按规则串用

续表

授信品种	币种	金额（万元）	保证金比例（%）	期限（月）	利/费率	是否循环	串用说明
（3）银行承兑汇票	人民币	1000.00	30	12	按银行规定执行	是	不可串用为流动资金贷款业务品种，其余按规则串用
贷款性质	新增	本次授信敞口（万元）	2400.00			授信总敞口（万元）	2400.00
担保方式及内容	由××交通工程有限公司提供连带责任保证担保						
授信前需落实条件	授信启用前需提供申请人、担保人有权机构（有权人）出具的与授信内容一致的相关材料，确保银行债权合法有效						
其他授信要求	1. 严格按照上报用途使用授信，严禁挪作他用，银行授信不得用于权益性、固定资产投资及房地产项目建设，严禁流入股市； 2. 若使用流动资金贷款业务品种，须严格凭购销合同受托支付； 3. 申请人将经银行认可的不低于1000万元的应收账款质押给银行，在人民银行应收账款质押登记系统中登记并逐月更新，按月提供应收账款明细（买方、合同号、发票号、金额、到期日）； 4. 本笔授信银行承兑汇票额度项下业务六个月到期后，叙做须经风险总监签字同意； 5. 加强授信后管理，密切关注申请人经营情况及对外担保情况，防范信贷风险						

2. 事业法人资料

事业法人资料审查要点详见表1-2。

表1-2　事业法人资料审查要点

项目	审查要点
事业单位法人证书	1. 通过主管部门年检
	2. 在有效期限内
客户组织机构代码证书	3. 通过主管部门年检
	4. 在证件有效期内
客户法定代表人	5. 提供法定代表人证明、法定代表人身份证复印件
客户成立文件	6. 从事特殊行业的客户经国家有权机构审批文件

续表

项目	审查要点
客户财务报表	7. 提供近三年经财政部门核准或会计师事务所、审计师事务所审计的财务报告
	8. 提供 3 个月以内最近一期财务报表
	9. 提供详细的会计报表附注
	10. 集团客户提供合并及本部报表
客户机构信用代码	11. 通过年审，在有效期内
	12. 打印机构信用代码信息资料

事业法人往往从事特定的公用事业，属于社会的刚需，基本没有竞争，例如医院、学院、建设指挥部、二手车交易中心等机构。

【立金小提示】

这类事业单位垄断经营，现金流量大，往往与相关行政部门有密切的关系，是商业银行拓展负债业务的黄金客户群体。

【批复案例】

××银行信贷审批委员会审批批复

批复编号：

申请人名称		××市粮食收购交易中心				
呈报行、部		××北园支行	借款人评级		客户经理	AA
					审查员	AA
申请信息						
额度类型		内部授信额度	授信方式		单笔单批额度	
授信额度（万元）		65000.00	期限（月）		36	
授信品种	业务品种细项	币种	金额（万元）	保证金比例（%）	期限（月）	利/费率
收购贷款	土地储备贷款	人民币	65000.00	0	36	按银行相关规定执行
担保方式及内容		连带责任保证人：××西城投资开发集团有限公司。抵押物名称：土地使用权［土地证编号：×××国用（2020）第×××号］			授信敞口（万元）	65000.00

续表

批复意见							
根据××银行信贷审批委员会工作制度，于＿＿＿年＿＿＿月＿＿＿日召开第＿＿＿次会议，集体审议此项目。审批意见如下：							
同意并按照以下方式给予授信							
额度类型		内部授信额度		授信方式		单笔单批额度	
授信额度（万元）		63000.00		期限（月）		36	
授信品种	币种	金额（万元）	保证金比例（%）	期限（月）	利/费率	是否循环	申用说明
土地开发贷款	人民币	63000.00	0	36	按银行规定执行		
业务品种细项		土地储备贷款					
贷款性质	新增	本次授信敞口（万元）	63000.00	授信总敞口（万元）		255000.00	
担保方式及内容	1. 以申请人持有的两宗国有土地使用权提供抵押担保，合计土地面积140749平方米，土地证号分别为"×××国用（2020）第××××号""×××国用（2020）第××××号"，评估价值剔除政府相关税费后抵押率不超过60%； 2. ××西城投资开发集团有限公司提供全额连带责任保证担保。以上担保方式共同为本笔授信提供担保，代偿不分先后						
授信前需落实条件	1. 根据相关规定："对于融资平台现金流全覆盖、已经确定工期但因有不可抗拒的因素导致不能如期完工，但贷款已经到期的项目，要一次性修改贷款合同，根据实际工期重新确定贷款期限"，将合同编号为×××的贷款合同的期限延长36个月，同时抵押物及还款方式做变更，其他维持原合同不变； 2. 授信启用前须提供申请人、抵押人和担保人有权机构出具的与授信内容一致的相关材料，确保银行债权的合法有效； 3. 按照监管部门和银行相关规定办妥抵押物评估、登记等手续，抵押物及价值符合×××相关规定要求； 4. 还款方式更改为分期还款，每年还款一次，＿＿＿年＿＿＿月＿＿＿日前还款5000万元，＿＿＿年＿＿＿月＿＿＿日前还款5000万元，剩余5.3亿元贷款到期一次还清； 5. 鉴于××市土地储备用地使用权限为2年，本次延期36个月，要求借款合同中明确申请人在抵押物土地使用权证到期前一个月办妥土地使用权证延期手续及相关抵押登记手续，变更后的土地使用权证到期日及他项权证到期日应不早于本合同延期后的贷款到期日，否则银行有权宣布贷款在土地使用权证到期日当日提前到期； 6. 申请人出具书面承诺，原合同未提款部分不再提款，承诺在未归还银行贷款前，申贷项目土地及本次授信抵押土地均不再向其他任何银行或机构提供抵押用于融资； 7. 借款合同及协议相关内容须经银行有权审批部门批准						

续表

其他授信要求	1. 要求经办行切实加强管理，严防抵押登记变更中的操作风险，严禁出现抵押悬空情况，确保银行信贷资金安全； 2. 贷款地块实现出让后须及时将财政返还的土地开发成本归还银行贷款本息； 3. 密切关注国家的宏观调控政策对房地产市场和土地市场运行情况的影响，确保银行信贷资金安全

审批机构：××银行信贷审批委员会
日期：____/____/____

3. 机关法人资料

机关法人资料审查要点详见表 1－3。

表 1－3　机关法人资料审查要点表

项目	审查要点
成立文件	1. 取得机关法人批准成立文件
客户组织机构代码证书	2. 通过主管部门年检
	3. 在证件有效期内
客户财务报表	4. 提供近三年经财政部门核准或会计师事务所、审计师事务所审计的财务报告
	5. 提供 3 个月以内最近一期财务报表
客户机构信用代码	6. 通过年审，在有效期内
	7. 打印机构信用代码信息资料

【立金小提示】

机关法人借款人如交通厅、公路局等机构，这类机构依托相关部门，偿债能力强。

【批复案例】

××银行授信审批中心审批批复

编号：

申请人名称	××市公路管理局		
申请信息			
额度类型	内部授信额度	授信方式	单笔单批额度
授信额度（万元）	12000.00	期限（月）	36

续表

授信品种	币种	金额（万元）	保证金比例（%）	期限（月）	利/费率
基本建设项目的固定资产贷款	人民币	12000.00	0	36	LPR
担保方式及内容	连带责任保证人：省交通厅公路局			授信敞口（万元）	12000.00

批复意见

根据××银行中长期审批中心工作制度，于＿＿＿年＿＿＿月＿＿＿日召开第＿＿＿次会议，集体审议此项目。审批意见如下：

同意并按照以下方式给予授信

额度类型		内部授信额度		授信方式		单笔单批额度
授信额度（万元）		12000.00		期限（月）		36

授信品种	币种	金额（万元）	保证金比例（%）	期限（月）	利/费率	是否循环	串用说明
基本建设项目的固定资产贷款	人民币	12000.00	0	36	按银行规定执行		
贷款性质	新增	本次授信敞口（万元）		12000.00	授信总敞口（万元）		12000.00

担保方式及内容	省交通厅公路局提供连带责任保证担保。
授信前需落实条件	本笔授信纳入省交通厅公路局"市贷省还"统一授信管理；本次授信启用前需偿还×××号批复项下×××号业务合同的全部本息。
其他授信要求	1. 鉴于申请人借款规模较大，自身偿债能力较弱，要求严格执行"市贷省还"贷款相关管理规定，提前落实还款来源。 2. 加强贷后管理，用于以下工程的"市贷省还"公路局贷款：其中3000万元用于××××机场路口路面翻修工程，6000万元用于××××老路翻修工程，2000万元用于××××路口桥涵路面工程，1000万元用于××××路面翻修工程。 3. 根据项目进度监督工程款项支付情况。
备注	无

审批机构：××银行授信审批中心
日期：＿＿＿/＿＿＿/＿＿＿

【立金小提示】

客户经理授信资料索要要记牢：

三照一卡不可少，财务报表要三年；授信用途要合同，公司章程要看清；法人身份看得准，交叉验证做检查。

三、银行提供授信产品讲解

银行提供的授信额度包括综合授信额度和单一授信额度。

综合授信额度主要是指银行为客户核定一揽子最高额授信额度，在授信额度内，通常不指定具体的授信品种，可以根据高风险向低风险规则方式进行串用。

综合授信额度分类如图1-1所示。

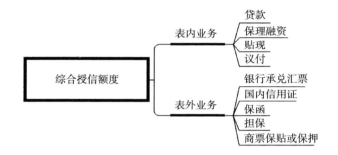

图1-1 综合授信额度分类

单一授信额度主要是指在整个授信额度中，仅包含某个具体品种，比如流动资金贷款、银行承兑汇票、保函，通常针对中小型企业提供授信。

银行提供的授信产品包括综合授信、一般流动资金贷款（含中期流动资金贷款）、银行承兑汇票、打包贷款、商业承兑汇票（保贴或保押）、固定资产贷款（含项目融资）、房地产开发贷款（含住房和商用房开发贷款）、经营性物业抵押贷款、进出口结算类授信、保理类授信、国内信用证及其项下融资授信、保函类授信、法人账户透支贷款、汽车金融网回购担保授信、汽车经销商三方网络预付款融资保兑仓回购担保授信、债务融资授信、意向性贷款承诺函/贷款承诺函、法人客户商业用房按揭贷款、股东授信等。

授信产品分类如图1-2所示。

1. 综合授信

综合授信额度审查要点详见表1-4。

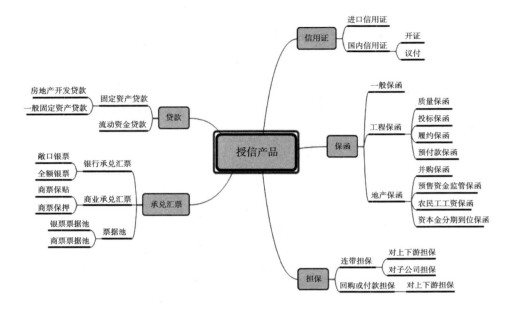

图 1－2　授信产品分类

表 1－4　综合授信额度审查要点

项目	审查要点
循环授信额度	1. 原则上应同时满足以下条件： （1）客户信用评级在 BBB 级（含）以上； （2）授信客户管理规范，具有长期发展潜力，并与银行建立了良好的合作关系； （3）资产负债率不高于客户所在行业的良好值； （4）或有负债余额不超过净资产； （5）近两年没有出现经营亏损，上一个半年总资产报酬率不低于行业平均水平； （6）近两年无不良信用记录
	2. 对于中期流动资金贷款以外的特定产品，原则上不得给予循环授信额度

续表

项目		审查要点
1年以上、3年（含）以下的循环授信额度	每年重新审批的循环授信额度	3. 额度项下具体业务不超过1年
	中小企业抵押融易贷综合授信额度	4. 额度项下具体业务不超过1年
		5. 不接受房地产开发企业不动产抵押
	3年（含）以下的循环授信额度，且额度项下具体业务可超过1年（满足条件之一）	6. 借款人为银行战略客户
		7. 借款人为国务院国有资产监督管理委员会管理的中央企业及其下属进行主业经营、处于核心地位的控股子公司
		8. 借款人为银行重点客户，且客户评级为A级（含）以上
		9. 借款人为中国500强企业或世界500强在华投资企业，且客户评级为A级（含）以上
		10. 借款人为客户评级AA级（含）以上、销售收入和总资产均不少于50亿元的特大型企业
		11. 借款人为客户评级A级（含）以上的大型、特大型企业，且由上面五栏内企业担保，或以土地使用权、商用房抵押，或以变现能力强的动产、权利质押

【立金小提示】

每位客户经理都应当有综合授信的概念，尽量避免单笔单批授信。综合授信的最大优势在于给企业提供了非常好的便利性，企业可以非常灵活地调剂授信额度，在贷款、银行承兑汇票、商业承兑汇票等品种中灵活调剂使用。

2. 一般流动资金贷款（含中期流动资金贷款）

一般流动资金贷款（含中期流动资金贷款）审查要点详见表1-5。

表1-5 一般流动资金贷款（含中期流动资金贷款）审查要点

项目	审查要点
内部合规	1. 客户经理和审查人员分别在调查报告和审查报告中对借款人流动资金贷款需求量进行测算
	2. 在流动资金贷款需求量测算与借款人实际资金需求存在偏差的情况下，经营单位负责人已按照银行相关规定在授信业务上报意见表中对借款人的实际资金需求做进一步确认并详细说明理由

续表

项目	审查要点
内部合规	3. 其他授信品种不得串用为流动资金贷款业务品种
	4. 不得办理保证金类质押流动资金贷款
外部合规	5. 流动资金贷款不得用于固定资产、股权等投资，不得用于国家禁止生产、经营的领域和用途
	6. 流动资金贷款期限不得超过 3 年
	7. 纳入对借款人及借款人所在集团客户的统一授信额度管理
常见用途	1. 购买原材料； 2. 发放薪酬等； 3. 归还其他银行贷款

流动资金贷款属于银行经常提供给企业的授信工具。

【立金小提示】

流动资金贷款最大的风险是信贷资金被挪用，必须专款专用。银行当初批准授信的假设是企业使用信贷资金将会创造更大的财富，如果挪用资金，会将所有假设都悬空。

3. 银行承兑汇票

银行承兑汇票审查要点详见表 1-6。

表 1-6　银行承兑汇票审查要点

项目	审查要点
内部合规	1. 客户经理和审查人员分别在调查报告和审查报告中对借款人银行承兑汇票需求量进行测算
	2. 企业的日常采购需求量应当与申请的银行承兑汇票金额匹配，如申请金额超出，应当确认详细说明理由
	3. 流动资金贷款业务品种可以串用为银行承兑汇票
外部合规	1. 银行承兑汇票使用必须提供合同及发票，不得用于自融
	2. 银行承兑汇票授信期限不得超过 1 年
	3. 纳入对借款人及借款人所在集团客户的统一授信额度管理
常见用途	1. 购买原材料； 2. 购置部分大型设备

其实，"银行承兑汇票＋买方付息票据"的组合使用效果等同于贷款。银行客户经理应当避免单纯提供流动资金贷款，而应当考虑提供票据等组合品种替代流动资金贷款。这种替代方式效果远远好于单纯的流动资金贷款。

4. 打包贷款

打包贷款审查要点详见表1－7。

表1－7　打包贷款审查要点

项目	审查要点
国际信用证项下打包贷款	1. 授信企业为经国务院对外贸易主管部门、工商管理部门或者其委托的机构办理备案登记的对外贸易经营者
	2. 基础交易中的出口商品不属于国家禁止出口的商品，不涉及反倾销调查和贸易争端；如属于国家限制出口的商品，提交有关机构同意出口的证明文件
	3. 信用证项下打包贷款的期限，以信用证的期限为依据，为从放款日至信用证有效期后1个月。贷款期限原则上不超过90天，特殊情况下最长（含展期后）不得超过180天
	4. 信用证项下打包贷款融资比例原则上不得超过信用证金额的80%
国内信用证项下打包贷款	5. 一般情况下，打包贷款金额不能超过信用证金额的80%
	6. 打包贷款期限与信用证付款期限、业务流程合理匹配。以卖方押汇或议付款归还打包贷款，贷款期限不应超过信用证有效期；以信用证项下付款归还贷款，贷款期限不应超过信用证付款期加预计资金在途时间（1~3天）

打包贷款非常简单，就是在信用证项下，以信用证未来回款现金流作为风险控制手段兜底提供的一种固定用途的流动资金贷款。

5. 商业承兑汇票

商业承兑汇票审查要点详见表1－8。

表1－8　商业承兑汇票审查要点

项目	审查要点
商业承兑汇票（承兑人）	1. 当承兑人非银行客户时，商业承兑汇票的承兑人应为知名重点客户，例如中国铁路总公司、国家电网公司等
	2. 当承兑人为银行授信客户时，持票人来银行办理融资，可以直接占用承兑人授信额度
商业承兑汇票（持票人）	1. 必须与商业承兑汇票出票人存在逻辑合理的供货关系
	2. 能提供证明贸易背景的合同及发票

商业承兑汇票是每个银行客户经理都应该高度关注的授信工具，商业承兑汇票给银行带来的收益远远超过流动资金贷款和银行承兑汇票。

对于有真实贸易背景的客户，银行应当积极引导其使用商业承兑汇票。

商业银行应当引导自己的信贷客户不再提用简单的贷款，而是使用商业承兑汇票保贴或保押作为用信方式。

6. 固定资产贷款（含项目融资）

固定资产贷款（含项目融资）审查要点详见表1-9。

表1-9　固定资产贷款（含项目融资）审查要点

项目		审查要点
借款人准入条件		1. 国家对拟投资项目有投资主体资格和经营资质要求的，应符合其要求
		2. 借款人为新设项目法人的，其控股股东有良好的信用状况，无重大不良记录
		3. 地方政府融资平台公司自身具有稳定经营性现金流或可靠的偿债资金来源
投资项目	产业发展建设规划	4. 符合国家有关文件中对产业发展的建设规划
	产业土地供应政策	5. 非《限制用地项目目录（2006年本）》《限制用地项目目录（2006年本增补本）》和《禁止用地项目目录（2006年本）》《禁止用地项目目录（2006年本增补本）》中的项目
	行业准入	6. 符合国家有关文件中对行业准入的具体规定，如《钢铁产业发展政策》《关于促进大豆加工业健康发展的指导意见》《铜冶炼行业准入条件》《电解金属锰企业行业准入条件》等
	项目审批核准或备案	7. 实行审批制的投资项目，已经取得项目审批机关对立项或可行性研究报告的批复；实行核准制的投资项目，已经取得项目核准机关同意核准的文件；实行备案制的投资项目，已经取得项目备案机关予以备案的答复
		8. 项目审批、核准或备案机关为本项目有权审批、核准或备案机关
		9. 批复、核准或备案文件在有效期内

续表

项目		审查要点
投资项目	项目选址及布局	10. 取得城乡规划行政主管部门批复的规划选址文件
	土地预审	11. 取得有权部门出具的建设项目用地预审文件
		12. 预审文件在有效期（两年）内
	环境影响评价	13. 对环境有影响的项目，取得环境保护行政主管部门出具的环境影响评价文件
		14. 出具文件的环境保护行政主管部门对本项目有审批权
	其他	15. 符合国家法律法规的其他相关要求，如使用沿海岸线的项目已经取得沿海港口岸线使用许可证、海域使用证，使用内陆岸线资源的项目已经取得同意使用岸线的批复等
外部监管要求		16. 在新的固定资产建设项目核准目录出台之前，除国家发展改革委组织认证和核准的新上项目外，不得向钢铁、水泥、平板玻璃、煤化工、多晶硅、风电设备、造船七大产能过剩行业的任何新建项目发放贷款
		17. 资本金比例符合法定要求
		18. 不属于向项目发起人或股东发放项目资本金搭桥贷款；不属于在借款人取得项目核准手续前，以提供项目贷款及搭桥贷款的名义直接或变相向项目业主、项目发起人以及股东发放贷款用于固定资产建设
		19. 向地方政府融资平台公司发放贷款要直接对应项目
		20. 不属于打捆贷款

固定资产贷款属于银行对企业的长期贷款品种，对银行的风险资产消耗极大，应当尽量避免提供固定资产贷款。

固定资产贷款包括基本建设贷款、技术改造贷款、开发并生产新产品等活动贷款及相关的房屋购置贷款、工程建设贷款、技术设备购买与安装贷款、大型设备购置贷款等。

固定资产贷款分类如图1-3所示。

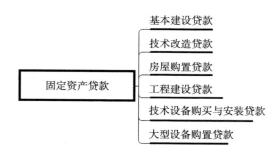

图1-3　固定资产贷款分类

【法律规定】

依据《中华人民共和国企业所得税法实施条例》规定如下：

第六十条　除国务院财政、税务主管部门另有规定外，固定资产计算折旧的最低年限如下：

（一）房屋、建筑物，为20年；

（二）飞机、火车、轮船、机器、机械和其他生产设备，为10年；

（三）与生产经营活动有关的器具、工具、家具等，为5年；

（四）飞机、火车、轮船以外的运输工具，为4年；

（五）电子设备，为3年。

《企业所得税法》第十一条所称的固定资产，是指企业为生产产品、提供劳务、出租或者经营管理而持有的、使用时间超过12个月的非货币性资产，包括房屋、建筑物、机器、机械、运输工具以及其他与生产经营活动有关的设备、器具、工具等。

固定资产折旧考虑因素企业在固定资产的预计使用寿命时，应考虑以下因素：

（1）该固定资产的预计生产能力或实物产量。

（2）该固定资产的有形损耗，如因设备使用中发生磨损，房屋建筑物受到自然侵蚀等。

（3）该固定资产的无形损耗，如因新技术的进步而使现有的资产技术水平相对陈旧、市场需求变化使产品过时等。

（4）有关固定资产使用的法律或者类似的限制。固定资产折旧计提方式及年限规定，企业应当自固定资产投入使用月份的次月起计算折旧；停止使用的固定资产，应当自停止使用月份的次月起停止计算折旧。

企业应当根据固定资产的性质和使用情况，合理确定固定资产的预计净残值。固定资产的预计净残值一经确定，不得变更。

7. 房地产开发贷款（含住房和商用房开发贷款）

房地产开发贷款（含住房和商用房开发贷款）审查要点详见表1-10。

表1-10　房地产开发贷款（含住房和商用房开发贷款）审查要点

项目		审查要点
内部合规	借款人	1. 授信申请人列入总行授信客户准入名单
		2. 综合类房地产开发企业，原则上应具备房地产开发二级（含）以上资质，且从事房地产经营三年以上，近三年房屋建筑面积累计竣工15万平方米以上，以往开发项目没有拖欠工程款
		3. 项目公司，其主要投资商（控股股东）原则上应具备房地产开发二级（含）以上资质，且从事房地产经营三年以上，近三年房屋建筑面积累计竣工15万平方米以上，以往开发项目没有拖欠工程款，经营状况良好，无不良记录
	申贷项目	4. 择优支持配套个人住房按揭贷款，以及以所开发项目土地使用权及在建工程作为抵押物，贷款发放、项目建设、销（预）售的整个环节中资金能够封闭运行的住房开发封闭贷款。严格控制商铺和写字楼开发贷款
		5. 项目资本金（所有者权益）比例应符合相关规定，并应在贷款发放前全部投入房地产项目开发。对分期开发的项目，申请用于某一期建设开发贷款的，按照当期总投资金额计算应到位项目资本金
		6. 项目地段较好，周边项目销售情况良好；楼盘具有一定规模，小区规模在5万平方米以上；楼盘规划合理
		7. 开发商承诺该楼盘的个人按揭贷款与开发贷款的额度比例要求达到1:1（含）以上。原则上应要求个人住房按揭贷款业务在未还清银行贷款本息之前，全部由银行办理，开发商同意与银行签订银企合作协议

续表

项目		审查要点
内部合规	贷款方案	8. 原则上仅支持住房开发封闭贷款，对下列企业可以支持住宅开发非封闭贷款：与其他银行合作均未采用封闭贷款模式的大型优质上市房地产开发企业；由于当地房地产管理特殊政策导致无法封闭运行的地区（如深圳、广州等），应优先支持前期能够以所开发项目土地使用权抵押、后期变更为以其他银行认可的抵押物抵押，或全程以银行认可的其他抵押物抵押的项目
		9. 贷款金额应满足项目建设的资金需求，原则上不超过总投资额的60%
		10. 贷款方案可以考虑由借款人项目公司采取"100%股权＋土地抵押"，由实力较强的大型房地产公司回购股权，或由资产管理公司承接
	审查流程合规性要求	11. 应由房地产专业审查人员审查
		12. 专业审查人员按银行要求进行平行作业
外部合规		13. 借款企业应取得有权部门核定并颁发的房地产开发资质证书
		14. 普通住房开发贷款最长不超过3年（含），经济适用房开发贷款最长不超过5年
		15. 不得发放用于缴交土地出让金的贷款
		16. 项目取得国有土地使用证
		17. 项目取得建设用地规划许可证
		18. 项目取得建设工程规划许可证
		19. 项目取得建设工程施工许可证
		20. 项目资本金比例符合监管标准
		21. 项目符合套型面积占比要求
		22. 不存在土地闲置超过1年的现象和炒地行为
		23. 不得接受以出让方式取得、满两年未动工开发、可无偿收回的土地使用权作为抵押担保，不接受以空置3年以上的商品房作为贷款的抵押物
		24. 对存在土地闲置及炒地行为的房地产开发企业，商业银行不得发放新开发项目贷款

【建议】

很多商业银行希望支持国内房地产100强企业，比如万科地产、保利地产等特大型房地产公司。其实，商业银行除非有特殊的强势融资工具，否则对这些客户提供贷款收益不高。

商业银行可以定位本地的房地产龙头企业，比如某些本地的大型地产公司，这些客户会给商业银行带来惊人的回报。

【客户突破小口诀】

选择地产要谨慎，股东背景很重要，大型地产要优选，土地抵押不可少，四证齐全才贷款，封闭按揭风险小，零售按揭要承诺。

8. 经营性物业抵押贷款

经营性物业抵押贷款审查要点详见表 1－11。

表 1－11　经营性物业抵押贷款审查要点

项目		审查要点
补充提供资料		1. 风险授信要求提供的资料
		2. 经营性物业合法有效的房屋所有权证等权属证明文件
		3. 申请人购建物业已投入自有资金证明及相关合法有效的合同、协议或其他文件
		4. 收入来源于出租物业的，还须提供申请人对外出租的主要协议、合同及租金收入的有关证明
		5. 收入来源于自身经营的物业，须明确经营收入模式，并提供有关协议合同，以及收入的有关证明（经营流水单、POS 机刷卡记录单以及银行对账单等）
		6. 其他须提供的证明文件和资料
银行准入条件	申请人须具备的基本条件	7. 在银行的信用评级原则上为 B 级（含）以上
		8. 属于房地产开发企业的，取得主管部门核发的房地产开发企业资质等级证书，并办理年检手续
		9. 所有者权益在 5000 万元以上
		10. 同意与银行签订项目资金监管协议，承诺物业经营所产生的资金结算、代收代付等中间业务在银行办理，接受银行对物业经营收入与支出的封闭式监管

续表

项目		审查要点
银行准入条件	经营性物业须具备的基本条件	11. 物业合法合规性文件齐全，经过竣工验收合格办妥房产证
		12. 物业符合各地城市商业网点规划要求，所在区域发展定位与城市总体规划确定的发展趋势一致
		13. 物业正式投入商业运营 1 年以上，且符合当地商用物业出租的政策规定。对于项目公司的控股股东或担保企业在银行信用评级在 A 级以上的授信项目，物业正式投入商业运营 1 年以上的要求可适度放宽
		14. 经营性物业地理位置优越，应位于城市中央商务区、主要中心商业区或城市中心繁华地段等，交通便捷，人流、物流、车流充裕，商业、商务氛围浓厚
		15. 酒店为四星级（含）以上，由国际知名品牌管理公司管理，经营状况优良，现金流稳定，上一年度平均入住率高于60%。酒店星级原则上须经全国旅游星级饭店评定委员会或各省（自治区、直辖市）旅游星级饭店评定委员会正式评定，并获得星级酒店标牌和证书
		16. 写字楼为甲级（含）以上写字楼，且年均出租率高于80%
		17. 商业物业应主要选择大型超市、百货店、购物中心等业态，商业物业面积（可供银行抵押面积）原则上不低于10000平方米
		18. 物业为混合业态的，应至少满足以上关于酒店、写字楼、商业物业的一个条件
		19. 银行暂不接受以非标准工业厂房为抵押物的经营性物业抵押贷款项目
	担保方式	20. 必须以竣工验收合格、取得房产证并投入正常运营的经营性物业做抵押担保，且申请人对抵押物业须拥有独立的处置权
		21. 必要时还应提供银行认可的其他财产抵押、质押、第三方保证
		22. 可视情况要求申请人法人代表或其实际控制人提供连带责任保证担保或提供股权质押
		23. 经营性物业原则上应采取物业整体抵押方式
	贷款用途	24. 经营性物业抵押贷款可用于申请人合法合规的资金需求，包括但不限于物业在经营期间的维护、改造、装修、招商等资金需求以及置换该物业建设期的银行贷款、股东借款等负债性资金和超过项目资本金规定比例的资金
		25. 不得用于国家明令禁止的投资领域和用途
		26. 不得用于偿还银行存量不良贷款或违规贷款

续表

项目		审查要点
银行准入条件	贷款方案	27. 对于出租型物业，银行优先支持申请人、承租人能够与银行签订三方监管协议，承租人同意将租金直接支付至申请人在银行开立的监管账户的项目
		28. 控制承租人无法与银行签订三方监管协议或承租人仅出具签收函的经营性物业项目
		29. 以商业营业用房类（含酒店）经营性物业抵押的贷款额度最高不得超过物业评估价值的60%，以办公楼类经营性物业抵押的贷款额度最高不得超过物业评估价值的50%，以其他类经营性物业抵押的贷款额度最高不得超过物业评估价值的40%，经营性物业抵押贷款本息和与贷款期间预计可产生的净现金流之比不超过80%
		30. 在贷款期内，经营性物业所产生的稳定的经营性净现金流（净现金流指已扣除经营物业必须支付的各项支出后的现金流）能够按期归还贷款本息，且经营性物业抵押贷款本息和与贷款期间预计可产生的净现金流之比不超过80%
		31. 贷款期限：贷款期限原则上不得超过10年，最长不得超过12年，且不得超过申请人法定经营期限和房地产权证的剩余使用年限
其他		无

说明：经营性物业抵押贷款其实就是企业远期的租金收入即期变现。对于持有优质商业物业如酒店、写字楼的企业，可以积极营销经营性物业抵押贷款。

如果物业持有人有更好的投资机会，就可以办理经营性物业抵押贷款的方式套现，获取机会收益。

9. 进出口结算类授信

进出口结算类授信审查要点详见表1-12。

表1-12 进出口结算类授信审查要点

项目	审查要点
进口开证	1. 具有进出口业务经营权并已在国家工商行政管理总局登记注册
	2. 列入国家外汇管理局公布的"对外进口付汇单位名录"名单中

项目	审查要点
进口信用证押汇	3. 进口信用证押汇仅限于申请在银行开立的跟单信用证项下办理
	4. 即期信用证项下自提供融资之日起至还款日止的期限原则上不超过90 天，远期信用证项下远期付款期限与融资期限之和原则上不超过90 天
进口代收押汇	5. 进口代收押汇的期限原则上不超过90 天
	6. 仅限于即期付款交单（D/P）项下，且进口单据中包括运输单据
汇出汇款押汇	7. 即期汇出汇款押汇的期限原则上最长不得超过90 天，远期付款期限与融资期限之和不超过90 天
	8. 仅限于货到付款项下
汇入汇款押汇	9. 原则上，全年进出口总金额在1000 万美元以上或者在当地进出口排名前十名以内
	10. 原则上，出口商品必须是申请人主营业务范围内的商品，市场销售前景良好，进口商原则上为欧美、澳大利亚、日本等发达国家（地区）以及部分东亚新兴市场国家（地区）

说明：进出口结算的最大特点是对照单据，依据单据进行融资。

进出口结算服务于真实的贸易背景，会给银行带来巨大的中间业务收入。银行可以从当地海关等机构查找数据，核实借款人的数据真实性。

10. 保理类授信

保理类授信审查要点详见表1－13。

表1－13　保理类授信审查要点

项目	审查要点
国内有追索权保理	1. 有追索权保理业务买卖双方原则上应是非关联企业，如是关联企业，应统一纳入关联企业集团客户授信进行管理
	2. 卖方销售产品应是原材料、零部件等标准统一、同质性强的商品。销售成套设备、生产线和大型设备等资本性货物或商品质量不易量化、容易产生争议的产品形成的应收账款，建筑工程、公路建设、软件开发等行业形成的应收账款，以及合同权利不完整的应收账款不适合叙做保理业务，具体业务以产品管理部门保理业务方案批复为准

续表

项目	审查要点
国内有追索权保理	3. 销售方式为赊销，付款期限原则上不超过180天，付款方式明确，有确定的付款到期日
	4. 合同中未含有禁止转让、寄售或保留所有权条款，或买卖双方另行约定排除禁止转让条款，或买方可书面确认银行格式的应收账款债权转让通知书
国内无追索权保理	5. 无追索权保理业务买卖双方非关联企业
	6. 卖方销售产品应是原材料、零部件等标准统一、同质性强的商品。销售成套设备、生产线和大型设备等资本性货物或商品质量不易量化、容易产生争议的产品形成的应收账款，建筑工程、公路建设、软件开发等行业形成的应收账款，以及合同权利不完整的应收账款不适合叙做保理业务，具体业务以产品管理部门保理业务方案批复为准
	7. 销售方式为赊销，付款期限原则上不超过180天，付款方式明确，有确定的付款到期日
	8. 合同中未含有禁止转让、寄售或保留所有权条款，或买卖双方另行约定排除禁止转让条款，或买方可书面确认银行格式的应收账款债权转让通知书
保理表外融资（银行承兑汇票）	9. 保理业务买卖双方非关联企业
	10. 付款期限原则上不超过120天
	11. 基础交易合同不得含有合同/应收账款禁止转让条款
	12. 付款方式为进入银行承兑汇票保证金账户
	13. 融资比例原则上应不超过发票金额的80%
反向保理	14. 保理业务买卖双方非关联企业
	15. 买方向银行申请保理付款担保额度
	16. 付款期限原则上不超过120天
	17. 基础交易合同不得含有合同/应收账款禁止转让条款
	18. 单边占用买方授信额度

保理类授信示意如图1-4所示。

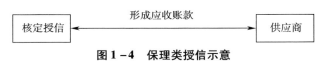

图1-4　保理类授信示意

保理类授信分类如图 1 - 5 所示。

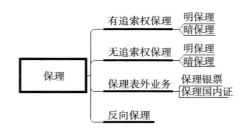

图 1 - 5　保理类授信分类

说明：保理实际是以应收账款转让方式作为担保方式，遵循的法律为《合同法》，这种风险控制的方式类似于银行承兑汇票贴现。

就实际操作而言，保理融资的风险远远低于应收账款质押贷款，因为应收账款债权转让给银行，银行已经成为应收账款债权的所有权人；而在应收账款质押项下，银行仅取得应收账款的质押权。

【保理融资与应收账款质押融资比较】

保理融资	应收账款质押融资
1. 应收账款转让	1. 应收账款质押
2. 合同法	2. 物权法

11. 国内信用证及其项下融资授信

国内信用证及其项下融资授信审查要点详见表 1 - 14。

表 1 - 14　国内信用证及其项下融资授信审查要点

项目	审查要点
敞口国内证（一般风险）	1. 按照流动资金贷款标准核定敞口额度，并要求抵押担保
	2. 开证期限从银行签发时起至到期日止，原则上不超过 360 天
买方押汇（一般风险）	3. 仅限于银行开立的即期跟单信用证项下办理，对延期付款及议付信用证项下的买方押汇应从严控制
	4. 期限从银行提供融资时起至还款日止，原则上不超过 90 天

续表

项目	审查要点
不合格卖方押汇（一般风险）	5. 银行如在同一证下为客户办理了打包贷款，卖方押汇款必须优先偿还已办理的打包贷款
	6. 卖方押汇期限为 15 天，最长不超过 30 天
	7. 押汇比例不超过发票金额的 90%
卖方议付（低风险）	8. 国内信用证取得买方银行的确认电文
	9. 期限从银行提供融资时起至还款日止，原则上不超过 360 天

国内信用证及其项下融资授信示意如图 1-6 所示。

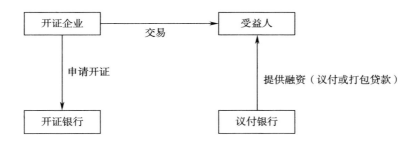

图 1-6　国内信用证及其项下融资授信示意

说明：国内信用证买方押汇理解起来非常简单，就是银行提供一笔定向贷款用于解付国内信用证。

在实际操作中，国内信用证的风险要远远低于银行承兑汇票，因为国内信用证可以有效控制贸易背景，在国内证项下，需要提交证明贸易背景的单据。

12. 保函类授信

保函类授信审查要点详见表 1-15。

表 1-15　保函类授信审查要点

项目	审查要点
融资类保函	1. 比照贷款标准，须逐笔报总行审批
工程类保函（投标、履约、预付款保函）	2. 客户必须具备相应的工程施工资质
	3. 涉外工程类保函授信需符合商务部门相关规定

续表

项目	审查要点
信贷证明	4. 有效期最长不超过招标书确定的招标项目施工期限针对施工企业，帮助施工企业承揽工程
银关保函	5. 工商注册登记 2 年以上
	6. 或有负债余额不超过净资产
	7. 近两年没有出现经营性亏损（新建企业除外）
	8. 海关对企业实行 B 类（含）以上管理
	9. 有正常的进出口业务，近两年在海关无不良信用记录
	10. 连续两年无走私违规行为记录
	11. 连续两年无拖欠海关税款记录
	12. 进口海关必检商品签订免检协议后两年内无申报不实记录
	13. 生产类企业：进口的原材料必须是企业生产经营所需的主要原材料或机器设备，资产总额及营业收入在 1 亿元以上，年进口额达 500 万美元以上或年进出口总额达 1000 万美元以上；在银行的信用评级为 B 级（含）以上
	14. 外贸企业：从事进出口业务 3 年以上，经营范围及上下游客户群体比较稳定（大型生产企业下属的进出口公司可适当放宽），资产总额在 3000 万元以上且营业收入在 1 亿元以上，年进口额达 800 万美元以上或进出口总额达 1200 万美元以上；在银行的信用评级为 BB 级（含）以上
	15. 代理报关类企业：必须获得海关核发的代理报关企业注册登记证书；原则上，从事国际货物运输代理、国际运输工具代理及接受委托代办进出口货物的报关纳税等业务 3 年以上；在银行的信用评级为 BBB 级（含）以上；在海关年代理缴纳税（费）在 1 亿元以上；代理报关类企业自营进出口业务收入占销售收入 60% 以上的，可参照外贸公司的授信调查要点标准。严格控制向单纯以代理报关服务为主业的报关行等企业授信
	16. 原则上，仅对总资产及销售收入在 5 亿元以上，且每年向海关缴纳税费在 8000 万元以上的企业批准信用方式的银关保业务授信额度

保函的分类如图 1 - 7 所示。

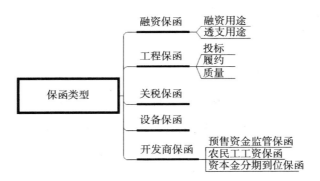

图 1 - 7　保函的分类

说明：保函属于银行的表外业务，保函业务对于银行拉动保证金存款非常有效，尤其是在商业银行营销一些代理进出口公司时非常有效。保函业务对于银行营销施工企业、电力设备企业等效果也较为突出。

【立金小提示】

保函、国内信用证、银行承兑汇票等业务都是融信行为，银行应当避免推广融资，而应当大力推广融信，较好的方式应当是"融智"，出售金融解决方案和出售顾问业务。

13. 法人账户透支贷款

法人账户透支贷款审查要点详见表 1 - 16。

表 1 - 16　法人账户透支贷款审查要点

项目	审查要点
内部合规	1. 透支额度有效期限为 1 年
	2. 透支资金一定要牢牢捆绑具体用途，使用支票、商票、网银等工具控制
	3. 透支纳入客户统一授信管理
外部合规	4. 透支资金主要用于企业短期流动资金周转，不得用于股本权益性投资
	5. 透支资金不得用于股票、期货、地产

说明：法人账户透支贷款业务是现金管理业务的较好工具，可以最大限度地拉升银行的结算业务量。

对企业提供法人账户透支贷款业务，应当立足于将企业的计算流水吸引到本行办理。

14. 汽车金融网回购担保授信

汽车金融网回购担保授信审查要点详见表1－17。

表1－17　汽车金融网回购担保授信审查要点

项目	审查要点
核心客户准入条件	1. 符合国家产业发展政策
	2. 销售收入原则上不低于20亿元（汽车行业中的商用车不低于15亿元，工程机械类企业不低于15亿元），市场占有率较高
	3. 行业核心客户的信用评级原则上应不低于A级
	4. 与银行合作无不良记录，回购担保能力强，能如约履行回购义务
对经销商实行单一额度管理的基本前提条件（符合其中一个条件即可）	5. 行业核心客户对经销商的债务提供连带责任保证
	6. 原则上，行业核心客户回购标准不涉及车辆的移交，回购金额可完全覆盖授信敞口部分
	7. 对行业优质核心客户回购标准可以涉及车辆的移交，回购金额完全覆盖授信敞口部分。优质核心客户的标准是：（1）仅限核心企业汽车金融网汽车供应商使用，且加入网络的时间不低于两年，网络运行过程中未出现过逾期情况；（2）核心企业全年营业收入总额不低于100亿元；（3）核心企业经营状况为连续两年盈利；（4）核心乘用车企业整车年销售量不低于25万辆；（5）核心企业拥有较好的市场知名度，属于我国知名品牌
	8. 对于大宗采购、启用临时额度等情况，行业核心客户能书面出具为指定经销商提供不涉及车辆移交的见证回购担保函
	9. 对于车辆实行第三方仓储监管，且行业核心客户对经销商未销售库存车辆可提供覆盖敞口金额的回购担保

15. 汽车经销商三方网络预付款融资

汽车经销商三方网络预付款融资是指银行对汽车经销商提供预付款融资，专项用于其向整车制造或销售企业采购车辆。银行结合实际情况采取车辆/合格证监管或免监管方式，经销商根据自身的销售进度以销售款归还本行融资、提取车辆/合格证，整车制造或销售企业承担调剂销售、见证见车回购、见证回购、无条件回购、连带保证等责任。汽车经销商三方网络预付款融资审查要点详见表1-18。

表1-18 汽车经销商三方网络预付款融资审查要点

项目	审查要点
核心客户准入条件	1. 符合国家产业发展政策
	2. 销售收入原则上不低于20亿元（汽车行业中的商用车不低于15亿元，工程机械类企业不低于15亿元），市场占有率较高
	3. 行业核心客户的信用评级原则上应不低于A级
	4. 与银行合作无不良记录，回购担保能力强，能如约履行回购义务
对经销商	5. 由核心企业为经销商提供一定条件的担保，从而使其在本行取得更为优惠的授信政策
	6. 适用客户：经核心车厂授权的一级经销商，且银行已与该核心车厂签署了三方网络协议
	7. 办理流程：银行与核心车厂签署三方网络协议后，经核心车厂授权的一级经销商向银行指定的经营机构（核心车厂通知）提出授信申请，符合授信准入条件后经银行审查审批最终下达批复，经销商获得融资额度后用于向整车制造或销售企业采购车辆

说明：不论哪家商业银行希望发展供应链融资，汽车行业都是必须高度关注的行业。

【立金小提示】

汽车产业链非常完整，汽车厂商对经销商的管理极为严格。能够成为一线品牌厂商的经销商，比如宝马、奔驰、奥迪等品牌的经销商，往往都具备较好的经营模式，且抵御风险的能力较强。

16. 保兑仓回购担保授信

保兑仓是指以银行信用为载体，买方以银行承兑汇票为结算支付工具，由银行控制货权，卖方（或仓储方）受托保管货物并对承兑汇票保证金以外敞口金额部分由卖方以货物回购或退款承诺作为担保措施，买方随缴保证金随提货的一种特定融资服务模式。保兑仓回购担保授信审查要点详见表1-19。

保兑仓示意如图1-8所示。

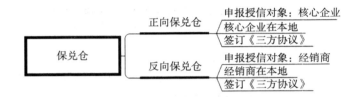

图1-8　保兑仓示意

表1-19　保兑仓回购担保授信审查要点

项目	审查要点
卖方的准入条件	1. 信用等级评定原则上为A级或以上
	2. 过去两年内的销售合同履约记录良好，未因产品质量或交货期限等问题与买方产生贸易纠纷
授信方案	3. 保兑仓回购担保授信额度有效期原则上不超过1年，对于从事业务关乎国计民生、特大型、在行业内处于垄断地位的保兑仓业务卖方的回购担保授信额度有效期最长不超过3年
	4. 保兑仓业务项下对买方核定的授信额度期限最长不超过1年
实行单一额度管理的基本	5. 买方承担所销售产品回购责任且回购标准不涉及实物的移交，回购金额可完全覆盖授信敞口部分
	6. 卖方保兑仓网络运行过程中未出现过逾期情况
	7. 卖方拥有较好的市场知名度，属于我国知名品牌
担保类型	8. 连带责任担保
	9. 敞口退款承诺

三方保兑仓流程（银行承兑汇票方式）如图1-9所示。

说明：保兑仓属于银行促进核心制造企业销售较好的供应链融资工具，商业银行可以立足于核心制造企业的销售部门进行营销。

17. 债务融资授信

债务融资授信审查要点详见表1-20。

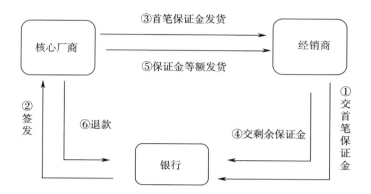

图1-9 三方保兑仓流程（银行承兑汇票方式）

表1-20 债务融资授信审查要点

项目	审查要点
短期融资券	包销额度应最高按银行包销责任的50%核定，最低不能低于银行包销责任的10%；短期融资券可以配合商业承兑汇票使用，在短期融资券资金到位前，使用商业承兑汇票支付以满足企业需要

说明：债务融资工具主要是商业银行的投资银行工具，各家银行应当高度关注投资银行业务。

18. 意向性贷款承诺函／贷款承诺函

意向性贷款承诺函／贷款承诺函审查要点详见表1-21。

表1-21 意向性贷款承诺函／贷款承诺函审查要点

项目	审查要点
意向性贷款承诺函	1. 意向性贷款承诺函不得用于授信投标
	2. 项目符合国家产业政策的要求，禁止向属于"当前部分行业制止低水平重复建设项目目录"中禁止类、限制类的项目出具，禁止向属于"产业结构调整指导目录"中限制类、淘汰类的项目出具
贷款承诺函	3. 申请人已完成项目可行性研究报告
	4. 项目准备正式上报国家有权部门正式批准或核准
	5. 贷款承诺的期限为6个月，最长不超过1年

说明：现在很多银行热衷操作的信托收益权远期回购业务，实际上就是各类承诺业务。虽然是意向性承诺函，但银行仍然必须非常谨慎，对企

业先进行授信额度核定，在授信额度内签发承诺函。

【文本】

银行贷款承诺函

_____有限公司：

你单位《关于商请（××号短期融资券）贷款承诺函的申请》已收悉。经研究，银行同意在贵公司××号短期融资券到期当日或提前不超过2个工作日，根据《中华人民共和国商业银行法》《贷款通则》等法律法规以及银行的信审管理规定，向你单位提供人民币12亿元流动资金贷款，流动资金贷款用于定向置换该笔短期融资券。

此承诺函仅正本有效。

银行

年　月　日

19. 法人客户商业用房按揭贷款

法人客户商业用房按揭贷款审查要点详见表1-22。

表1-22　法人客户商业用房按揭贷款审查要点

项目	审查要点
借款人	1. 信用等级原则上为B级（含）以上
按揭房产	2. 所购商业用房为现房即竣工验收合格并已取得预（销）售许可证，或商业用房已取得房屋产权证（房地产权证）
贷款方案	3. 贷款期限为3~5年，最长不得超过8年，且不超过所购商业用房的剩余使用年限；所购商业用房为二手房的，最长期限不得超过5年，且不超过所购商业用房的剩余使用年限
	4. 贷款额度不得超过所购商业用房价格或评估价格（两者取低者）的50%
	5. 所购商业用房为营业用房的，已经支付首付款比例原则上不低于房产价值的50%；所购商业用房为办公用房的，已经支付首付款比例原则上不低于房产价值的50%；所购商业用房为通用厂房的，已经支付首付款比例原则上不低于房产价值的60%
	6. 开发商同意为借款人提供连带责任保证 7. 具有购买商业用房的合同和协议 8. 所购商业用房的价格基本符合我行或房地产估价机构评估的价格

说明：法人客户商业用房按揭贷款对于银行批量开发优质中小企业效果极为明显。

【立金小提示】

银行可以将商业地产开发商作为渠道类客户，这些商业地产开发商有大量的按揭中小企业客户，可以给银行带来优质的中小企业。

20. 股东授信

股东授信审查要点详见表 1-23。

表 1-23 股东授信审查要点

项目	审查要点
授信条件	1. 不得向关联方股东、内部人直接控股的企业发放无担保贷款
	2. 股东授信应当按照商业原则，以不优于其他借款人同类授信的条件进行
	3. 不得以银行股份质押授信
	4. 不得为关联方的融资行为提供担保（关联方以银行存单、国债提供足额反担保的除外）
	5. 一笔关联交易被否决后，6个月内不得就同一内容的关联交易进行审议

说明：商业银行给股东方贷款是不可回避的问题，可以采取优质的股东方签发商业承兑汇票，持票人持商业承兑汇票到银行办理融资的方式，避免了对股东方的直接贷款问题。

四、担保注意要点

担保包括保证担保、抵押担保、质押担保三大类。

保证担保包括母公司保证担保、子公司保证担保、非关联企业担保。

抵押担保包括土地使用权抵押担保、房产抵押担保、设备抵押担保、其他财产抵押担保、外汇担保项下人民币贷款。

质押担保包括存款单证质押担保、债券质押担保、股权/股票质押担保、商业汇票质押担保、收费权质押担保、货押担保、应收账款质押担保等。

【担保分类图】

担保的分类如图 1 – 10 所示。

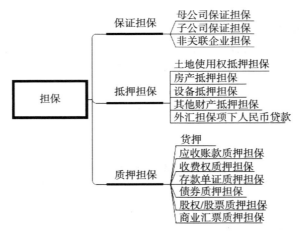

图 1 – 10   担保的分类

审查人员在进行担保合规性审查时，应针对每位保证人、每种抵押或质押担保方式分别填写相应类别的担保风险要点。

1. 保证担保（遵循《担保法》）

保证担保审查要点详见表 1 – 24。

表 1 – 24   保证担保审查要点

项目	审查要点
保证人资格审查	1. 国家机关不得作为保证人，地方政府提供的担保或变相担保无效（国家另有规定的除外）；学校、幼儿园、医院等以公益为目的的事业单位以及社会团体不得为保证人，也不得以其教育设施、医疗卫生设施和其他社会公益设施设定抵押；企业法人的职能部门不得为保证人
	2. 企业客户的分支机构作为保证人的，须由法人提供书面授权，被授权人可在授权范围内提供担保
	3. 保证人公司章程对担保的总额及单项担保的数额有限额规定的，不得超过规定的限额
	4. 除非经股东会或者股东大会决议，公司不得为其股东或者实际控制人提供担保，出具的决议须经出席会议的其他股东半数以上同意

续表

项目	审查要点
保证人资格审查	5. 保证人为融资性担保公司的,其对单个被担保人提供的融资性担保责任余额不得超过净资产的 10%,对单个被担保人及其关联方提供的融资性担保责任余额不得超过其净资产的 15%,对所有第三人的融资性担保责任余额不得超过其净资产的 10 倍
	6. 外商投资企业作为保证人的,须按照有关外商投资企业的法律法规的要求履行相应的手续
	7. 股份有限公司、有限责任公司、国有独资公司和具有法人资格的三资企业、合伙企业作为保证人的,须按公司章程的规定提供股东会、董事会或类似机构关于同意提供保证或其他具有同等法律效力的文件或证明(包括股东会决议、董事会决议和授权委托书等)
	8. 上市公司及其控股子公司提供担保:对外担保总额(含上市公司对子公司担保及子公司对外担保总额)超过最近一期审计净资产 50% 以后提供担保、资产负债率超过 70% 的担保对象提供担保、单笔担保额超过最近一期审计净资产的 10%、对股东或实际控制人及其关联方提供担保的,担保人同时需提供董事会决议和股东大会决议,对外提供担保的审批程序需满足其公司章程规定,且经出席董事会的 2/3 以上董事审议同意;为股东、实际控制人及其关联方提供的担保议案,该股东或受该实际控制人支配的股东不得参与表决,该表决由出席股东大会的其他股东所持表决权的半数以上通过
	9. 地方各级政府及其所属部门、机构和主要依靠财政拨款的经费补助事业单位,均不得以财政性收入、行政事业等单位的国有资产,或其他任何直接、间接形式为融资平台的融资行为提供担保
	10. 保证人须承担连带责任保证担保(银行不得接受保证人提供的保证)
	11. 符合国家环保规定(经有权环保部门批准/定期检验合格)
	12. 自然人提供担保的,须提供本人有效证件及同意担保的书面资料(包括自然人机构信用代码、配偶出具的同意担保的书面声明或个人单身声明),并具备相应的担保能力 若担保人为境外人士,需由中国使领馆对其身份进行认证 若担保人为香港/澳门人士,需经中国司法部认可的香港/澳门律师事务所对其身份进行认证 若担保人为台湾人士,需由台湾公证机构对其身份进行公证,公证书副本需经海基会转交给大陆的公证员协会,由大陆公证员协会转交给银行

说明：担保仅是辅助的风险缓释手段，银行还是应当立足于选择合格的借款人。

担保最重要的是确认见证实际签字的人是否有权办理担保事项，千万不要超权限提供担保。很多公司的董事长和总经理没有得到上级单位的授权而擅自提供担保，这种担保并无法律效力。

【立金小提示】

挑选的担保人一定要优于借款人，否则不能发挥担保的作用。

【客户突破小口诀】

银行担保要记牢，双人核保不可少，当面面签看清楚，保人要比借款强，公司决议属要件，担保意愿要真实。

2. 土地使用权抵押担保（遵循《担保法》）

土地使用权抵押担保审查要点详见表 1-25。

表 1-25　土地使用权抵押担保审查要点

项目	审查要点
评估报告	1. 出具评估报告的机构符合银行规定要求，预评估报告与正式评估报告价值相差 10%（含）以下的，根据两者孰低原则确定抵押物价值，相差 10% 以上的，授信需重新报批
建设用地使用权抵押	2. 提供建设用地使用权证书，且证书记事栏中无限制性描述或可能影响抵押权实现的他项事件记载
	3. 该土地上的建筑物一并抵押
	4. 检查建设用地使用权证书是否在土地使用期限内，是否设定抵押，证内注明用途与实际用途是否一致
	5. 出让用地抵押率上限原则上不超过 70%
	6. 不属于以集体建设用地使用权单独设立抵押
以划拨方式取得的建设用地使用权抵押	7. 除符合上述建设用地使用权抵押的要求外，还需提供土地管理部门和房产管理部门准许进行抵押登记的有效证明（当地政府主管部门另有规定的除外）；划拨地抵押率上限为扣减出让金后原则上不高于 70%

续表

项目	审查要点
其他	8. 不存在重复抵押、分别抵押
	9. 不得接受以出让方式取得、满两年未动工开发、可无偿收回的土地使用权作为抵押担保，不接受空置 3 年以上的商品房作为贷款的抵押物

说明：土地使用权抵押对银行的保证程度较高，银行应当接受优质而且没有纠纷的地块抵押。在我国，土地价值不断上升，因此，土地使用权抵押率即使高些，风险也是可以控制的。

3. 房产抵押担保（遵循《担保法》）

房产抵押担保审查要点详见表 1 - 26。

表 1 - 26　房产抵押担保审查要点

项目	审查要点
评估报告	1. 出具评估报告的机构符合银行规定要求
建筑物抵押	2. 提供房产管理部门核发的房屋所有权证、土地管理部门核发的建设用地使用权证
	3. 该建筑物占用范围内的建设用地使用权一并抵押，抵押率符合银行规定（银行设定的抵押率上限为商业营业用房 50%、办公楼 50%、成熟园区开发区的标准厂房 50%、其他工业厂房 40%、普通住宅类 60%、别墅及高档公寓类 50%）
	4. 房屋所有权证在房屋使用期限内，且未设定抵押
	5. 不属于列入文物保护范围的建筑物和有重要意义的房地产
正在建造的建筑物抵押	6. 建设用地规划许可证、建筑工程规划许可证、建筑工程施工许可证、建设用地使用权证书等有关文件齐全
	7. 该建筑物占用范围内的建设用地使用权一并抵押，抵押率不超过 50%
	8. 在建项目与用地规划批准项目用途一致，施工面积在工程规划许可证范围内
	9. 施工企业声明放弃在建工程优先受偿权，或出具用于抵押的在建工程价款已结清的证明
其他	10. 不存在重复抵押、分别抵押

说明：对商业银行而言，房产抵押是最有效的担保方式之一，房产抵押一定要避免纠纷，而且必须在房管局办理抵押登记。

4. 设备抵押担保（遵循《担保法》）

设备抵押担保审查要点详见表 1 – 27。

表 1 – 27 设备抵押担保审查要点

项目	审查要点
现有的以及将有的生产设备抵押	1. 提供生产设备的购置发票
	2. 现有的以及将有的生产设备抵押时，抵押主体只能是企业、个体工商户、农业生产经营者，不包括普通自然人、事业单位和国家机关；抵押率符合银行规定（其中通用设备抵押率 40%，非通用设备抵押率 30%），原则上不得超过银行设定的抵押率
海关进口设备抵押	3. 进口设备抵押不在海关监管期内，以海关监管货物抵押的，应取得海关批准抵押的书面文件
交通运输工具抵押	4. 提供公安、交通管理部门核发的行驶证件和所有权证明，抵押率不超过 40%
国有企业关键设备、成套设备或重要建筑物抵押	5. 主管部门同意抵押的有效批准文件
集体企业生产设备抵押	6. 企业职工代表大会同意抵押的有效书面证明
其他	7. 不存在重复抵押

说明：一般而言，机器设备抵押风险较大。由于机器设备变现性较差，因此银行一般都会要求机器设备的生产厂商提供回购担保。单纯以机器设备作为抵押的，银行不会接受。

【客户突破小口诀】

物保不如人保，
人保不如地保，
地保不如银保。

5. 其他财产抵押担保

其他财产抵押担保审查要点详见表 1 – 28。

表1-28　其他财产抵押担保审查要点

项目	审查要点
其他财产抵押	1. 其他财产的购置发票等有关材料能够证明权属的有效性，要求抵押物权属清晰，不存在其他纠纷；所有权人出具的同意抵押的有效文件（如集体企业财产抵押，需提供企业职工代表大会同意抵押的书面证明）
	2. 其他财产抵押率上限不超过40%
	3. 不属于难以确定价值的珠宝、首饰、字画、文物等财产，不属于法律、行政法规禁止转让的财产
其他	4. 不存在重复抵押

6. 外汇担保项下人民币贷款（外保内贷）

外汇担保项下人民币贷款审查要点详见表1-29。

表1-29　外汇担保项下人民币贷款审查要点

项目	审查要点
借款人	1. 借款人仅限于资本金已按期足额到位且未减资、撤资的外商投资企业（包括中外合资、中外合作、外商独资经营企业）
	2. 境内中资企业向境内金融机构借用贷款如需接受境外机构或个人提供的担保，必须经国家外汇管理局批准
	3. 借款人符合国家外债规模管理的有关规定：借款人中长期外债累计发生额、短期外债余额及境外机构和个人担保履约额（按债务人实际对外负债余额计算）之和，不超过其投资总额与注册资本的差额（即"投注差"）
外汇担保项下业务	4. 外资银行出具的信用保证（含备用信用证），为无条件、不可撤销、不可转让、对借款人人民币债务本金及其相关利息和费用承担连带责任的书面担保。银行对提供信用保证的外资银行核定有授信额度，且担保合计金额在银行对其核定的授信额度之内
	5. 对于备用信用证担保贷款，开立备用信用证的外资银行须符合银行代理行授信标准，不在总行限制使用的代理行之列。银行可接受外资银行境内分支机构开立的人民币备用信用证，但不接受其为境内企业的人民币借款提供外汇担保，备用信用证的金额、失效期、受益行、索偿条款、记载事项等需符合银行要求
	6. 借款人所质押的外汇，质押外汇来源仅限于企业的经常项目外汇账户，质押外汇币种仅限于美元、欧元、日元、港元、英镑和瑞士法郎

续表

项目	审查要点
授信方案	7. 外汇担保人民币贷款可用于满足固定资产投资和流动资金需求，但不得用于购汇，外汇担保人民币贷款期限最长不超过 5 年
	8. 外汇质押项下向借款人发放的人民币贷款金额，应参考近期汇率波动趋势确定，原则上不得超过质押外汇按照审批当日银行公布的汇率准价折算的人民币金额（质押外汇折算金额）的 85%（在运用相关工具锁定远期汇率风险的前提下，质押率可以适当提高）。在人民币贷款期内，由于人民币汇率变动导致人民币贷款本息高于质押外汇（含利息）折算金额的，银行可以提前收回超额部分贷款或要求债务人补足差额部分的质押外汇
	9. 备用信用证担保的人民币贷款金额，最高不得超过备用信用证担保额折算的人民币金额的 90%（外资银行境内分支机构人民币备用信用证担保额可适当灵活掌握，但必须能全额覆盖银行债权）。如贷款期限超过 1 年，应适当降低贷款金额与备用信用证担保金额的比例
其他	10. 不存在重复质押

说明：外汇担保人民币贷款就是我们经常说的"外保内贷"，通过境外的担保，境内银行给境内的三资企业提供贷款。

7. 存款单证质押担保（遵循《物权法》）

存款单证质押担保审查要点详见表 1－30。

表 1－30　存款单证质押担保审查要点

项目	审查要点
存单质押（银行、他行的本外币存款）	1. 提供开户证实书，包括借款人所有的或第三人所有而向借款人提供的开户证实书。第三人向借款人提供的，应同时提交第三人同意由借款人为质押贷款目的而使用其开户证实书的协议书
	2. 单位定期存单已经存款行确认，并出具了单位定期存单确认书，确认书由存款行的负责人签字并加盖了单位公章
	3. 以外币存单质押的，按签订抵（质）押合同前一日或当日汇率中间价折算后确定价值
项目审查要点	4. 人民币存单项下办理人民币授信质押率不超过 90%，外币授信不超过 85%，外币存单质押同种授信质押率不超过 90%、其他币种授信质押率不超过 80%，人民币授信质押率不超过 85%。质押担保的范围包括贷款本金和利息、罚息、损害赔偿金、违约金和实现质权的费用（质押合同另有约定的，按照约定）

说明：存单质押是商业银行热衷的担保方式，企业可以获得存款利息，同时通过存单质押贷款或开立银行承兑汇票方式完成商务支付。客户经理必须熟悉银行承兑汇票这款产品，经常与存单质押捆绑操作。

8. 债券质押担保（遵循《物权法》）

债券质押担保审查要点详见表1-31。

表1-31　债券质押担保审查要点

项目	审查要点
凭证式国债质押	1. 用作抵押的凭证式国债所有权无争议、未挂失或被依法止付
	2. 非跨系统办理凭证式国债质押贷款业务
	3. 为本人名下的凭证式国债（或为第三人名下，但以书面形式同意质押），提供了本人（或第三人）的有效证件
	4. 授信期限未超过凭证式国债的到期日（若用不同期限的多张凭证式国债作质押，应以距离到期日最近者确定贷款期限）
	5. 贷款额度未超过质押品面额的90%，实行"利随本清"，承诺在贷款期限内如遇利率调整，贷款利率不变
金融债券/公司债券	6. 债券须经过符合银行认可条件的权威评估机构评估
	7. 中国政策性银行金融债券和中国商业银行金融债券质押率原则上不超过90%，中国政策性银行担保或中国商业银行担保的公司债券质押率原则上不超过90%
其他	8. 不存在重复质押

9. 股权/股票质押担保（遵循《物权法》）

股权/股票质押担保审查要点详见表1-32。

表1-32　股权/股票质押担保审查要点

项目	审查要点
借款人	1. 原则上信用等级应为BBB级（含）以上，生产经营主业突出，具有连续、稳定的经营活动现金流，不得向本部无实质性生产经营或经营规模很小或主要资产为权益性投资的投资类企业授信
股权/股票	2. 外商投资企业投资者用自己拥有的股权设立质押，须有其他各方投资者同意的文件

续表

项目	审查要点
股权/股票	3. 国有股东授权代表单位持有的国有股不能为本单位及其全资或控制公司以外的单位和个人提供质押；原则上不接受上市公司作为授信申请人，以第三方持有的该上市公司股票进行质押授信
	4. 国有股东授权代表单位用于质押的国有股不得超过其所持有该上市公司国有股总额的50%，银行接受的用于质押的一家上市公司股票，原则上全行合计不得超过该上市公司全部A股流通股票的10%
	5. 用于质押的股票需符合银行要求，不属于下列公司股票质押：上一年度亏损的上市公司股票；自授信上报授信调查要点之日，前6个月内股票价格的波动幅度（其间的最高价/最低价，股票价格以观察期间的复权收盘价计算）超过200%的股票；可流通股股份过度集中的股票；证券交易所停牌或除牌的股票；证券交易所特别处理的股票；中小企业板、创业板上市公司股票；因上市公司自身经营出现问题，进行重组且重组后转入正常经营尚未超过两年的；不接受以银行股权做质押物
	6. 银行接受质押的上市公司股票，原则上，该上市公司按照银行客户评级规定得出的评级结果应为非金融类公司A级（含）以上、金融类公司为BBB级（含）以上
	7. 原则上不接受国有股东持有的股票质押，接受国有股东持有的股票质押的，对照《上市公司国有股权监督管理办法》（国务院国有资产监督管理委员会、财政部、中国证券监督管理委员会令第36号）等有关规定，确保质押股票允许由该国有控股股东按照内部决策程序决定转让，不需要报国有资产监督管理机构审核批准；出质人应按照其内部决策程序办妥质押和转让手续，并保证质押期间股票转让手续持续有效
授信方案	8. 以上市公司股票质押：股票质押率≤60%且质押授信敞口对应的市盈率≤15，原则上质押授信敞口对应的市净率≤2
	9. 原则上不接受限售股票质押，接受限售流通股质押的，授信到期日必须长于限售流通股解禁日期。考虑到限售流通股解禁对股票价格的影响，需适当调低质押率
	10. 接受国有股东持有的股票质押的，对照《上市公司国有股权监督管理办法》（国务院国有资产监督管理委员会、财政部、中国证券监督管理委员会令第36号）等有关规定，确保质押股票允许由该国有控股股东按照内部决策程序决定转让，不需要报国有资产监督管理机构审核批准；出质人应按照其内部决策程序办妥质押和转让手续，并保证质押期间股票转让手续持续有效

续表

项目	审查要点
授信方案	11. 只能办妥有关股票质押登记手续，但不能按照要求掌控出质人的证券交易结算资金账户、股票账户交易密码、证券资金密码等的股票质押等的情况，股票质押也可以接受，但授信敞口须同时满足如下要求：质押率≤30%，质押授信敞口对应的市盈率≤15，质押授信敞口对应的市净率≤1
	12. 根据质押股票质量、流动性、价格波动性，以及股票市场的总体情况等明确股票质押警戒线和平仓线对应的股票价格。 确定原则如下：警戒线比例（质押股票市值/股票质押授信敞口金额）应高于135%（含），平仓线比例（质押股票市值/股票质押授信敞口金额）应高于120%（含）
	13. 股票质押授信期限原则上不应超过1年
	14. 以非上市公司股权质押的，按上年末每股净资产确认价值，质押率上限为40%，银行类非上市公司可适当提高
其他	15. 不存在重复质押

说明：必须选择流通性较好的大盘股票质押，而且严格设定警戒线和平仓线。通常，优质的大盘流通股质押，其风险较低。银行一定要避免介入赌博性重组股票，其风险极大。

10. 商业汇票质押担保（遵循《物权法》）

商业汇票质押担保审查要点详见表1-33。

表1-33　商业汇票质押担保审查要点

项目	审查要点
商业汇票质押	1. 买卖双方建立长期稳定供货关系，买卖双方合作时间至少在2年以上
	2. 拟出质的银行承兑汇票如为系统外银行承兑，需为银行同业融资授信名录中的银行，且质押、贴现总量在同业授信额度范围内
银行承兑汇票质押	3. 出质的银行承兑汇票到期日先于授信到期日，且票面金额能够全额覆盖银行授信本息，质押率100%
	4. 出质的银行承兑汇票到期日晚于授信到期日，且质押率后金额应当能够全额覆盖银行授信本息，质押率不超过95%
	5. 出质的银行承兑汇票到期日早于授信到期日，且质押率后金额应当能够全额覆盖银行授信本息，质押率不超过100%

续表

项目	审查要点
商业承兑汇票质押	6. 出质的商业承兑汇票到期日先于授信到期日，且票面金额能够全额覆盖银行授信本息，质押率100%
	7. 出质的商业承兑汇票到期日晚于授信到期日，且质押率后金额应当能够全额覆盖银行授信本息，质押率不超过95%
	8. 出质的商业承兑汇票承兑人为白名单内企业

商业汇票质押分类如图1-11所示。

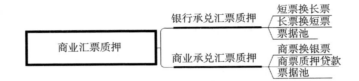

图1-11　商业汇票质押分类

说明：商业汇票质押包括商业承兑汇票质押和银行承兑汇票质押。使用票据作为质押，其风险较小，而且通过短期商业汇票质押办理长期贷款或办理更长期限的商业汇票，银行可以获得可观的存款。

【客户突破小口诀】

> 商票风险并不大，
> 授信客户不贷款，
> 引导商票收益高，
> 陌生商票不去碰。

【法律规定】

1. 《上海票据交易所》操作规则

已完成权属初始登记的票据办理质押，由出质机构通过票交所系统向其他系统参与者发起质押业务申请。质押到期时，由质权机构向出质机构发起质押解除申请，办理质押解除。质押到期且未解除质押的票据，票交所系统在票据到期日自动向付款行或付款人开户行发出提示付款申请，并将付款行或付款人开户行支付的票据金额划转至质权机构资金账户。

2. 《物权法》规定

第二百二十三条　债务人或者第三人有权处分的下列权利可以出质：

（一）汇票、支票、本票；

（二）债券、存款单；

（三）仓单、提单；

（四）可以转让的基金份额、股权；

（五）可以转让的注册商标专用权、专利权、著作权等知识产权中的财产权；

（六）应收账款；

（七）法律、行政法规规定可以出质的其他财产权利。

第二百二十四条　以汇票、支票、本票、债券、存款单、仓单、提单出质的，当事人应当订立书面合同。质权自权利凭证交付质权人时设立；没有权利凭证的，质权自有关部门办理出质登记时设立。

第二百二十五条　汇票、支票、本票、债券、存款单、仓单、提单的兑现日期或者提货日期先于主债权到期的，质权人可以兑现或者提货，并与出质人协议将兑现的价款或者提取的货物提前清偿债务或者提存。

11. 收费权质押担保（遵循《物权法》）

收费权质押担保审查要点详见表1－34。

表1－34　收费权质押担保审查要点

项目	审查要点
收费权质押	1. 提供有权部门核发的证明借款人具备收费资格的文件或证明材料，银行贷款在收费核准期间内
收费权类型	2. 公路桥梁、公路隧道或者公路渡口等不动产收费权；公路建设经营项目各投资人同意公路收费权质押的书面决议；省级人民政府及其职能部门同意公路收费权质押的批文（省级人民政府及其职能部门规定无须经其批准的除外）；
	3. 农村电网建设与改造工程电费收费权；出质人经国家有关部门批准的电网经营许可证及有关电费收费权的批准文件；出质人已在银行开立基本账户的证明材料或其基本账户银行与贷款行签订的电费划转协议；出质人已与银行签订代收电费协议的证明材料

续表

项目	审查要点
其他	4. 不存在重复质押
	5. 可以及时办理质押登记
账户控制	6. 在银行开立收费权收款专门账户

说明：对于收费权质押，银行必须做好登记手续，而且必须确保收费权产生的现金流完全可以覆盖银行的融资。这项业务类似于经营性物业抵押贷款，都属于远期现金流的即期变现。这种产品往往适合对本地的学校、医院、物业公司等进行营销。

12. 货押担保（遵循《物权法》）

货押担保审查要点详见表1-35。

表1-35　货押担保审查要点

项目	审查要点
借款人	1. 贸易企业：进销渠道通畅稳定，行业经验两年以上，无不良资信记录，或银行认可的核心生产厂商的分销商；专业进出口公司须无逃套汇、骗税走私等不良资信状况
	2. 生产加工企业：连续经营两年以上，生产经营正常，主导产品销售顺利，应收账款周转速度和存货周转率不低于行业平均水平，无不良资信记录或银行认可的核心生产厂商的配套厂家
	3. 不属于对期货经纪公司或将银行资金用于期货交易的客户办理标准仓单质押授信业务
货押商品/仓单	4. 属于企业正常经营周转中的短期存货，有良好的流通变现能力
	5. 货物通用性强，有成熟交易市场，有通畅销售渠道，价格易于确定，价格波动区间能够合理预测
	6. 货物质量稳定，易于仓储、保管、计量，不易变质、损毁，有形及无形损耗均能合理预测
	7. 货物本身适销对路，市场需求旺盛，供货商实力雄厚，技术水平较高，在行业内具有品牌优势
	8. 质量和价格确定有较强专业性的货物，要求提供银行认可的质量检验及价格认定材料
	9. 对于标准仓单质押授信，银行仅限于接受以电子仓单形式出质的授信申请

续表

项目	审查要点
授信方案	10. 授信额度期限最长不超过 1 年，单笔业务期限不超过 6 个月
	11. 货押业务的质押率原则上不高于 70%
	12. 标准仓单质押授信的质押率不高于 80%
	13. 标准仓单质押授信的期限原则上不超过 6 个月，且不超过出质标准仓单的有效期

物权质押分类如图 1 - 12 所示。

图 1 - 12 物权质押分类

说明：货押融资是银行的一种担保方式，就是拿货物作为质押。不是企业有货物，我们就一定提供融资，货押只是银行的保障手段。

银行最好选择变现性较好的钢材、粮食、橡胶等作为质押物。

13. 应收账款质押担保（遵循《物权法》）

应收账款质押担保审查要点详见表 1 - 36。

表 1 - 36 应收账款质押担保审查要点

项目	审查要点
借款人	1. 借款人已依约全面履行销售方义务，销售合同约定的付款条件、日期明确，已经在销售合同中约定本银行为指定收款银行（或借款人已经书面通知买方，变更本银行为收款银行）
	2. 除非能证明双方交易的真实性，买卖双方原则上不得为同一集团内部企业及其他关联性企业
应收账款	3. 质押账款属于以下范围：销售产生的债权，包括销售货物，供应水、电、气、暖，知识产权的许可使用等；提供服务产生的债权
	4. 不存在贸易纠纷、反索、抵销等争议
	5. 质押的应收账款必须是合格的应收账款，属于借款人正常、完整、真实履行销售合同取得的债权，涉及社会公众利益的应收账款不能用于质押，如学校持有的对学生的、医院持有的对患者的未偿还债权等

续表

项目	审查要点
应收账款	6. 客户经理已查询拟质押应收账款的登记情况（包括出质人是否已将拟质押的应收账款的部分或全部出质或转让给其他第三人、是否存在异议登记等），并保存或打印相关页面资料，银行不接受客户在同一应收账款上设立多个质权
	7. 如借款人发生财务困难或违约，银行可有权不经过应收账款债务人同意，出售或转让该质押的应收账款
授信方案	8. 应收账款质押授信金额原则上最高不得超过所质押应收账款金额的80%，原则上不得超过银行设定的抵押率。对于超过上限的情况，需在授信调查报告中说明其原因，并在审查报告中说明是否同意
	9. 应收账款到期日原则上均应在半年以内，应收账款质押循环授信总额度的使用期限不超过1年，在额度内单笔发放质押授信期限不超过对应的应收账款期限
	10. 质押的应收账款，应收账款期限短于银行融资期限，形成一定期限的错配

说明：应收账款质押贷款就是企业对于远期将收到的一笔合同款，采取即期变现的方式融资。

应收账款质押贷款类似于商业承兑汇票质押融资，只不过商业承兑汇票质押贷款的操作风险远远小于应收账款质押贷款。所以，我们经常建议商业银行多考虑操作商业承兑汇票质押贷款来取代应收账款质押贷款。如果想控制应收账款融资风险，买方、卖方和银行就必须签订三方合作协议，由买方确认应收账款质押事项。

【法律规定】

《应收账款质押登记办法》（中国人民银行令〔2007〕第4号）规定：

第二条　本办法所称的应收账款是指权利人因提供一定的货物、服务或设施而获得的要求义务人付款的权利以及依法享有的其他付款请求权，包括现有的和未来的金钱债权，但不包括因票据或其他有价证券而产生的付款请求权以及法律、行政法规禁止转让的付款请求权。

本办法所称的应收账款包括下列权利：

（一）销售产生的债权，包括销售货物，供应水、电、气、暖，知识产权的许可使用等；

（二）出租产生的债权，包括出租动产或不动产；

（三）提供服务产生的债权；

（四）公路、桥梁、隧道、渡口等不动产收费权；

（五）提供贷款或其他信用产生的债权。

第五条　在同一应收账款上设立多个质权的，质权人按照登记的先后顺序行使质权。

【商业承兑汇票质押与应收账款质押区别】

1. 商业承兑汇票质押	2. 应收账款质押
（1）无须签订三方协议	（1）需要签订三方协议
（2）无须指定回款账户	（2）指定回款账户
（3）无须确权	（3）需要确权

第二章 客户经营管理分析要点

银行客户经理必须能够对客户品质和产供销情况等方面进行分析，分析客户的竞争能力和经营业绩，判断客户的发展趋势，从而作出正确的信贷决策。

一、经营管理分析要点

银行应紧密结合客户所处行业及其财务状况进行综合分析判断。

银行客户经理应对首次授信客户的经营管理情况进行以下全面审查：通过分析借款人的银行流水，来验证分析借款人的实际经营状况；结合借款人的征信状况，来分析借款人的诚信状况；通过分析借款人提供的订单，来分析借款人未来的增长潜力；锁定借款人提供的抵押及担保，强化借款人的履约意愿。

资本足、流水稳、征信佳、担保实、订单满、报表真六个因素构成优质借款人（见图2-1）。

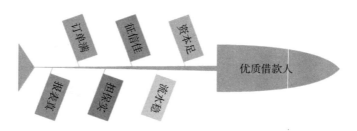

图2-1　优质借款人六个因素

银行客户经理对于叙做业务应注重经营管理现状与原授信审批时段的比较。

如授信申请人为集团公司的母公司，应同时分析集团公司整体经营状况和母公司本部的经营状况。

除依据基本资料外，还应查询公开信息，如发现对授信申请人有重大影响的不利报道，应就该事件对授信安全的影响进行分析。

【客户经理思考要点】

1. 客户的主营业务是什么？

2. 销售收入中，主营业务占比是多少？

3. 客户的销售收入中，多少是现款？多少是银行承兑汇票？有应收账款吗？

4. 营销客户的上下游有哪些企业？结算方式是什么？

5. 营销客户的大股东对该企业有支持计划吗？

二、股东背景和集团客户分析

银行客户经理应分析客户的股东构成和股东的属性（控股股东、战略投资者、财务投资者等）、股东与企业之间有无业务联系，对于集团客户还应进行以下重点分析。

1. 集团生产经营情况

（1）集团主营业务及其在集团成员间的分布情况如何，集团主要经营性资产在集团成员间的分布情况如何。

（2）集团母公司属于纯粹的管理型公司，还是有一定的经营活动，其经营活动是否只是为其子公司提供原材料采购、产品销售等辅助性活动。

（3）集团是否有明确可行的发展战略和具体实施步骤，对集团的发展前景可能产生什么影响。

2. 集团母公司对下属企业的管理模式

（1）母公司对子公司董事会的控制程度。

（2）母公司是否向分公司、子公司委派关键的经营管理和财务人员。

集团实行集权式管理还是分权式管理，子公司是否有独立的筹资权和投资决策权。

集团是否实行账务集中管理，通过财务中心还是通过财务公司运作。

子公司是否有明确和稳定的利润分配政策，以往利润分配情况如何，是否需要在授信合同中对授信对象的利润分配加以一定的限制。

3. 对于具有以下特点的集团客户，应从严控制授信，或不予授信

（1）股权结构复杂，成员企业众多，收入主要依靠关联交易。

（2）主业不突出，投资为主。

（3）股权结构和子公司名单变动频繁。

（4）企业管理混乱，成员企业由实际控制人一人管理，资金调拨使用的随意性强。

（5）超常扩张，进行超过自身管理能力的特大项目投资或兼并，资金筹集渠道不合理。

（6）过度依赖银行借款甚至非法占用成员企业、产业链上下游企业的资金。

（7）企业融资总量超过合理水平，财务费用负担沉重。

（8）资产流动性不足，存在"短贷长用"现象，银行借款与资产流动安排及收益周期不匹配。

（9）利用掌控的上市公司、证券公司和商业银行进行关联交易，形成"银行融资—购并—上市—再购并—再上市—银行融资"的资金链。

（10）集团间互保、集团内互保现象严重，集团关系与互保关系交叉出现。

（11）集团对外担保超过其自身承受能力，或有负债金额巨大，被担保企业风险较高，甚至贷款已出现违约。

4. 合规审查

经营许可审查：审查授信业务用途是否在申请人营业执照注册登记范围内；需要取得特殊经营许可的业务，如煤炭、有色金属开采、成品油经营、外贸进出口等业务的办理客户是否按规定取得相关业务许可或权证。

环保审查：对外部其他环保查询结果有异常事项的，须作出相应风险分析。对钢铁、化工、有色、水泥、电力、电石、焦炭、铁合金、造纸等重污染工艺或者高污染、高环境风险的授信申请人的环保信息应高度关注。在授信调查过程中，对存在违法、违规、不达标、审核未通过等环保信息的授信项目应予以否决。

在建、新建成项目手续审查：对有在建、新建成项目（项目正式投产通常不足 1 年）的授信申请人，特别是属于产能过剩和潜在产能过剩行业的，在申请新增授信业务用于在建、新建成项目时，应审查项目是否具备核准、土地、环评、规划、节能评估和节能审查等合法手续。对不符合国家节能减排政策规定和国家明确要求限制、淘汰的落后产能违规在建项目，不得提供任何形式的新增授信支持；对违规已经建成的项目，不得新增任何流动资金贷款。

　　法律诉讼审查：通过全国法院被执行人信息查询系统等途径，审查客户及其重要关联企业是否存在诉讼、重大商业纠纷。如有上述情况，应具体列示，并作出风险分析。

　　5. 经营状况分析

　　银行客户经理应判断客户主营业务是否突出，并结合行业特点，判断申请人的经营状况是否与其所处行业特点吻合。如不吻合，应分析具体的原因和风险。银行必须对借款企业的主业非常关注，借款企业必须主业突出，商业模式领先，才能够源源不断创造出经营现金流。

　　通过对客户产供销和研发等方面的分析来评估客户经营状况。

　　供应阶段：分析货品质量、货品价格、进货渠道和付款条件等。

　　生产阶段：分析设备状况和技术水平等。

　　销售阶段：

　　（1）分析主要产品盈利在总销售收入和毛利中的占比情况；

　　（2）产品生命周期（进入、成长、成熟、衰退）；

　　（3）销售价格弹性和价格变化趋势；

　　（4）产品的客户定位；

　　（5）产品替代性；

　　（6）产品发展战略；

　　（7）产品是大批量生产还是按订单生产；

　　（8）对互补产品的依赖程度（造纸和包装、水泥和建筑等）；

　　（9）分析市场占有率和销售增长率等。

　　6. 管理质量分析

　　银行客户经理应从客户法人治理结构、管理层的品行和依法合规经营等方面分析和评估客户管理质量。

　　（1）法人治理结构分析。分析董事会和监事会等权力监督机构设置情况，发展战略是否激进，决策与纠错机制、激励与约束机制是否健全，决策是否过于依赖于个人，信息披露是否合规透明；如为股权关系较为复杂的集团客户，尤其是民营企业，追溯分析最终控制人。

（2）管理层品行分析。列表说明法定代表人和管理层的构成、年龄结构、学历、个性风格、从业经历、在企业的服务年限、是否存在亲属关系，以及有无黄、赌、毒等不良嗜好、管理层之间是否融洽协调、法定代表人是否持有外国护照或拥有外国永久居住权。

（3）依法合规经营分析。分析客户内部控制制度是否健全，有无重大违规违纪情况，与交易对手之间有无欺诈性交易，与同行之间有无恶性竞争的行为，是否有走私、欠缴、漏缴或偷税的情况，员工对公司的满意程度如何。

7. 重大事项分析及相关信息查询

银行客户经理应对授信申请人在近期经营过程中出现的有关影响授信安全的重大事项进行描述，分析、评估其对授信申请人当前经营、未来前景和银行授信风险的影响，主要包括：

（1）客户实行承包、租赁、联营、合并（兼并）、合作、分立、产权有偿转让、股份制改造等体制更变；

（2）主要客户丧失；

（3）产品线、代理经营权、特许经营权和主要供应商丧失；

（4）产品严重积压；

（5）发生重大质量、生产事故，处于停产、半停产状态；

（6）股票被特别处理（ST）或被证券管理机构发布不利的预警信息；

（7）出售、变卖主要的生产、经营性固定资产；

（8）客户的主要股东、关联企业或母子公司、互保公司等发生了重大的不利变化。

8. 相关信息查询

（1）对申请人及其母公司、主要下属子公司、担保人进行信息查询，列示查询结果，并对指标和变化趋势作出风险分析和判断。可供查询的网站包括国家企业信用信息公示系统（http：//www.gsxt.gov.cn）、企查查、天眼查、启信宝。

（2）人民银行个人征信系统查询结果。具备条件的分行，其审查人员应对民营企业实质控制人的个人信用记录进行查询，列示查询结果，对查询异常的事项作出分析和判断。可供查询的网站为中国人民银行征信中心（http：//www.pbccrc.org.cn）。

（3）外部公开市场信息查询结果。如有对授信申请人有重大影响的不利报道，应列示相关内容并进行风险分析，如千里眼查询结果及信息分析等。

（4）环保查询。对贷款卡"环保信息查询—处罚信息"及其他环保信息查询结果异常的事项作出分析和判断。

（5）通过海关、税务机关等其他渠道查询的信息。可供查询的网站包括中国海关企业进出口信用信息公示平台（credit. customs. gov. cn）、国家税务总局全国增值税发票查询平台（inv - veri. chingtax. gov. cn）。

【点评】

对于银行选择客户而言，股东背景非常重要，因为借款人一旦有实力强大的股东方，基本上就可以有极好的融资保障，股东方可以提供源源不断的融资支持。国内实力较强的母公司在各地设立的子公司项目一般都管理规范，具备较好的融资环境。

【案例】

××不锈钢有限公司案例

××不锈钢有限公司注册资本为 1000 万元，是一家以销售不锈钢材料及制品、五金制品为主的贸易公司，主要销售××不锈钢有限公司生产的冷轧不锈钢以及宝钢、太钢、酒钢、唐钢、吴航等大型钢厂的产品，销售网络遍布全国及欧美、中东地区及东南亚国家。该公司在不锈钢行业地位突出，具有一定的影响力，已成为本地区最大的不锈钢材贸易型企业之一。

该公司年报表显示，总资产为 29970 万元，流动资产为 29585 万元，总负债为 7149 万元，所有者权益 22821 万元，主营收入为 66997 万元，净利润为 5427 万元，资产收益率为 23.78%。

××评审中心给予该公司综合授信额度为14500万元，期限1年，授信品种为流动资金、银行承兑汇票，其中动产融资动态抵（质）押额度由原来的8500万元升至10000万元，仍由某仓储管理有限公司深圳分公司入驻监管。

自授信获批以来，该公司在银行的授信支用情况正常，综合收益良好。

【案例启迪】

××不锈钢有限公司的现象表明，在以真实贸易背景为基础的供应链融资业务中，当借款人受到经济波动的影响，可以承载融资的交易量发生萎缩时，由于供应链融资自偿性的特征，即使银行不缩减其授信额度（从而使得客户关系得以保持），客户可以实际支用的额度也随着交易量而自动萎缩，从而使客户在银行提用的额度缩减，风险降低。

如借款人交易量下降到银行准入门槛以下，或者无法负担相关费用而不愿融资，都会使银行资产规模自发性缩减，银行在该行业的资产规模也会随着客户群的交易量规模萎缩而大幅下降，从而自发性地规避风险。因此，在当前环境下，供应链融资业务是更好地抵御经济波动、控制风险的有效武器，相较于传统业务模式，更适于在机会凸显、风险性较高的领域开展。如部分行业受到较大冲击，但从长远看仍具有较好的前景，在各行业谨慎对待的时候，银行如凭借供应链融资产品介入，一方面可通过该类业务自偿性的特征较好地控制风险，另一方面又有利于银行把握市场机会营销客户，雪中送炭，形成稳固的银企关系。因此，积极发挥供应链融资业务自偿性特征带来的高风险抵御特性，能够帮助我们更好地处理银企关系，把握市场机会。

第三章 客户财务分析要点

客户财务分析是以客户财务报表为主要依据，运用一定分析方法，对客户财务过程和结果进行评价，以分析客户财务状况、盈利能力、资金使用效率和偿债能力，判断客户发展变化趋势，包括财务分析原则、财务报表完整性与规范性审查、人民银行征信系统查询、财务报表重点科目分析、主要财务指标分析和财务状况综合分析。财务分析是每个客户经理必须掌握的基本技能。

一、财务分析的原则

重点分析本次授信时主要财务科目与财务指标的变化，并对照前期授信时提供的财务资料，核实财务报表的连续性与一致性。

如授信申请人为集团公司的母公司，应同时分析合并报表与本部报表。如集团客户实行集中财务管理，在说明其具体的资金、账务等管理方式的基础上，应重点分析合并报表；如不实行集中财务管理，且授信为集团公司本部使用，应重点分析其本部财务报表。

对于申请年度综合授信的授信申请人，应以分析年度财务数据为主、分析即期财务数据为辅；分析即期报表时，侧重分析异动科目与异动指标。对于季节性销售特征明显的授信申请人，应要求其提供上两年同期财务报表，并进行对比分析。

对于未经审计的财务报表，应在财务分析之前判断财务报表的可信性，[①] 并与人民银行征信系统提供的财务报表相核对，不一致时说明原因。

财务分析应避免单纯列举财务数据，审查人员应将财务数据、财务指标与行业发展状况、企业经营管理情况相互印证、综合分析，归纳得出财

---

① 具体方法包括但不限于：与企业纳税、海关缴税数据核对，与该行业经营特点、产品特点相比是否存在较大差异；查阅企业与上下游客户的销售合同、增值税发票、银行对账单、个人账户流水、产权证书、实物、存货、同期工资支出、水电费缴纳等情况。

务分析结论。

【客户经理思考要点】

1. 请客户提供连续三年的财务报表（经过审计）。

2. 请客户提供合并财务报表，包括分公司和子公司。

3. 客户有进一步增资的计划吗？

4. 客户的财务报表有明细解释科目吗？

二、财务报表完整性与规范性审查

1. 审查财务报表的齐全性

（1）审核授信资料时，若发现财务报表不齐全或者未提供会计报表附注，应说明原因。如果提供的报表为汇总口径报表，应注意是否存在集团内通过关联交易、相互投资等方式虚增了总资产、净资产、经营规模、利润、现金流量等。如存在前述情况，应作出说明和分析，并判断其实际的资产、经营规模、利润、现金流等，使其与合并报表数据具有可比性。

（2）审查近三年合并财务报表的编制范围是否发生变化。如有变化，详细说明原因及变化范围，并调整关键财务指标，使连续三年的财务报表数据具有可比性。

（3）列示近三年财务报表的编制基础（《企业会计准则》《企业会计制度》）。若三年财务报表的编制基础不同，应分析三年财务报表数据是否具有可比性。如无可比性，应对关键财务数据进行相应会计调整。

（4）审查客户会计政策是否发生重大变化并分析其对客户财务状况的影响，包括但不限于折旧政策、存货计价、无形资产摊销、收入确认、或有事项、关联交易和销售政策。

2. 审查审计报告内容

审查近三年的合并及本部财务报表是否经过审计。审查审计意见的格式和内容是否规范，是否符合《中国注册会计师审计准则》第 1501 号、第 1502 号的规定。对于不符合规定的，应审慎对待，进一步落实并判断审计报告的可靠性。

审查审计报告是否属于标准无保留意见。如不属于标准无保留意见，应明确审计意见类型以及强调事项段、保留意见段、否定意见、无法表示意见的具体内容；对于审计机构出具无法表示意见以及否定意见的企业，原则上不予授信。

审查三年来是否更换审计机构、合并报表与本部报表的审计机构是否一致。若频繁更换审计机构或合并、本部财务报表的审计机构不一致，应说明原因。

三、人民银行征信系统查询

人民银行征信系统中记录信息查询、信用报告的查询日期和查询结果。信息查询包括但不限于未结清的信贷信息及五级分类、已结清的不良贷款、已结清欠息、垫款记录、对外担保信息、未决诉讼、社保信息、纳税信息、处罚信息，以及信用报告包括但不限于企业组织架构图、财务报表详情等信息。若有异常，应说明原因并分析对企业的影响。

结合对外担保信息，分析是否超出企业的担保能力，根据对外担保的客户分析企业是否存在关联客户的互保及连环担保现象。

四、财务报表重点科目分析

重点科目的特征是金额大、占比高、变动异常（同比变动幅度在5%以上）、易隐藏风险。审查时，应结合行业特点，并充分利用财务报表分析方法，根据重点科目的特征，找出重点会计科目，分析该类科目的具体内容，以及异常变动的原因、未来变化趋势、对经营及偿债能力的影响。

1. 货币资金

结合该科目与银行借款科目，分析合并报表与本部报表的数据差异，判断集团本部是否对下属公司实施了财务集中管理。

通过查询会计报表附注，关注其他货币资金的金额大小、是否有限定用途，分析货币资金中不能用于偿债资金（如保证金、增发配股、发债资金）的金额等。

分析货币资金的来源与用途，判断借款用途是否合理。如果货币资金占比高，规模长年稳定，同时银行借款持续增加，则应特别关注授信用途。如果货币资金异常增加，同时负债方应付票据同步增加，应关注企业是否存在开立银行承兑汇票—贴现—全额保证金开票等的情况，并分析原因。

【点评】

应当结合应收票据对货币资金进行综合分析，很多企业有大量的应收票据，例如大型钢铁生产企业、大型汽车厂商等，这类企业货币资金量一般，应收票据量反而较大，这也是合理的。

2. 交易性金融资产、可供出售金融资产（旧会计准则中为短期投资等）

关注该科目是否均记录企业为交易目的持有的投资，分析企业从事高风险有价证券投资、委托理财的数量，估计潜在的投资损失，分析企业的风险偏好；关注是否存在衍生产品交易，是否以公允价值计量，相关公允价值变动是否计入当期损益或所有者权益，分析一旦市场发生变化将给企业带来的风险；关注投资账面价值和实际价值、提取的减值准备，结合报表附注详情以及有关证券的市场价格分析对正常生产经营活动的影响。

3. 应收账款

结合会计报表附注提供应收账款账龄、前三大客户明细及其与借款人的关系，分析应收账款的规模、质量，是否已足额计提坏账准备，结合主要收款对象、集中度、账龄等分析形成坏账的可能性；应收账款债务人中是否有关联客户，是否存在关联交易以及关联公司间转移资金的现象；对大额应收账款，了解其交易背景。

应收账款的比重：结合行业特点、经营方式、销售信用政策、市场情况等分析其合理性，并结合企业的销售模式、特点，分析其合理性。如应收账款超常增长，分析企业是否为了达到增长目标，正在使用额外优惠的信用政策创造销售额，是否存在通过应收账款虚增营业收入的情形。

应收账款周转天数：趋势分析及行业比较，与销售信用期限比较。应收账款周转天数延长是经营出现问题的信号，因此应注意应收账款是否已质押或转让。

为了控制企业的应收账款风险，可以引导企业向下游倒签商业承兑汇票，由下游承兑后，将商业承兑汇票质押给银行，这样可以有效控制企业的销售现金流。例如，施工企业有大量的应收账款，下游欠款人为开发商，可以由施工企业对开发商倒签商业承兑汇票，由开发商承兑后，再次质押给银行，这样银行就可以牢牢控制施工企业的销售现金流。

【客户经理思考要点】

1. 客户的应收账款平均有多少？

2. 客户的应收账款可以转成应收商业承兑汇票吗？就是由客户签发商业承兑汇票，由买方对商业承兑汇票进行承兑，银行可以为其提供国内融资。

3. 客户的应收账款的下游买家都是哪些企业？实力如何？

4. 其他应收账款

结合会计报表附注提供的其他应收账款账龄、前三大客户明细及其与借款人的关系，分析其他应收账款的规模、质量，特别需要关注金额大、期限长的款项，判断有无长期挂账现象。

关注企业集团内部母子公司之间、关联企业之间的资金往来，有无被大股东长期占用的情况。

对大额应收账款，应了解其产生的原因、预计收回的可能性等。

集团客户应分析本部报表的其他应收账款与其他应付账款科目，判断本部与下属公司之间的资金往来情况。

【点评】

其他应收账款很容易成为"垃圾桶"项目，借款人将与其他公司的往来借款，尤其是母公司、兄弟公司的借款放在这个科目中，如果这个科目过大，则属于高风险信号。

5. 存货

结合提供的存货质量分析，分析存货占总资产的比重、变化趋势以及异常变动的原因，根据存货中产成品占营业成本的比重，判断其与生产能力、生产规模是否匹配。

对于季节性销售特征明显的企业，应关注存货余额时点变化是否与企业销售特点相吻合，并与上两年同期的财务报表数据比较。

根据调查报告中录入的存货明细，分析企业是否存在大量期限超过1年的存货，是否存在大量的滞销产品，判断是否存在市场价值远低于入账价值的原材料及产成品，了解企业的存货跌价准备政策，分析企业的存货计价是否符合稳健原则。

根据调查报告中提供的三年来的存货周转天数，分析周转率有无异常变化，如存货周转天数延长，则分析具体原因，是生产效率降低、过度采购，还是销售下降，并关注是否存在为了增加利润少结转销售成本或挂账存货科目的情况。

6. 长期股权投资

分析企业长期股权投资的变化是否合理；投资的核算方法是否符合相应的会计制度，若不符合，分析其对企业财务报表的影响；投资规模占总资产和净资产的比重如何；投资对象是否从事与主业关联度较低的多元化经营；过度投资、偏离主业是企业发展不利的信号；投资收益与投资规模的配比如何，投资收益有无相应现金流的支撑；投资失败记录及损失情况。

【客户经理思考要点】

1. 客户的长期股权投资都是对哪些公司的投资？这些公司的经营质量如何？

2. 客户的长期股权投资有对银行的股权投资吗？

3. 长期股权投资分红的情况如何？

7. 固定资产

根据调查报告录入的固定资产明细、金额和折旧计提方法等，分析固定资产变化及原因、折旧计提政策变化对现金流量的影响等。

将固定资产与在建工程、现金流量表、生产能力对照，检查其合理性。若固定资产增长较快，有无产能及营业收入的变化。

区分经营性和闲置未用的固定资产，分析固定资产减值准备计提和损失处理是否恰当。是否存在已抵押或不能正常运营的资产。

【点评】

固定资产是企业长期发展的本钱，如果有大额的长期资产，说明借款人准备长期经营。

8. 在建工程

了解主要的在建工程计划总投资、资金来源构成、资金是否均已落实、资金到位及累计完成投资的情况；是否存在超投资的风险及后续资金是否落实；是否存在已投入使用却未转固定资产、少提折旧的情况。

9. 无形资产

分析无形资产具体内容、入账价值和评估方法，入账价值调增是否符合会计准则。

对不符合规定的无形资产和不合理的高估价值，应予以说明。

分析土地使用权的摊销政策和抵押情况、土地权属是否清楚、是否缴清费用、土地使用的未来规划等。

【点评】

无形资产对于发展良好公司来说，帮助公司做大做强会发挥一定的作用。

10. 应付票据

结合行业特点和结算方式，分析应付票据余额及变动趋势是否正常。应付票据属于企业签发的票据，包括银行承兑汇票和商业承兑汇票，属于企业的刚性负债，必须谨慎。

由于应付票据期限较短，对企业的短期资金流出刚性极大，银行必须将企业签发的银行承兑汇票和商业承兑汇票控制在企业的短期兑付现金流以内。

【客户经理思考要点】

1. 客户的应付票据是签发的银行承兑汇票，还是商业承兑汇票？

2. 客户的上游供应商可以接受商业承兑汇票吗？

3. 客户的上游可以接受国内信用证吗？银行可以通过国内信用证替代银行承兑汇票。

11. 应付账款

结合行业特点、应收账款数额和存货变动方向，分析应付账款规模是否合理，是否存在长期挂账款项，分析主动应付和被动应付的款项；应付账款是否与企业的采购模式和特点相吻合；通过账龄分析，判断付款的紧迫程度；对应付账款周转天数的异常情况进行分析。

分析：现金＋应收票据＋应收账款＋存货＞短期借款＋应付票据＋应付账款。

【客户经理思考要点】

1. 客户愿意将贷款转化成保理付款担保额度吗？就是由客户提供应收账款转让确认，银行对客户的供应商提供融资。

2. 客户是使用流动资金贷款支付应付账款吗？

12. 短期借款和长期借款

借款的变动趋势是否与客户经营趋势保持一致，债权银行是否较多；了解他行借款的授信条件，并分析企业是否有继续融资的能力；

与人民银行征信系统提供的信息相比较，并说明是否吻合，如不吻合，要说明理由；分析借款的到期期限分布和还款高峰期；是否通过母公司调整财务报表，减少时点银行借款；将短期借款及应付票据合计数与营业成本、营业收入相比较，判断企业短期融资的合理性及偿还能力。

【点评】

　　借款就是在加杠杆，正确明显盈利的模式，加杠杆能给企业和银行创造更多的财富。

13. 其他有息债务

　　通过应付债券、应付短期融资券或其他流动负债等科目分析企业是否存在其他有息债务，比如短期融资券、中期票据或公司债券等。该类直接融资的债务也应到期归还，因此，应关注其规模、增幅及增速，判断企业的整体偿债能力。

　　分析：企业发行的债券登记在应付债券科目中，并不反映在贷款卡中。所以，银行有时候会对企业的负债误判，认为企业的偿债压力很小。

【客户经理思考要点】

1. 客户的其他有息债务都是哪些融资？

2. 这些融资的利率大概是多少？

14. 或有负债和对外担保

　　关注点：（1）通过报表附注了解全部或有负债内容（含委托第三方开证），分析成为实际负债的可能性；（2）对外担保的对象及其资信状况；（3）担保总额是否超出企业的承贷能力，上市公司对外担保是否超过净资产的50%；（4）关联企业之间的互保情况，与其他公司是否签订互保协议；（5）信用证、未决诉讼等表外或有事项。

　　分析：企业对外担保会直接影响企业的远期现金流，银行应当将企业的担保和短期借款进行加总分析，可以适度将企业的对外担保进行折半计算，企业的短期现金流必须足以应付短期借款和可能发生的对外担保索偿。

15. 所有者权益

关注点：（1）企业净资产的规模及其变动情况，资本规模是否充足，结构是否合理、稳定；（2）上市公司股本的变动，如首发、增发、转增、配股、收购、转让等引起的权益变动；（3）注册资本的到位情况，关注实收资本，对比应收账款、预付账款或其他应收账款中股东的占比，判断有无抽逃资本金的嫌疑。

分析：资本公积科目所反映的资产评估增值的合理性。

【客户经理思考要点】

1. 客户的股东中有风险投资公司吗？

2. 客户与风险投资公司签有回购股权的业务对赌条款吗？

【点评】

所有者权益，就是创业时候，起家的本钱，刘关张拥有的所有者权益就是青龙偃月刀、丈八长矛和几个家丁。

16. 营业收入

关注点：（1）营业收入的真实合理性，与市场占有情况、纳税情况是否相符，是否存在通过应收账款、预收账款等科目虚增销售收入的现象；（2）营业收入的质量，通过与现金流量表实际现金流入、应收账款等对比，判断营业收入是否有相应的现金支撑，关注偶然性收入；（3）根据近几年来营业收入的变化趋势及主要原因，分析营业收入实现的稳定性和可持续性，关注偶然因素造成的波动；（4）结合会计报表附注列表说明收入构成（产品、客户、地区），分析各种收入的利润率和稳定性；（5）关联交易的比重；（6）与营业收入变化方向相反或变化幅度相差较大的项目，如成本、费用、利润、应收账款、资产总额等，并分析原因。

17. 营业成本

关注点：（1）成本的构成、原材料来源的稳定性及价格的波动情况；（2）成本变动的原因、不同因素对成本变动的贡献；（3）关联交易对成本真实性的影响。

18. 投资收益

关注点：（1）投资收益占利润总额的比重，结合投资收益的来源（实业、债券、股票、投资性房地产公允价值与原账面价值差额等），判断盈利对投资收益的依赖程度及盈利能力的稳定性；（2）投资收益与投资规模是否匹配；（3）投资利润与实际收到现金的差异。

19. 收到其他与经营活动有关的现金

关注点：（1）该科目占经营活动流入量的比重；（2）分析具体内容，看是否存在将投资和筹资活动现金流入记入该科目的情况；（3）是否存在利用其他与经营活动有关的现金流量调节经营活动净现金流的情况，如将一些暂收、暂借甚至投资收回等项目列入该科目，虚增经营活动现金流入。

五、主要财务指标分析

结合系统计算出的财务指标，比较近三年及最近期的财务指标，或与其他同行业客户比较分析。对单项财务指标的优劣不应轻易下结论，要结合其他财务数据及行业发展状况与企业经营管理状况进行综合判断。

1. 短期偿债能力分析

关注有息债务的动态变化，分析长短期负债结构是否合理、是否与资产转换周期相适应，近期是否过度举债，短期借款、应付票据、直接债务融资和长期借款集中到期金额是否较大，到期日分布是否合理。

（1）主要指标

①盈余现金保障倍数＝经营活动产生的现金流净额/（净利润＋折旧和摊销）。该指标若为正数，大于1，说明客户经营活动产生现金的能力较强；该指标若为负数，应分析是由于企业所处的发展阶段还是流动资本管理出现的问题；若变动趋势与利润变动趋势相反，说明利润确认质量差。

②长期资产适合率＝（长期负债合计＋股东权益合计）/（总资产－

流动资产合计）。若指标小于 1，说明存在短资长用问题。

③留存现金流与总资本支出比＝（经营活动产生的现金流净额－财务费用－应付现金股利）／（固定资产、无形资产及其他长期资产投资的现金支出）。比例越高，说明客户经营活动为长期投资提供自有资金的能力越强。若比例持续下降，关注长期投资的内容及收益；若比例小于 1，说明经营现金净流量满足资本性支出的能力较低，需要外部筹资支持投资支出，财务风险加大，短期偿债能力下降。

④营运资本＝流动资产－流动负债。营运资本为绝对值指标，若小于零，说明流动负债除运用于流动资产外，还用于支撑长期资产的形成，存在短期资金长期占用的问题。

⑤利息保障倍数＝（营业利润＋财务费用）／（利息支出＋当年资本化利息）。若倍数小于 2，说明短期偿债能力不足；倍数越高，偿债能力越强。

⑥流动比率＝流动资产／流动负债。若低于同类客户中值，说明客户的资产流动性较差。若高出同类客户中值过多，则需核查流动资产的有效性。不同行业的流动比率有差别。商业和流通领域的流动比率较高，机器制造和电力行业的流动比率较低，汽车和房地产业的流动比率为 1.1～1.2，家电行业为 1.5 左右，而食品和饭店行业的流动比率要求大于 2。

⑦速动比率＝（流动资产－存货－待摊费用－预付账款）／流动负债。若低于同类客户中值，说明客户的资产流动性较差。速动比率为 1 左右比较合适，但对应收账款较少的行业，如零售业，允许保持低于 1 的速动比率；相反，一些应收账款比较多的企业，该比率应该大于 1，同时还应评价应收账款的变现能力。

⑧现金比率＝（现金＋有价证券）／流动负债×100%。该指标只度量所有资产中相对于当前负债最具流动性的项目，是流动性比率中最保守的指标，是速动资产扣除应收账款后的余额。速动资产扣除应收账款后计算出来的金额，最能反映企业直接偿付流动负债的能力。现金比率在 20% 以上为好，但这一比率过高，就意味着企业流动负债未能得到合理运用，而现金类资产获利能力低，这类资产金额太高会导致企业机会成本增加。

（2）分析方法

短期偿债能力分析应与现金流分析相结合，分析短期偿债指标在近三年的变化情况、变化原因，以及资产变现能力强弱的原因。判断有息债务规模与营业收入和经营现金流量相比增长是否过快。

分析对外担保、未决诉讼、有追索权的票据贴现等或有负债对客户偿债能力的影响，分析成为实际负债的可能性。分析授信申请人近期是否对外提供新的大额担保或大量资产被抵押，出现接近或超过自身承受能力的情况。对集团授信申请人，更应关注该类项目的明细情况。

2. 长期偿债能力分析

（1）主要指标

①资产负债率 = 负债总额/资产总额。若高于同类客户中值很多，说明债务负担较重；若低于行业均值很多，核实资本公积中有无虚增项，有无抽逃资本。制造业的资产负债率在60%左右，但建筑安装业的资产负债率较高。

②调整后的资产负债率 = （负债总额 + 或有负债总额）/（资产总额 - 待摊费用 - 无形资产）。若高于同类客户中值很多，说明长期偿债能力较差；若与资产负债率差别大，需要关注或有负债的形成原因及无形资产的变现能力。

③总有息债务/留存现金流 = （短期借款 + 一年内到期的长期负债 + 长期负债 + 应付债券 + 长期应付款）/（经营活动产生的现金流净额 - 财务费用 - 应付现金股利）。若比值越小，说明客户依靠自身经营偿还债务的保障能力越强。

（2）分析方法

结合盈利能力与重点科目分析，分析长期偿债指标在近三年的变化情况和变化原因。若资产负债率适中、盈利能力较强、资本结构无异常情况，说明客户的长期偿债能力较强。

如果调整后的资产负债率和总有息债务/留存现金流均较差，或调整后的资产负债率较高，但总有息债务/留存现金流较低，说明客户的长期偿债能力较差。

如果调整后的资产负债率较低，而总有息债务/留存现金流较高，说明客户的长期偿债能力可能在以后得到改善。

分析或有负债对客户偿债能力的影响。通过报表附注了解或有负债内容、对外担保的对象及其资信状况，分析成为实际负债的可能性。

3. 盈利能力分析

（1）主要指标

①营业利润率＝营业利润/营业收入。该值与同类客户中值相比越高，则客户经营的竞争力越强，抵抗市场风险的能力越强，但是如果指标数值过高，应检查报表信息的真实性。

②息税前营业利润率＝（营业利润＋财务费用）/营业收入。该值与同类客户中值相比越高，则成本控制水平和生产率越高，但是如果指标数值过高，应检查是否通过营业费用和管理费用调整粉饰报表。

③总资产收益率＝（利润总额＋财务费用）×2/（年初总资产＋年末总资产）。若该值高出同类客户中值，说明客户的盈利能力较强。

④净资产收益率＝净利润×2/（年初净资产＋年末净资产）。若该值高出同类客户中值，说明客户的盈利能力较强。

（2）分析方法

分析营业收入、营业成本、净利润等指标和盈利能力指标在近三年的变化情况。对于营业利润持续下降的，要重点关注客户是否面临财务危机。

通过因素分析法，深入分析引起盈利能力指标变动的原因及其对将来盈利能力的影响。如营业收入与净利润增长是否同步，如果不同步，非经常收益的来源是什么，是否稳定；收入是主要依靠主营业务还是非主营业务，是生产经营活动还是投资活动，是自营收入还是代理收入；主营业务本身是否发生重大变化、出现新的利润增长点等情况。

4. 营运能力分析

（1）主要指标

①存货周转天数＝（年初存货净额＋年末存货净额）×360/营业成本×2。若与同类客户中值相比，该值越高，说明企业创造收入的能力较差，或者企业存在大量积压的、时间较长的存货。

②应收账款周转天数＝（年初应收账款净额＋年末应收账款净额）×360/营业收入净额×2。若与同类客户中值相比，该值越高，说明企业的产品竞争力较差，或者是某种原因导致企业的信用政策放宽。

③应付账款周转天数＝（年初应付账款净额＋年末应付账款净额）×360/营业成本×2。若与同类客户中值相比，该值越高，说明企业对商业

信用的依赖性越强，或者存在拖欠货款的现象。

超大型企业拖欠上游中小供应商的欠款，很多出于降低有息负债的目的，往往属于正常。普通中小企业对供应商拖欠太多，往往会陷入泥潭。

④预付账款周转天数＝（年初预付账款净额＋年末预付账款净额）×360/营业成本×2。若与同类客户中值相比，该值越高，说明企业在产业链中处于相对弱势的地位。预付账款越多，说明被核心企业占用的资金越多，自身运营效率越低。

⑤预收账款周转天数＝（年初预收账款净额＋年末预收账款净额）×360/营业收入×2。若与同类客户中值相比，该值越高，说明企业在产业链中处于相对强势的地位。只有强势企业的畅销产品才会有提前预收账款。

⑥营运资金周转次数＝360/（存货周转天数＋应收账款周转天数－应付账款周转天数＋预付账款周转天数－预收账款周转天数）。若与同类客户相比，该值越高，企业的运营效率越高。如典型的效率极高的开发商，通常从拿地到开盘仅需要6~9个月的时间，资金使用效率极高。

⑦营运资金量＝上年度销售收入×（1－上年度销售利润）×（1＋预计销售收入年增长率）/营运资金周转次数。若与同类客户相比，企业经营所需的营运资金量越大，说明企业的资金使用效率越低。通常制造类企业的资金占用量较大，流通型企业的资金占用量较少。

（2）分析方法

分析上述指标在近三年的变化情况。对于周转天数明显变慢的，重点关注是否存在产品销售不畅、关联交易等情况。

通过深入分析引起资产周转指标变动的原因及其对未来资金流动性的影响，是否存在短贷长用、短资长投的现象。短贷长用、短资长投非常危险，会导致企业的现金流发生断裂，危害极大。

六、财务状况综合分析

1. 重点关注的方面

在全面分析财务资料的基础上，利用"财务分析—结构分析"提供的结构分析报表，分析企业自身的资产构成特点，判断资产构成与业务经营特点是否吻合，分析企业的利润率水平是否与行业的平均利润水平相符。如生产型企业与流动资产配套的固定资产规模较大，应有长期资金占用；批发零售行业的客户资产主要集中于流动资产，经营规模相对于资产规模偏大，但利润率普遍较低；建筑安装类企业的资产负债率较高，但负债主要应集中于应付账款，银行债务较少。

比较同行业客户财务指标，分析授信客户在行业内的竞争力。比如，通过比较毛利率、负债率等指标分析授信客户在行业内的竞争能力。

判断企业的负债主要是源于银行债务还是源于商业信用，分析企业在产业链中的地位，并与该类企业在产业链中的地位相比较，如与行业特点不一致，应分析原因。

2. 分析企业发展趋势

会计科目的变化不是孤立的，应根据会计科目的勾稽关系对三张报表进行结合分析。比如，如果应收账款比营业收入增加得快，需要分析企业是以赊销占领市场还是在清理库存，或者关联企业间的虚假交易所致。再如，如果企业的资产或固定资产的增幅远大于营业收入的增幅，需要分析是新形成的固定资产刚投入使用，还是企业通过某种途径虚增了资产。

根据三年以来资产规模、经营规模、现金流及主要财务指标的变化趋势，分析企业发展是否稳健，是否符合行业的整体发展趋势。

3. 分析企业长短期偿债能力

分析资产负债率与调整后的资产负债率是否超过行业平均水平，关注有息债务总体规模、增幅及增速，判断企业的整体偿债能力。

分析短期偿债能力指标是否处于行业合理水平，并结合企业的营运资金、经营活动净现金流，分析企业资产的流动性、变现能力以及经营活动创造现金的能力，并结合固定资产、在建工程、长期投资等资产科目分析是否存在短贷长用、短资长投现象。

计算银行短期债务（短期借款＋应付票据＋一年内到期的长期借款）占营业收入的比重，并比较连续三年的数值，若近期该比例升幅较大，需分析原因。

对于短期债务大量增加而未引起收入同步增长的情况，需分析是否存在短期银行债务被企业长期占用、企业资金链是否紧张、是否存在资金链断裂风险。

比较企业的应付股利（投资活动股利流出）与银行债务规模的变化。若企业的银行债务大幅增加，同时投资活动反映大幅的股利等流出，则反映出企业管理层的理念，即增加银行债务、减少股东资金进行规模扩张，此时银行资金的风险加大，举债能力有限。

应注意分析企业资本金到位比例和进度是否符合《公司法》的要求和公司章程的规定。资本金到位比较慢的企业，对银行资金的依赖程度大，银行资金的风险加大。

比较年末与年初借款总额。企业筹资活动产生的现金流量通常为正值，如出现负值，应分析原因：（1）是否存在存量借款规模过大，导致年内偿付的贷款利息过高，而使得筹资净现金流为负值，进而分析企业的再融资空间是否广阔；（2）是否存在连续多年大额分配股利的情况，是否存在转移利润的情况，对申请人长期经营是否构成实质性的影响。

4. 分析企业资产经营效率

分析存货周转率、应收账款周转率、应付账款周转率、总资产周转率是否与行业特点相吻合，并进行趋势分析。

计算溢余资产（其他应收账款＋长期待摊费用＋无形资产＋交易性金融资产＋长期股权投资＋持有至到期投资＋可供出售金融资产）占总资产的比率，这部分资产主要用于非主营目的。该比率越大，说明企业在非主营行业投入过多的资产，应关注其对主营业务发展的影响。

5. 分析企业的盈利能力以及经营发展是否有现金流的有效支撑

关注营业收入和企业净利润是否同步变化，对于营业收入增加但净利润不能同步增长的企业，应分析其原因是经营成本、管理成本增加，还是投资亏损或营业外损失侵蚀营业利润。

计算期间费用占营业收入的比重，并比较连续三年的数据是否存在异常变化，分析企业管理能力以及对企业盈利的影响。

分析营业收入的增加是否带来经营活动现金流入的同步增加，关注连续三年经营活动净现金流的数值，并与应收账款及预付账款等科目对比分析。如果连续两年以上营业收入的增长缺乏经营活动净现金流的有效支撑，而主要依靠外部融资，尤其是依靠银行融资支撑业务发展，则说明企业发展缺乏可持续性，应重点关注。

6. 分析现金流的均衡性和经营活动现金流的稳定性

以经营活动现金流为重点，并结合投融资现金流，评估偿债能力，预计未来现金流入超过现金需求的水平和可能性。

分析不同性质现金流量的均衡性，了解企业所处的生命周期、发展的稳定性和经营业务的强弱程度。

分析大额非持续性现金流量的内容和对现金的增减、偿债能力的影响，是否存在利用经营性债权债务调节经营性现金流量的情况，如拖延应在本年度内偿还的大额应付款，调节关联企业之间的应收应付、内部经营性应付项目等。

分析收到其他与经营活动有关的现金占经营活动流入量的比重。分析其具体内容，有无将投资和筹资活动现金流入串计的情况；是否存在利用其他与经营活动有关的现金流量调节经营活动净现金流的情况，如将一些暂收、暂借甚至投资收回等项目列入收到其他与经营活动有关的现金流量中，虚增经营活动现金流入。

若经营活动产生的净现金量为负数或波动性较大，或存在资金紧张、高度依赖再融资的情况，应重点关注，并与资产负债表的银行债务以及利润表的营业收入、利润率结合进行分析。

分析投资活动现金流入来自回收投资还是取得的投资收益，或者是企业转产还是变卖资产，分析对未来现金流的影响；对于投资活动的现金流出，分析具体投资内容，看其是否符合客户发展战略，是否会使固定资产增长。

分析筹资活动现金流量，分析企业是为了扩大经营而筹资，还是防止投资活动及经营活动现金流出失控而不得已筹资，并分析企业可能的筹资渠道。现金流就像身体中的血液，没有血液，人很快就会休克，我们希望企业的"造血"能力强大，而不是一味地依靠"输血"。

7. 分析企业的经营理念及风险偏好

根据企业主营业务外投资（交易性金融资产＋可供出售金融资产＋持有至到期投资或短期投资＋长期投资）占总资产的比例，并结合公允价值变动损益、投资收益、资本公积及投资活动现金流入，分析企业管理层对主营业务外投资的热衷度，并关注投资是否带来相应的投资收益以及投资收益是否已收到相应的现金。若投资回报率低于企业营业利润率，则说明投资加大了企业的经营风险。

根据企业营业收入的明细，关注企业经营涉及的行业以及是否涉及高风险行业，并比较连续三年的收入明细，分析高风险行业的经营占比，结合企业发展战略分析企业管理层的风险偏好，评价银行资金风险。

8. 分析企业关联交易及关联企业相互占款的现象

根据其他应收账款及其他应付账款数额的大小与连续三年的变化，如果该两项科目数额较大，应要求调查人员提供明细数据，并结合企业的组织架构，分析集团内企业是否存在大额相互占用资金的现象，是否存在股东变相抽资的现象，关联交易是否频繁，集团内是否存在吞噬利润的企业。对于关联交易频繁的企业，银行不易控制资金流向，应尽量避免直接给予流动资金授信，可考虑能监控贸易背景真实性的授信品种。

【案例】

医药企业应收账款融资案例
——重庆××医药有限公司

一、企业概况

重庆××医药有限公司注册资本7500万元。经过三年多的发展，重庆大新医药有限公司已与重庆市各三甲医院建立了良好的合作关系，其实际控制人从事该行业16年，具备丰富的行业经验及人力资源。企业虽然成立年限尚短，但具备很大的发展潜力，在市场中具有一定的垄断竞争优势。

重庆××医药有限公司实现销售收入3.1亿元。

重庆××医药有限公司已与重庆市各三甲医院签订总金额约为28.1亿元的医药配送合同。其主要财务数据如下：

单位：万元

项目	2018年	2019年	2020年2月
总资产	23596	133321	156215
其中：货币资金	203	26505	42694
应收账款	21307	106019	112811

续表

项目	2018 年	2019 年	2020 年 2 月
总负债	14060	90288	110303
其中：短期借款	3000	41898	50779
应付账款	5536	20213	23630
应付票据	0	27888	35808
所有者权益	9536	43032	45912
主营业务收入	38180	144836	24583
净利润	7119	27996	2879

财务总体判断：重庆××医药有限公司毛利率及净利率水平较高，盈利能力较强。从资产结构来看，重庆××医药有限公司作为商贸流通企业，采取订单式采购模式，存货、固定资产及预付账款在资产总额中的占比很小，大部分资产由货币资金、应收账款组成（货币资金占比为27.8%，应收账款占比为72.2%），资产流动性较好。企业资产负债率约为70%，在同行业中处于合理水平，整体财务状况良好。

重庆××医药有限公司应收账款债务人为重庆市各三甲医院，应收账款周期为8～18个月。该公司现有合作银行6家，各家银行为其授信5000万～5亿元，实际使用银行授信敞口73854万元，其中，非票据融资敞口金额为51814万元，银行承兑汇票敞口金额为12100万元，信用证敞口金额为9940万元。银行与该公司无业务合作。

由于重庆××医药有限公司销售呈爆发式增长，销售额实现翻一番，其流动资金压力陡增，迫切需要寻找一家主要合作银行，为其提供持续、稳定、全面的金融服务。

二、银行授信方案

1. 授信开发方案设计思路

鉴于重庆××医药有限公司应收账款债权人为重庆市各三甲医院，各家银行纷纷以应收账款质押或保理的方式为其提供授信，××银行对该公司授信也拟采取上述方式，但××银行融资成本高于他行，作为新进入银行，如不能在授信额度、期限、产品组合上最大限度地满足客户需求，将会难以进入。

根据具体情况，××分行确立了三个原则：一是根据客户需求量身定制，通过精细化的操作流程设计来控制操作风险；二是在充分识别和控制风险的前提下满足客户融资额度的需求，在期限上充分考虑客户不同应收账款账期的情况，给予最长两年的期限（具体单笔业务根据账期确定期限）；三是在产品组合上多品种互换，增加灵活性，尽可能地帮助客户降低融资成本。

2. 授信开发方案

经过仔细测算，以重庆××医药有限公司对重庆市3家医院的应收账款质押或保理作为担保措施，××银行给予其15亿元综合授信额度，提用额不超过质押应收账款的80%，授信具体品种为流动资金贷款、银行承兑汇票、国内信用证及信用证代付、保理及保理代付、商业承兑汇票保贴，以上授信品种、额度可相互调剂使用。

由于重庆××医药有限公司应收账款周期为4~8个月，××银行将授信期限设定为2年，根据不同医院的应收账款周期，分类确定具体的单笔期限。

××银行用信出证品种与企业的应收账款期限挂钩，对于应收账款期限在6个月以内的应收账款，银行提供表外出账方式，包括银行承兑汇票、商业承兑汇票、国内信用证等；对于应收账款期限为6~8个月的，银行提供表内出账方式，即流动资金贷款。

由于医院方地位强势，无法完全配合××银行的标准操作流程，只愿意在应收账款质押（转让）通知书上加盖财务章确认，为防范操作风险，××银行针对本笔授信操作方案设计的原则是单单核实、笔笔对应、路径锁定、台账跟踪。

3. 与他行相比，××银行的授信方案具有以下优势。

（1）风险控制优势：××银行的授信方案设计更加精细、合理和有效，能够更好地控制和缓释风险。

（2）额度优势：××银行风控方案的优势以及贯彻"做客户"的理念，××银行给予的授信额度远高于他行，能够独家满足客户的需求。

（3）期限优势：××银行根据客户的实际需求设计授信期限，真正与客户的经营周期贴合，比他行单纯一年期授信更有竞争力。

（4）综合产品优势：××银行为客户提供的是一揽子产品互换方案，

可以为客户提供多产品的选择，在可能的情况下，降低客户的融资成本和难度。

4. 授信实施方案及成效

（1）银行终审批复方案

银行同意给予重庆××医药有限公司综合授信 15 亿元，期限为 2 年，用途为补充经营所需的营运资金，具体品种为流动资金贷款、银行承兑汇票、商业承兑汇票保贴、国内信用证、国内信用证代付、保理预付款和保理代付，担保措施为申请人对 3 家医院的应收账款有追索权保理或质押，出账敞口额不超过转让或质押给银行的应收账款的 80%，并由实际控制人提供个人连带责任保证担保。

对其中两家医院的应收账款保理或质押项下的单笔融资期限不超过 1 年，对第三家医院的应收账款保理或质押项下的单笔融资期限不超过 2 年。

（2）实施成效

①授信提用情况：已在银行质押应收账款总额 7.6 亿元，发放流动资金贷款共计 5.34 亿元，截至 9 月 20 日，获得的贷款利息收入共计 762.58 万元。

②中间业务收入情况：已获得中间业务收入（承诺手续费）共计 332.9 万元。

③存款情况：近期日均存款 1.5 亿元，预期日均存款不低于授信提用额的 50%。

④带动交叉销售情况：带动上游供应商在银行新开立企业结算户 6 户，截至 9 月 25 日，6 户存款余额共计约 9000 万元，月日均达 3000 万元；受信人高管在银行开立钻石卡 6 户，预计日均将达 1500 万元以上。

（3）未来深度开发预期目标

①带动新增上游供应商开户数不低于 8 户，上游供应商供应链融资 4 户。

②为实际控制人提供私人银行服务，新增金融资产 3000 万元。

③重庆××医药有限公司营销第三军医大学的附属医院，并在银行开立结算账户，同时在医院内设立 POS 机 4 个、存取款终端机 2 个，可为银行新增年日均存款 1.5 亿元以上。

④已与重庆××医药有限公司建立战略合作关系，2015年通过投行模式介入重庆大新医药有限公司的药品物流园项目和外科住院大楼项目，资本收益率高于平均水平。

【案例启迪】

医药行业属于弱周期行业，在经济下行周期中，是银行授信业务的优选行业。地方排名靠前的三甲医院大多经营情况良好，现金流充裕，融资环境良好。在激烈的竞争中脱颖而出，同时保证收益水平和符合风险控制要求一直是银行努力的方向。本案例在这方面给了银行很好的启示：既通过多方联动的方式实现收益保证，又通过业务流程的个性化设计保证了风险控制，成功切入强势的三甲医院，在成熟模式上开出了新花。

这一案例给银行更大的启示是在供应链融资自偿性特征的前提下，由于额度的支用需要真实的贸易背景支持，因此具有自发性的风险控制性。

第四章　授信用途和还款来源分析

授信用途和还款来源分析是通过对授信的申贷用途和还款安排进行分析，重点解决干什么用、用什么还、怎么还的问题，判断申贷用途的合理性和还款来源的可靠性。本部分包括授信用途分析、授信额度分析、授信期限分析和还款来源分析。

一、授信用途与还款来源分析的原则

1. 授信用途

授信额度的确定应坚持按需核贷、合理测算、金额适度、交叉验证的原则。

（1）按需核贷。授信分析应坚持合法合规、明确具体、贷用一致的原则，避免过于笼统的描述。

要清晰地解释信贷资金到底用在什么地方，这些用款的地方会产生哪些效益。

（2）合理测算。通过分析企业采购商品的价格、总量，扣除企业自有资金外，测算企业使用的信贷资金量。采购商品所需信贷资金量＝采购商品的数量×单价－自筹资金量。

（3）金额适度。授信额度应当适度，不大不小。过大，企业会挪用；过小，企业做生意不够用。

（4）交叉验证。通过分析同类型的借款人，以及同类商品的采购价格来进行验证，确保用款的真实性。

【立金小提示】

对于借款用途的合理性分析，最大限度地决定了贷款的安全性，只要借款用途真实、借款用途与企业的经营能力匹配，基本就可以决定信贷资金的安全性。

2. 还款来源分析

还款来源分析应注重还款来源的可测性、可控性、充足性和稳定性。

（1）可测性。还款资金来源可以相对精准测算，使用信贷资金采购的商品的销售回款金额可以大致精准测算。

（2）可控性。将销售回款资金牢牢锁定在贷款银行的封闭账户。

（3）稳定性。借款人的现金流很稳定。

授信报告中必须写明企业贷款的用途是什么、企业到底用什么来还款。

3. 结合具体产品分析用途与还款来源

关于固定资产贷款（含项目融资）、经营性物业抵押贷款、房地产开发贷款、货押业务、保理、国内信用证、打包贷款、商业承兑汇票和银团贷款应结合相关授信风险要点及方案设计进行分析。

【客户经理思考要点】

1. 客户的授信用途是什么？

2. 客户的授信还款来源是什么？

3. 客户的资金用途，除了贷款，是否可以使用银行承兑汇票或商业承兑汇票？

二、授信用途分析

1. 贷用分析

客户经理要了解客户申请授信的动机，看其是否做到诚信申贷，分析本次授信用途是否有明确、具体、合理的资金使用计划。

银行授信资金用途须符合国家法律法规及有关政策规定，不得用于国家禁止生产、经营的领域和用途。对于实际用途超出企业经营范围等违法违规的授信申请，应予揭示。

授信币种应与授信项下基础交易所使用的结算币种及客户还款来源币种相匹配，并充分考虑授信币种与还款来源币种错配情况下所面临的风险及控制措施。

2. 单笔授信

对于单笔单批授信，用途描述应明确具体，应说明交易背景、合作记录、业务模式等情况，重点关注授信调查人员是否提供交易合同或协议等相关资料证明，必要时可通过平行作业等方式进一步查证核实。

3. 循环授信

对于循环授信额度，应说明额度内具体业务的授信用途和交易背景等情况。如申请人未提供具体交易合同或协议，可根据其以往的经营业绩及授信期间内的经营计划，分析实际资金需求，并判断用途的合理性。

对于重点客户，应说明本授信由本部使用还是授权下属公司使用。如授权下属公司使用，应说明下属公司的经营状况和授信用途。

对于具体授信产品，授信用途分析应参照以下要求。

（1）流动资金贷款。用于满足授信申请人日常生产经营周转的合理资金需求，不得用于固定资产、股权等投资。例如，购买原材料和用于支付人员工资等支出。

（2）法人账户透支。用于企业短期流动资金周转，如银关贷仅限用于向海关支付税费。其必须是企业极短期的周转，金额在企业的常规支出中不宜占过大比例。

（3）过桥贷款。应说明贷款用途和过桥原因。

（4）银行承兑汇票、商业承兑汇票贴现。说明基础交易背景、买卖双方合作记录等情况，说明出票人与收款人、承兑人与贴现申请人是否有关联关系并分析其影响。银行承兑汇票应使用于实物商品交易，而且基础商业交易期限较短，在6个月内周转完毕的货物；商业承兑汇票适用实物商品交易，且买方处于强势的商业模式。

（5）进出口结算类贸易融资（含信用证项下打包贷款）。结合不同授信产品的风险特征分析说明具体业务的基础交易背景、结算方式、结算周期和以往的履约记录，并对有关单证条款、进出口国家和地区以及进出口商品市场行情等情况进行分析。

（6）保理。说明基础交易背景、买卖双方的合作记录、应收账款的账期及回款方式是国际保理还是国内保理等，简要分析介绍保理业务方案的主要内容。如为无追索权保理，应确认买方在银行已取得保理买方信用担保额度。保理业务必须基于买方对应收账款转让已经确认，符合《合同法》的规定。

（7）非融资类保函。说明具体用途，明确需要开立的具体保函种类，是涉外保函还是境内保函。贸易类保函应说明交易背景；工程项下单笔单批非融资类保函应简要介绍开立保函的工程情况，如项目名称、位置、业主方、投资规模、工程期限及付款进度安排等；工程项下可循环额度内非融资类保函应简要列明申请人拟参与投标及已中标工程的项目名称、业主方、金额及预计开竣工日期等情况。

（8）融资类保函。说明债项背景情况、受益人融资方案、保函主要条款及融资期间内的管理要求等。融资类保函应当考虑风险资产占用等成本，在给客户报价的时候，融资类保函收费＝保函手续费＋贷款银行要求的收益。

（9）国内信用证。说明基础交易背景、买卖双方合作记录等情况，说明开证申请人与信用证受益人是否有关联关系并分析其影响。

（10）回购担保额度。简要说明操作方案（如有）及适用模式等。

（11）贷款承诺函。说明开立承诺函的业务背景、承诺的具体贷款内容等。

（12）意向性贷款承诺函。说明意向性贷款承诺函的收受人及业务背景等。

三、授信额度分析

要在分析客户年度生产计划、原材料采购需求、自有资金、在各家银行的现有授信等情况的基础上测算信贷资金需求量，并结合客户行业分析、经营管理分析、财务分析及客户自身经营特点等情况对测算结果进行分析验证。

根据客户在各家银行的融资情况（包括授信额度、产品结构、担保安排、授信期限、启用条件等）和实际使用情况，结合客户资金需求、承债能力、担保安排以及授信占比等因素，合理确定授信规模，防止过度授信。

单一客户、单一集团客户及银行关联方的授信额度应符合监管机构及银行的相关规定。

确定授信额度时，还应考虑银行贷款组合管理的限制要求。

（1）授信额度测算方法。《流动资金贷款管理暂行办法》规定的流动资金贷款额度的测算方法，对于其他授信品种，应结合基础交易背景、客户实际需求及承债能力等情况合理确定授信额度。

（2）在测算营运资金量时，应根据申请人的实际情况（如申请人所属行业、规模、发展阶段、谈判地位等）和未来发展情况分别合理预测申请人应收账款、存货和应付账款的周转天数，并可考虑一定的保险系数。若授信期限内应收账款、存货和应付账款等预计有较大变化，可通过保险系数做适度调整，使测算结果更加接近实际状况。

（3）对于集团关联客户，可采用合并报表估算流动资金贷款额度。原则上纳入合并报表范围内的成员企业流动资金贷款总和不能超过估算值。

（4）对于小企业融资、订单融资、预付租金或者临时大额债项融资等情况，可在交易真实性的基础上，在确保有效控制用途和回款的情况下，根据实际交易需求确定流动资金贷款额度。

（5）对于季节性生产申请人，以每年的连续生产时段作为计算周期估算流动资金需求，贷款期限应根据回款周期合理确定。

（6）对经营单位相关解释的审核。如流动资金贷款需求量测算结果与申报方案存在较大差异，应审核经营单位负责人是否已按照银行的相关规定在授信业务上报意见表中对借款人的实际资金需求做进一步确认，详细说明理由，并审核理由是否合理。

【点评】

授信额度必须合理，过大过小均不可取，应当在办理授信前，精确地测算企业的偿债能力和借贷用途的额度需要，做到用偿对接。

【客户经理思考要点】

1. 客户需要多少授信金额？

2. 对于授信金额，担保如何解决？

四、授信期限分析

1. 授信期限应与信贷资金购买商品的周转周期一致

授信期限应在客户的有效经营期限内，并与企业生产经营周期和财务核算周期一致，同时应符合监管机构和银行关于相应授信品种有关期限的规定。例如，过桥贷款期限不得超过 1 年，且不得展期。信贷资金期限详见图 4 - 1。

图 4 - 1　信贷资金期限

单笔单批授信额度期限应与实际交易完成期限一致。循环授信额度内具体授信业务期限应结合基础交易合同、营运资金周转周期①、生产经营的季节性特点及特定还款来源的资金到账时间等因素审慎确定。

2. 授信期限应与借款人风险挂钩

（1）授信期限应与授信风险状况和风险控制要求相匹配。循环授信额度最长期限为 1 年，满足银行相关制度规定条件的，可给予 1 年以上、3年（含）以下的循环授信额度。

（2）对于银行负债规模高、偿债压力大的企业，应合理安排授信期限，避开企业的还款高峰期，尽可能地设置分期还款方式。

（3）授信期限尽可能设定在其他银行贷款到期前。

【客户经理思考要点】

1. 客户的授信产品使用期限是多长时间？

2. 在授信产品适用期内，客户的销售现金流足够归还贷款吗？

---

① 营运资金周转周期 = 存货周转天数 + 预付账款周转天数 + 应收账款周转天数 - 应付账款周转天数 - 预收账款周转天数。

五、还款来源分析

根据对授信申请人的行业情况、经营管理情况和财务状况的分析，判断借款申请人的还款来源是什么，是否具备按期、足额还款能力。还款现金流分类详见图 4 - 2。

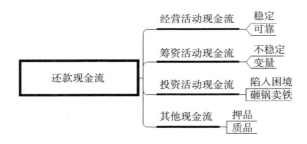

图 4 - 2　还款现金流分类

1. 经营活动现金流还款

（1）申请人营业收入产生的经营活动现金流是首要还款来源。应审查客户收入规模和收入转化为现金的能力，判断经营活动能否产生持续、稳定、足额的现金流，并对偿债能力作出合理估计。

（2）对于以特定经营活动现金流作为还款来源的授信，应分析该还款来源的充分性和作为还款保障的可靠程度。如办理保理业务时，应在简要介绍买方客户经营财务状况的基础上，分析其是否具备按期、足额支付货款的意愿和能力；订单融资、供应链买卖方融资等特定业务操作模式项下授信应分析了解申请人交易对手的资信状况、付款记录及付款实力等。

【点评】
　　经营活动现金流属于自身"造血"，强者恒强。

2. 筹资活动现金流还款

筹资活动现金流还款主要包括从其他银行、股东或其他企业借款偿还，通常为辅助还款来源。应重点关注客户资信状况和融资能力是否出现不利变化，融资渠道是否保持畅通。以此作为主要还款来源的企业虽然大多表面上履约情况正常，但实际上资金链较为紧张，应引起警惕。

很多垄断型中央企业、地方国资委监管企业筹资通道极为畅通，以筹资活动的现金流还款并无不妥。

【点评】

　　筹资活动现金流属于外部"输血"，适度补充可以，不可以长期依赖。

3. 投资活动现金流还款

投资活动现金流还款主要以变卖固定资产、无形资产、所持股权和交易性金融资产等所得款项进行还款。应重点了解还款来源的可行性和变现难易程度。此还款来源将对企业未来的持续经营产生较大影响，为非常规手段，不应成为主要还款来源。

4. 其他还款来源分析

判断保证人是否具备担保能力和代偿意愿，能否在授信申请人违约的情况下及时偿还银行授信资金，识别保证担保存在的风险点。判断抵（质）押担保对银行债权的保障程度。

除保证、抵押、质押等法定担保方式外，还应关注授信是否具备其他途径的还款保障，如股东代偿承诺、核心厂商回购协议、出口信用保险项下赔款转让协议等。根据具体协议约定内容及相应配套操作安排，结合实际交易情况，分析此类还款来源的可靠性和有效性，判断能否发挥有效的风险缓释和抵补作用，识别其中存在的风险点，判断调查人员提出的风险防范和控制措施是否有效。

5. 还款方案分析

判断本次授信客户是否提出明确、合理的还款计划，该还款计划是否与客户经营及现金流状况相匹配。

对于银行负债规模高、偿债压力大的企业，可分次提款和分次还款。银行应当多考虑设置分期还款的方案，一是可以最大限度地降低企业的还款压力；二是可以随时侦判企业的资金风险。

【案例】

订单融资案例
——珠海××包装制品有限公司

一、企业概况

珠海××包装制品有限公司注册资本1500万美元，主要生产和销售易拉盖、PET容器，从事盛装食品饮料用铝制和铁制包装容器及各种易拉盖、未经涂层的铝制和铁制卷、片料、食品饮料用塑料瓶盖的批发等业务。

公司拥有年生产易拉盖30亿只的能力，其中209FA八宝粥盖6.5亿片，206三片罐盖8亿片，206两片罐盖8亿片，206SOT盖7.5亿片。近几年，实际最高产量达到22亿片。由于产品优化和部分设备改造，产能得到有效提升，预计公司易拉盖年产量可达30亿只，实现销售收入4.5亿元，实现净利润2000万元。

二、银行切入点分析

（一）优势

珠海××包装制品有限公司所属的××金属包装集团有限公司，具有明显的品牌优势、规模优势、市场占有率优势、品种结构优势、技术人才优势和科研开发优势。该公司经营状况稳定，管理能力较强，财务状况良好，具有较强的融资能力和还款能力。该公司产品的生产周期较短，应收账款周转率较高，且应收账款的质量优良，说明公司的收现能力较强。公司的规模不断扩大，盈利能力不断增强，发展势头强劲，具有较强的短期偿债能力。

（二）劣势

（1）生产成本的控制。由于生产原料铝的成本价格波动，电力依然紧缺，石油煤炭人力资本和储运物流价格持续提升，生产条件和环保要求日益严格，外加国际汇率和反倾销的影响，未来金属罐盖生产成本的比较优势逐渐下降。

（2）人才资源的储备。人才短缺制约了金属包装业的进一步发展。公司自主研发能力、科技创新能力、创立自主知识产权的品牌产品的能力还不够强。因此，要实现从价格竞争走向品牌和服务的竞争，实现规模化、集约化整合重组竞争，从而使公司向"专、精、特、新"方向发展以逐步和国际化接轨仍面临挑战。

（3）本笔授信担保方是关联公司，且关联方也在申报授信，缺乏足值有效可变现的实物资产抵押。

（三）授信风险分析及防范措施

（1）经营风险。该公司管理层有十多年的金属包装行业生产和销售经验，公司产品的国内市场占有率高。公司设备先进，产品质量过关，获得ISO9001 质量体系认证。

公司与多家规模较大的制罐企业存在配套合作关系，主要原材料铝的价格大幅上涨，除造成企业的盈利空间变小外，其他方面影响较小，企业经营业绩尚可。

（2）市场风险。时至年末，若干节庆日的到来，促使食品饮料市场的需求加大，因此该公司的产品也进入销售旺季。该公司已承接多家企业包装用金属盖订单。为保证充足的货源，必须及时购置生产用原材料，该笔授信主要是用于补充主要生产原材料铝及涂料等采购所缺的生产用流动资金，资金用途明确，贸易背景真实。该笔授信的主要风险点在于公司产品的销售市场及销售货款是否按时回笼。从借款公司自身看，其资产规模较大，实力雄厚，具有一定的还款能力。同时，该公司的主要客户多为广东省省内外较知名的食品饮料生产厂家，信誉良好，货款回笼有保障，银行将指定部分货款回笼至银行账户，用于到期银行承兑汇票的对外支付。

（3）关联企业间开票风险。公司主要的生产原材料为铝，铝的材料成本占单位产品成本的85%～90%。为了节约成本，提高竞争力，公司约有1/5 的原材料委托关联企业统一采购，造成部分银行承兑汇票的收款人为关联企业。

为了确认该贸易的真实性，以及规避风险，要求客户在出票时提供增值税发票及相关采购合同，同时要求关联企业在收到银行承兑汇票且将银行承兑汇票背书给原材料供应商后，在 30 个工作日内将背书后的银行承兑汇票复印件传真至银行。

针对以上风险点，银行在授信过程中的防范措施归纳如下。

首先，此次额度使用前完善各项法律手续，做到资料完整、内容真实，从根本上控制风险，使银行在与该公司的合作中处于主动地位，确保银行权益，防止操作风险。

其次，严格审查贸易背景的真实性，防止政策风险；同时，公司必须提供其与上游供货商的购销合同、发票等。

再次，为加强合作和控制风险，配合此项业务的贷后检查和客户维护，要经常性地深入公司，了解公司动态，加大贷后管理和深入合作力度。

最后，将新闻和报纸杂志等作为辅助工具，及时了解国家政策和行业动态，密切关注金属包装制品的价格及市场行情，特别是主要产品成本铝的市场价格波动情况，随时掌握公司与上下游客户结算方式的变化，关注公司整体抗风险能力，利于发现问题并及时采取措施。

供应渠道分析			
	前三名供应商（按金额大小排名）	金额（万元）	占全部采购比率（％）
1	××铝业	9240	28
2	重庆××	3960	12
3	××PG	2970	9

公司生产用原材料主要有铝材、涂料等，其中铝材料的用量占主要原材料用量的 85％～90％，付款采用货到付款、预付货款、开立银行承兑汇票或背书转让银行承兑汇票等多种方式，尤其是近年来铝材涨价后，该公司仍能凭借与供应商良好的业务合作关系使用银行承兑汇票的优惠方式付款，减少了现金支付压力，降低了财务成本。

销售渠道分析			
	前三名销售商（按金额大小排名）	金额（万元）	占全部销售比率（％）
1	××金制罐有限公司	12800	33
2	××洋制罐有限公司	12000	31
3	××包装控股有限公司（CPMC）	4200	11

续表

产品质量要求严格，销路稳定，从货款收回安全性考虑，主要承接国内较知名的食品饮料生产厂家的包装订单，主要采用现款或银行承兑汇票方式付款。占比较大的两家客户××金制罐有限公司和××洋制罐有限公司是全国前五名的金属包装容器生产厂家，上述公司付款资信良好，产生坏账的可能性较小。

三、银行授信方案

本笔贷款主要用于企业采购金属铝及其他生产原材料，根据该公司年度采购量测算，申请人原材料采购费用为 3.5 亿~4 亿元，其中进口量为 1000 万美元左右，银行授信 3800 万元与企业生产规模相匹配。

银行授信资金专项用于借款人向上游供应商采购原材料，在确认借款人采购合同与发票金额后，贷款资金直接转入供应商账号，以此锁定贷款用途；同时，借款人在使用银行授信资金前，银行要求其与实力较强、应收款回笼较好的下游客户（××洋制罐有限公司、××集团、××包装集团、×××集团）约定将相应的货款打入银行账号（在购销合同中注明或在合同后附加承诺函约定，该账号为货款回款唯一账号），通过对借款人上下游整体资金流的约束来控制风险。

银行授信方案

额度类型	公开授信额度		授信方式		综合授信额度	
授信额度（万元）	3800.00		授信期限（月）		12	
授信品种	币种	金额（万元）	保证金比例（%）	期限（月）	用途	收益
流动资金贷款	人民币	1000.00	0.00	12		
银行承兑汇票	人民币	2800.00	30.00	12		
授信性质	新增	本次授信敞口（万元）		2960.00		
担保方式及内容	保证人：福建××五金制品有限公司。					
1. 授信前落实合法有效的董事会决议和担保方连带责任保证。 2. 银行授信资金使用前，要求借款人落实其下游销售商将对应使用授信资金所产生的销售回款打入银行指定账户。						

第五章 如何设定担保

担保分析是指根据国家法律法规和银行内部管理制度的要求对授信担保安排进行审查，判断授信担保在合法合规、充足有效等方面存在的风险。本章内容包括担保分析的原则、保证担保分析和抵（质）押担保分析等。

一、担保分析的原则

对保证人既要分析其担保能力，也要分析其代偿意愿。

对首次授信客户的担保安排应进行全面分析；对于叙做业务的担保安排，应侧重分析保证人和授信抵押物在前次授信期间的变化情况。

应当尽可能地引导担保企业与银行签订最高额担保合同，而非单一的连带担保合同。签订最高额担保合同的最大好处在于，可以直接对应综合授信协议，非常方便借款人在综合授信协议范围内随时提款。

同时，对借款人而言，由于最高额担保合同对应的综合授信协议通常约定，借款人在一年授信有效期内，单一授信品种结清后可以随时提款，这样，借款人的用信期限实际可以长达两年。

二、保证担保分析

1. 保证人担保能力审查

担保人必须实力极强，银行授信评级属于 AA 以上的实力企业，重视自身信誉，有着极强的担保能力。

（1）如保证人为法人，应对担保人进行行业分析、经营管理分析和财务分析；如保证人为自然人，应说明保证人姓名、身份证号码、与申请人关系、主要学习及工作简历、个人征信记录和个人资产状况。

（2）分析保证人与借款申请人在股权、主营业务上是否存在强关联性，并分析其对保证人代偿能力的影响。

2. 保证人代偿意愿审查

根据保证人与借款申请人之间是否存在密切的经济关系，分析保证人提供担保的动机，判断其与借款申请人是否存在互保、连环担保及地方政府强迫担保等行为；分析保证人的信用记录是否良好，包括对自身债务的还本付息记录和保证人履行担保责任的记录。

通常，保证人为母公司，这类担保的代偿意愿都较为强烈。保证人与借款人为互保企业，担保代偿意愿较差。

3. 适度额外增信措施

（1）要求担保人提供部分保证金，强化其履行担保的意愿。

（2）如为差额退款方式，应要求见退款通知就退款，不必对应货物的回购。

（3）完备股东会决议或董事会决议，防止恶意脱保。

【点评】

担保人的实力应当超过借款人，这样的担保才会更加有效，如果担保人的实力远远逊于或基本与借款人相当，这样的担保形同虚设，没有任何意义。

三、抵（质）押担保分析

鉴于税款欠税在前、抵（质）押在后的情况下有优先权，因此，对于抵（质）押物，应要求抵（质）押人提供相应的完税证明。

对于货权质押业务的监管人，应说明其股东背景、财务状况、监管经验和信用记录；对于未来货权质押的供货方，应分析其供货能力，如为钢铁行业，还应分析其是否属于银行指定范围内的供货方。

1. 抵（质）押物的登记

对需办理登记手续的抵（质）押物①，审查人员应根据相关的法律法规说明抵（质）押的登记机关和登记形式。对于抵押物，还要说明银行办理抵押登记的顺位。

2. 抵（质）押物价值分析

（1）说明抵（质）押物的名称、数量、购买原值、地理位置、储存和保管难度，抵（质）押物的成新率（折旧率），抵（质）押物的价值变动趋势（看涨、看跌、平稳）。

（2）抵押物价值的确定是否合理。抵押物是否经过银行认可的、具备资产评估资格的评估机构评估或预评估，评估基准日是否接近抵（质）押时间，评估（预评估）报告是否在有效期内，判断评估方法②是否合理。

必要时，应与市价法、迅速变现法等评估方法的估值结果进行比较，防止不当的评估方法高估抵押物价值。以国有划拨用地使用权抵押的，要扣除土地出让金后确认价值。

（3）质押物价值的确定是否合理。对于有明确市场价格的质押品，如国、上市公司流通股③、存款单、银行承兑汇票、货押业务的押品④等，其公允价值即其市场价格。其中以外币存单质押的，要按签订抵（质）押合同前一日或当日汇率中间价折算后确认价值；以非上市公司股权质押的，

---

① 以房地产抵押的，须到房地产管理部门依法办理登记；以机器设备抵押的，须到工商部门依法办理登记；以车辆抵押的，须到车辆管理部门依法办理登记；以国有划拨土地使用权为标的物设定抵押的，须到土地行政管理部门依法办理抵押登记；其他抵押要依照法律规定办理抵押生效手续。以上市公司依法可转让股票质押的，须到证券登记结算机构办理出质登记；以非上市公司股权质押的，须在股东名册上记载，并须到工商行政管理部门办理出质登记；以票据或债券质押的，出质人要按照相关规定背书记载"质押"字样；以省级人民政府批准的公路收费权质押的，须到省级交通行政管理部门和人民银行当地分支机构一并办理登记；以应收账款办理质押的，应在人民银行征信中心的应收账款质押登记公示系统进行质押登记。

② 参见国家标准《房地产估价规范》。

③ 质押股票市值＝质押股票数量×前七个交易日股票平均收盘价。

④ 货押业务质押货物价格确定方法：取进货发票价格与市价孰低值；企业自产商品，取不含税的成本价与出厂价孰低值；如果处置质物需要补缴税款，商品购入价应按不含税价格认定；无须补缴税款的，国产商品的购入价可以按包含增值税的价格认定，进口商品的购入价按其进口完税价格加上进口关税、进口环节其他税收后的价格认定；购入价原则上不包括铁路运输、沿海运输或多式联运的运输费用。确定价格时，必须充分考虑过往三年内价格变动情况、市价合理预期变动及技术进步、产品更新换代等无形损耗对货物变现能力的影响。

要按上年末每股净资产确认价值。

（4）特殊抵（质）押物的风险因素。抵押房地产已列入拆迁（征用）范围的，要了解可能收到的赔偿价款，将其作为变现价值的重要依据，可考虑将拆迁赔偿款专户纳入银行管理；拟抵押房地产具有其他法定优先受偿权的，审查是否已从评估价值中扣除了由此可能产生的相关支出和费用。以在建工程抵押的，抵押物包括该建设工程的土地使用权、建设过程中逐渐形成的财产及最终形成的财产，审查时应动态分析抵押物的价值。房地产抵押合同签订后，土地上新增房屋和在建工程不属于抵押财产，应要求及时办理新增房屋和在建工程的追加抵押手续。以现有的以及将有的生产设备、原材料、半成品、产品抵押的，应注意抵押物价值具有浮动性，最终价值取决于实现抵押权时的价值，且抵押权不得对抗抵押财产的买受人。审慎接受闲置土地使用权的抵押，审慎接受已提足折旧或在贷款期内将计提完折旧、面临报废的固定资产的抵押。对于存在租赁关系的物业，应分析以下风险点：一是租赁情况如何，承租方的经营与物业定位是否一致；二是申请人与承租人是否存在关联关系，若存在关联关系，应核实租金水平是否公允；三是审查租金的支付方式和支付记录，确认是否存在长期低价出租、申请人已经收取多年租金的情形，是否存在承租人将租金与出租人对于承租人的其他债务进行了抵销的情形；四是审查承租人的租赁期限，判断租赁期限是否短于贷款期限，分析承租人在租赁到期后继续租赁的可能性；五是审查租赁合同中是否存在损害银行利益的条款，特别注意承租人依法享有的承租权、优先购买权以及其他权利对银行抵押权的限制和影响；六是申请人是否存在通过修改租赁合同、另行签订长期低租金合同或以其他方式恶意对抗银行抵押权的情况；七是申请人、承租人是否能够与银行签订三方监管协议，承租人是否同意将租金直接支付至申请人在银行开立的监管账户；八是原则上，应要求抵押人（出租人）提供已将本次抵押告知承租人的书面文件，同时银行应与抵押人（出租人）、承租人签订协议或者要求承租人出具相关书面说明，确保银行需行使抵押权时不受租赁行为的影响。

3. 抵（质）押率

（1）原则上不得超过银行规定的抵（质）押率上限。如果超过，应由调查人员详细说明超过的理由。

（2）以按份共有财产办理抵（质）押的，应以抵（质）押人拥有的权利部分计算抵（质）押率。

4. 保险

应要求抵押人、动产质押的质押人进行财产保险，保险金额应与抵（质）押物价值相同，如抵（质）押物价值高于授信敞口金额，则保险金额可不低于授信敞口金额加三个约定的计息周期的利息；保险的有效期应至少长于授信到期日后的三个月；原则上，银行要成为保险第一受益人，保险机构提供的保险产品或其他因素使得保险的有效期不能满足前款规定的，应要求抵（质）押人承诺保险到期时必须进行续保。

5. 抵（质）押物变现能力分析

抵（质）押物的变现能力是指银行在实现抵（质）押权、处置抵（质）押物时，抵（质）押物转换为现金的能力。对于变现能力，应重点分析以下方面。

（1）抵（质）押物的通用性及市场需求。抵（质）押品的用途越专一，变现能力越弱；市场敏感性越强，变现风险越高；此外，抵（质）押品单体价值的大小、地理位置的优劣以及可分割性、可控性、成熟度等特点，对抵（质）押品的变现价值都有较大的影响。

（2）出售、交易的难易程度。一般情况下，抵（质）押品的变现时间越短，变现折扣越高，则其变现能力越强；反之，则越弱。

6. 银行对处置所得是否有优先受偿权

如银行是否第一顺位抵押；是否触及《海商法》《物权法》《企业破产法》等法律中抵押权人不能优先受偿的条款；是否属于无法交易的押品，如限制流通物虽然可以设定抵押，但变现时不能自由买卖，需按照国家有关规定的处置流程和条件办理；如部分居民住宅房产可作为抵押物，但根据《最高人民法院关于人民法院民事执行中查封、扣押、冻结财产的规定》第六条规定，对被执行人及其所抚养家属生活所必需的居住房屋，人民法院可以查封，但不得拍卖、变卖或者抵债。

7. 变现费用

预测抵（质）押品处置时的变现费用，是否要支付高额处置成本，是否需要扣除法定优先受偿权支付金额及拍卖处置的税费等，主要包括抵（质）押品在入账评估前可能已抵押担保的债权金额、破产企业处置不动产时可能需支付的职工工资和福利费、国家税款，土地使用权应缴纳的使用权出让金，在建工程可能存在的发包人拖欠承包人的建筑工程价款、应交未交的各种政府行政事业性及资源性收费，司法环节的诉讼费、执行费、律师费，拍卖处置环节的评估、拍卖费，交易过户环节的营业税及附加、印花税、所得税、契税等。

8. 其他因素

考虑抵（质）押品在地方保护、法院执行、有关登记部门操作规范等环节的问题，防止出现抵（质）押品有效但无法执行、银行债务悬空的情况。

【案例】

天津××置业有限公司授信方案

一、企业概况

1. 基本介绍

天津××置业有限公司注册资金为 5.5 亿元，由××地产集团有限公司（总部在上海）全额投资。由于××地产集团有限公司由××控股集团有限公司全额出资成立，所以天津××置业有限公司的实际控制人为××控股集团有限公司。

2. 主要合作者情况

设计单位中国建筑××设计研究院有限公司系国家大型综合建筑设计单位，具有建筑工程甲级设计资质，同时具有岩土勘察、工程咨询、工程监理、装饰工程、施工图审查等甲（一）级资质。

施工单位××建工集团股份有限公司是我国最大的建筑类上市公司，主营业务包括各类建设工程总承包、设计、施工、咨询，设备、材料、构配件生产、经营、销售，建筑技术开发与转让，机械设备租赁等。公司拥有房屋建筑工程施工总承包特级资质、市政公用工程施工总承包一级资质、建筑装修装饰工程专业承包一级资质、体育场地设施工程专业承包一级资质等建设资质，下属的几家建筑施工企业均有建筑企业一级资质。

监理单位天津××工程建设监理有限公司是建设部××工程有限公司在大连的参股公司，前身为天津××工程技术公司工程建设监理部，拥有工程建设监理甲级资质。经过十几年的发展，公司在监理规模、合同金额、注册人员数量、工程技术人员数量、获奖工程数量等方面居天津市同行业之首，成为环渤海地区综合实力最强的监理公司。

二、银行授信方案

1. 授信方案

银行授信方案

额度类型	内部授信额度		授信方式	单笔单批额度		
授信额度（万元）	50000.00		授信期限（月）	36		
授信品种	币种	金额（万元）	保证金比例（％）	期限（月）	利/费率	是否循环
商用房开发贷款	人民币	50000.00		36	按银行规定	
贷款性质	新增	本次授信敞口（万元）		50000.00	授信总敞口（万元）	50000.00
担保方式及内容	保证人：××控股集团有限公司。抵押物名称：天津××中心南区 B14 地块 3 标段土地及在建工程。					

本次授信由××控股集团有限公司提供连带责任担保，追加企业抵押物天津××中心南区 B14 地块 3 标段土地及在建工程作为此次信用授信额度担保。

2. 合作模式

5 亿元商用房开发贷款额度采取联合贷款组织形式，天津分行为代理行，参与额度为 2.5 亿元；上海分行为参加行，参与额度为 2.5 亿元。贷款立项已通过总行公司部核准。

3. 风险分析

本次授信中，开发企业股东实力雄厚，楼盘销售预期良好，还款现金流充裕，担保方式稳定，业务拓展空间巨大，风险控制手段得当，授信风险相对可控。

4. 银企合作情况

通过本次授信，银行可以获得丰厚的开发贷款收益，同时通过承揽该项目的按揭贷款业务，大幅增加银行按揭贷款的市场份额。另外，该项目可以为银行带来大量高端个人客户。通过拓展业主的私人业务，将有效拉动银行储蓄存款、个人贷款、第三方存管等对私业务的有效增长。与××

控股集团有限公司的合作也将极大地提升银行知名度，为银行带来丰厚的经济效益和社会效益。

5. 控制手段

（1）贷款专项用于天津××中心南区 B14 地块 1 标段项目建设，按工程进度提款，监督支付，确保贷款用途的合规性。

（2）放款前落实抵押登记及集团担保。

（3）在银行开立销售收入账户暨还款专户，项目销售收入全部进入银行账户监管，资金对外支付需经银行有权机构审批。贷款宽限期为 12 个月，宽限期结束后按照销售收入的 50% 归还银行本金，其余销售收入由银行监管，专项用于 B14 地块 3 标段费用支出，包括建设费用、所得税、贷款利息等。全部销售收入完成 80% 时，应还清银行贷款本息。

（4）加强对项目建设进度及销售进度的监管，联合贷款的组织形式也有利于上海分行加强对担保方××控股集团有限公司经营管理状况的监管。

综上所述，本次授信项下，开发企业股东实力雄厚，楼盘销售预期良好，还款现金流充裕，担保方式稳定，业务拓展空间巨大，风险控制手段得当，授信风险相对可控。

> 银行做信贷的基本规矩：小企业能否操作信贷，首先看企业的经营情况，其次看能够提供什么样的押品；中型企业能否提供信贷，首先看企业的产品是否有市场，其次看它能提供什么担保；大企业能否提供信贷，首先看其管理状况如何，其次看公司对法律及规则的敬畏程度。

第六章　审查报告撰写要求

一、授信要求

1. 贷款用途的约定

（1）对于流动资金贷款，授信调查报告应当清晰，逻辑清楚，内容详细，分析透彻，毫无隐瞒地向银行揭示企业的实际经营情况。

（2）对于固定资产贷款或项目融资，应明确要求"本笔授信专项用于××建设，并按照××银行有关规定执行"。

（3）对于过桥贷款，应明确"××事项完成后应立即归还银行贷款"。过桥贷款的资金应当与企业的后续资金紧密连接，确保封闭运行。

（4）对于信用证业务，应明确"进口开证授信仅限于额度内开立即期信用证/90天以内远期信用证，信用证受益人限定为××"；"进口开证授信和进口开证押汇额度仅限用于申请人自身/代理××公司/代理××集团下属企业进口××产品或××设备/购买生产经营用原材料"；"国内信用证开证授信仅限于额度内开立即期信用证/90天以内远期信用证"；"国内信用证开证授信及买方押汇额度仅限用于申请人采购××产品或××设备/购买生产经营用原材料，信用证受益人限定为××"。

（5）对于保理业务，应明确"额度内每笔业务须严格按照总/分行×银保理［20××］第××号保理业务操作方案批复和银行保理业务相关规定执行"。

（6）对于船舶预付款保函，应明确"仅限用于为××与××公司签订的船舶建造合同（合同编号为××）项下××船（船舶编号为××）开立预付款保函，在建船舶具备抵押条件时须办妥在建船舶抵押登记，申请人须投保船舶建造险，并指定银行为第一受益人，买方将预付款全部汇入银行账户"。

2. 分期还款的要求

如"本次贷款实行分期还款，贷款发放后前××年为宽限期，第××

年归还贷款本金不少于××万元……贷款到期结清全部本息；若不能全额提款，按上述分期还款金额占全部贷款比例制订分期还款计划"。

3. 银团贷款的要求

如"银行具体贷款条件不低于××银行于××年××月××日出具的《××银团贷款信息备忘录》中所列条件，银行贷款金额不超过××万元，且承贷比例不超过××；银团筹组成功，且相关贷款条件和合同协议等经分行风险总监审批同意后方可启用本授信"。

二、审查报告模板

除固定资产贷款（含项目融资）、房地产开发贷款、经营性物业抵押贷款外，授信审查报告应按以下要求进行撰写，并在规定的时限内提交复核。

审查报告模板见表6-1。

表6-1　　　　　　　　　　审查报告模板

合规性审查	对合规性审查结果进行说明。 1. 通过合规性审查的，应按如下格式进行表述："本人已按规定对本项目进行了合规性审查，经审查，本项目在资料完整性、产品准入、担保准入等方面符合相关规定。" 2. 如果合规性方面存在问题，可按如下格式进行表述："本人已按规定对本项目进行了合规性审查，经审查，本项目在资料完整性、产品准入、担保准入等方面存在如下问题：……"
授信沿革及授信用途	一、授信沿革 1. 说明申请人在银行的该笔授信属于首次授信、叙做授信、追加授信、展期、贷新还旧、重组、额度重启或复议中的哪一类。 2. 叙做业务需说明以下内容： （1）说明申请人在银行授信沿革情况，重点分析最近一次授信批复情况（至少应包括批复时间、终审机构、授信额度、授信敞口、业务品种、期限、用途、利/费率、保证金、担保方式、授信前提条件、授信要求）、当前授信余额、未使用授信额度和债项评级状况。

续表

授信沿革及授信用途	（2）简要评价通过授信后检查报告、平行作业、授信回访等渠道了解的存量授信执行情况和客户风险状况，说明是否由银行的低质量和特别关注客户。 （3）对集团客户授信，应判断集团客户的认定是否合理，并说明已核定的集团客户授信限额和可用限额，各成员单位的授信品种、额度及余额。 （4）对贷新还旧、展期、重组类授信，应说明本次授信的原因。 3. 复议项目需说明上次授信批复的时间、内容，本次申请复议事项及复议原因，如上次批复为否决项目，应说明否决的理由。 二、本次授信用途 1. 授信用途 （1）本次授信的实际用途。对于单笔单批授信，用途描述应明确具体，应说明交易背景、合作记录、业务模式等情况，重点关注授信调查人员是否提供交易合同或协议等相关资料证明。 （2）对于循环授信额度，应说明额度内具体业务的授信用途和交易背景等情况。如申请人未提供具体交易合同或协议，可根据其以往经营业绩及授信期间内的经营计划，分析实际资金需求，并判断用途的合理性。 （3）如为银团贷款，须说明银团贷款的组成情况，包括银团牵头行、参加行、贷款总额、期限、利率及其他收费（包括贷款利率、手续费、承诺费，以及综合费率）、财务约束条款和其他约束条件。 （4）如为重点客户，应说明本授信是本部使用还是授权下属公司使用。如是授权下属公司使用，应说明下属公司的经营状况和授信用途。 （5）需要银行相关部门就授信方案出具专业审查意见或批复的，应简要介绍专业意见或业务方案的主要内容，注明有权批复机构和批复编号。 2. 授信额度 （1）须说明本次授信申报的授信额度和具体业务品种。 （2）对于流动资金贷款，须按照《流动资金贷款管理暂行办法》的规定估算营运资金需求量和新增流动资金贷款额度，并简要列明计算过程。若估算结果与申报方案出现较大差异，须审查经营单位是否作出相关解释，解释是否合理。 （3）对于其他授信品种，应结合基础交易背景、客户实际需求及承债能力等情况合理确定授信额度。 3. 授信期限 授信期限是多长时间？是否与客户的生产经营周期相适应？如存在差异，应说明原因。

续表

行业分析	1. 应说明对调查人员填报的"国标行业门类/大类""行业分类""国标实际投向""投向补充行业分类""银行投向大类"等数据项的审核结果。如属于中小企业部管辖客户，应予以明确。 2. 应说明外部行业准入审查结果。对照国家相关规定，判断授信申请人是否符合准入条件，判断授信申请人的主要工艺、设备、产品是否属于国家《产业结构调整指导目录（2011 年本）》规定的限制类和淘汰类；对于焦炭、焦化、炼油、水泥等实行名单制管理的行业，还应判断授信申请人是否列入国家主管部门准入名单之内。 3. 应说明内部行业准入审查结果。依据授信实际投向的行业，引述银行大中型企业信贷投向政策、区域营销指引等文件对该行业和授信申请人的相关规定；对于公共管理、房地产、土地储备、钢铁等实行名单制的行业，还应判断授信申请人是否列入名单之内。判断是否为行业投向政策例外客户，如为政策例外客户，应说明政策例外的原因，并判断是否符合政策例外的准入标准。 4. 对该行业从所处的产业链、成熟度、基本特征、主要经济指标、技术状况、规模经济效应、集中度、竞争结构等方面进行分析。 5. 归纳授信申请人的行业分析结论。通过对行业所处的产业链、成熟度、基本特征、主要经济指标、技术状况、规模经济效应、集中度、竞争结构分析，总结该行业的主要风险点和客户的优劣势。
申请人经营管理情况	一、股东背景和集团客户分析 1. 分析客户的股东构成和股东的属性（控股股东、战略投资者、财务投资者、小股东等）、股东与企业之间有无业务联系。 2. 对于集团客户，要深入分析其与股东、其他关联公司之间的关系，了解客户在整个家谱树状图中所处的位置，明确实际控制人，分析其经营策略和战略规划对客户经营与还款能力的影响。 二、经营许可分析 1. 说明申请人的主营业务范围，判断授信用途是否在经营许可范围内。对于煤炭、有色金属开采、成品油经营、外贸进出口等客户，应判断是否按规定取得相关业务许可或权证、经营许可有效期是否覆盖银行授信期限。 2. 如授信投向新建、在建项目，应说明项目的合规性手续是否齐全。对不符合国家节能减排政策规定和国家明确要求限制、淘汰的落后产能违规在建项目，不得提供任何形式的新增授信支持；对于违规已经建成的项目，不得新增任何流动资金贷款。 3. 应说明申请人在环保方面是否达标。 4. 通过全国法院被执行人信息查询系统等途径，审查客户及其重要关联企业是否存在诉讼、重大商业纠纷。如有，应具体列示，并作出风险分析。

续表

申请人经营管理情况	三、经营管理情况分析
	1. 行业地位。申请人是（当地）行业龙头、中型追随者，还是小企业；主要产品的市场占有率。
	2. 技术水平、设备状况。与同业先进水平相比，差异是什么。
	3. 产品特性。产品质量与技术先进性如何，与同业产品的差异是什么，产品品牌的知名度如何，产品销售半径，影响生产成本的主要因素是什么，产品处于生命周期的哪个阶段（进入、成长、成熟和衰退），产品的替代性如何。结合前述行业分析，判断申请人的经营状况及产品特性是否与其所处行业特点吻合，如不吻合，分析具体的原因和风险。
	4. 产品销售。近三年的销售增长情况，对主要销售渠道是否有控制能力，是否有长期销售合同，销售的结算方式是否稳定，是否易受汇率波动的影响，客户集中度和地区集中度是否太高，是否受运输能力的影响。
	5. 原料供应。行业内代表性产品的主要原材料成本的构成，对主要原料供应商和定价是否有控制能力，是否有长期供货合同，是否易受汇率波动的影响，是否受运输能力的影响。
	6. 业务多元化。主营业务是否突出，主要产品在总销售收入和毛利中的占比情况，产品销售形势、竞争能力和货款回收情况，业务多元化方面是否有过度扩张的风险。
	7. 主要资金需求的解决方式是什么。
	8. 管理质量。法人治理结构是否完善，对管理层的基本评价如何，是否依法合规经营。
	9. 有无近期发生和未来将要发生的相关重大事项，对客户经营的主要影响如何。
	四、相关信息查询情况
	1. 穆迪查询。申请人及其母公司、下属子公司、担保人如为国内外上市公司，应进行信息查询，列示查询结果，并对指标和变化趋势作出风险分析和判断。
	2. 风险警示客户、预警客户和其他特殊客户。列示生效的预警信息，对于有定性预警信息的客户和风险警示名单客户，应说明风险预警委员会的相关纪要内容；对于低质量客户，应说明低质量客户压缩方案的主要内容；对于特别关注客户，应说明特别关注客户授信调整方案的主要内容。
	3. 人民银行个人征信系统查询。列示查询结果，对查询异常的事项作出分析和判断。
	4. 千里眼及外部查询。列示查询结果，对查询异常的事项作出分析和判断。
	5. 环保查询。对贷款卡"环保信息查询—处罚信息"及其他环保信息查询结果异常的事项作出分析和判断。
	6. 通过海关、税务机关等其他渠道查询的信息。
	五、归纳授信申请人的核心竞争优势和存在的主要问题

续表

申请人财务状况	一、财务报表的齐全性 1. 审核授信资料时，若发现财务报表提供的信息不齐全或者未提供会计报表附注，应说明原因；如提供的报表为汇总口径报表，应注意是否存在集团内通过关联交易、相互投资等方式虚增了总资产、净资产、经营规模、利润、现金流量等情况。如存在前述情况，应作出说明和分析，并判断其实际的资产、经营规模、利润、现金流等情况，使其与合并报表数据具有可比性。 2. 近三年合并财务报表的编制范围是否发生变化？如有变化，详细说明原因，并对关键财务指标进行调整，使连续三年的财务数据具有可比性。 3. 列示近三年财务报表的编制基础［《企业会计准则》（2006）、《企业会计制度》（2000）等会计制度］，若三年财务报表的编制基础不同，分析三年来财务报表数据是否具有可比性。如无可比性，应对关键财务指标进行相应的会计调整。 4. 客户会计政策是否发生重大变化。如有重大变化，应简要说明这些变化，包括折旧政策、存货计价、无形资产摊销、收入确认、或有事项、关联交易和销售政策。 二、报表审计情况 1. 审查近三年的合并及本部财务报表是否经过审计。 2. 审查审计意见的格式和内容是否规范，是否符合《中国注册会计师审计准则》第1501号、第1502号的规定。对于不符合规定的，应判断审计报告的可靠性。 3. 审查审计报告是否为标准无保留意见。如不属于标准无保留意见，应明确审计意见类型以及强调事项段、保留意见段、否定意见、无法表示意见的具体内容。对于审计机构出具无法表示意见或提出否定意见的企业，原则上不予授信。 4. 审查近三年是否更换过审计机构；合并报表与本部报表的审计机构是否一致。若频繁更换审计机构或合并、本部财务报表的审计机构不一致，应说明原因。 三、人民银行征信系统查询情况 1. 查询并记录人民银行征信系统中"信息查询""信用报告"的查询日期和查询结果。信息查询包括但不限于未结清的信贷信息及五级分类、已结清的不良贷款、已结清欠息、垫款记录、对外担保信息、未决诉讼、社保信息、纳税信息和处罚信息，信用报告包括但不限于企业组织架构图、财务报表详情等信息。若有异常，应说明原因并分析对企业的影响。 2. 核对未结清信贷信息与借款申请人报表数据，若有异常，审查人员应作出说明。 3. 结合对外担保信息，分析是否超出企业的承贷能力。根据对外担保的客户分析企业关联客户的互保及连环担保现象，分析企业的经营风险。

续表

申请人财务状况	四、分析存在的主要问题或优势 在分析授信申请人年度财务报表的基础上，还应分析近期财务报表的异动数据及异动指标对企业经营的影响；集团授信申请人申请授信，除分析合并财务报表外，还应分析本部财务报表数据。 1. 分析企业三年来资产规模、经营规模、现金流以及主要财务指标的变化趋势，分析企业发展是否稳健，是否符合行业整体发展趋势，并说明原因。 2. 分析资产负债率水平是否合理，资金来源中权益资金与负债资金比重是否合理，负债资金中付息负债与非付息负债比重是否合理，分析长期偿债能力。 3. 分析各项资产占用是否合理，增减变化与销售收入、利润变动等是否匹配，是否存在坏账、减值风险。 4. 分析企业负债主要是源于银行债务还是源于商业信用，企业是否存在对供应商或其他无息债务的过度占用，并与企业经营状况相互印证，分析企业在产业链中的地位。 5. 分析企业短期有息债务规模以及企业短期偿债能力指标是否处于行业合理水平，并与营业收入和经营活动现金流量相比较，分析企业借款规模的增大是否带来营业收入的同步增加，是否存在短贷长用现象，企业的资金链是否紧张，是否具有继续融资能力。 6. 分析企业的各种资产营运效率，一方面与行业整体营运效率比较，分析与行业整体资产周转速度的差异；另一方面，比较企业三年来资产营运效率的变化，并说明原因。 7. 分析营业收入的行业结构、产品结构、行业毛利率和产品毛利率，判断其主要的利润贡献点，判断企业的发展方向与发展趋势。 8. 分析利润构成中非经常性损益（投资收益、营业外收入、补贴收入等）比重是否过高，利润增长是否主要依靠非经常性损益的增长。 9. 分析营业收入与利润变动是否一致，营业收入与利润是否有现金流，分析销售、利润受关联交易的影响。 10. 分析不同性质现金流量的均衡性，是否符合企业所处的生命周期、企业经营发展的特点。 11. 分析经营活动净现金流是否稳定，是否为正值，是否与营业收入呈同向变化，分析企业创造现金流的能力。 12. 分析投资活动、筹资活动的净现金流，分析投资活动现金流入是来自回收投资还是取得的投资收益，是企业转产还是变卖资产，分析对未来现金流的影响；对于投资活动现金流出，分析具体投资内容，分析是否符合客户发展战略，是否带来固定资产增长，是否主要依靠筹资活动现金流入弥补经营活动形成的现金缺口或满足投资活动的资金需求，投资的资金来源是否过多地依赖举债。

申请人财务状况	13. 审查并分析企业关联交易是否频繁，是否存在关联交易及关联公司间转移资金的现象，集团内是否存在吞噬利润的企业。 14. 审查并分析授信申请人近期是否对外提供新的大额担保或大量资产被抵押。对外担保、未决诉讼、有追索权的票据贴现等或有负债，近期有多大可能成为实际负债。 15. 审查并分析授信申请人在其他银行有无不能及时还款的情况；在他行授信和再融资能力如何；向其他银行的信贷申请是否被拒绝；曾提供较大授信支持的其他银行是否非正常退出。 16. 列示其他异动科目，并分析原因及对客户经营状况的影响。 17. 需要分析或说明的其他问题。 五、财务分析结论 1. 揭示授信申请人财务分析中发现的主要风险点。 2. 判断授信申请人财务状况是否总体正常；财务结构是否符合该行业特点；近年来财务状况是较为稳定、存在明显波动，还是很不稳定。判断未来发展趋势。
担保分析	一、保证担保撰写格式 1. 保证人担保能力分析。如保证人为法人，应进行行业分析、经营管理分析和财务分析；如保证人为自然人，应说明保证人姓名、身份证号码、与申请人的关系、主要学习及工作简历、个人征信记录和个人资产状况。分析保证人与借款申请人在股权、主营业务上是否存在强关联性，并分析其对保证人代偿能力的影响。 2. 代偿意愿分析。根据保证人与借款申请人之间是否存在密切的经济关系，分析保证人提供担保的动机，判断其与借款申请人是否存在互保、连环担保及地方政府强迫担保等行为；分析保证人的信用记录是否良好，包括对自身债务的还本付息记录和保证人履行担保责任的记录。 3. 其他说明 （1）如保证人为担保公司，应说明相应的反担保措施。 （2）如为回购担保方式，应说明对回购标的物的监管方式。 （3）如为联保模式授信，应说明联保体在银行的总体授信敞口。 二、抵（质）押担保撰写格式 1. 说明抵（质）押人是否提供相应的完税证明。对于货押业务，说明货押方案批复机构是否为有权机构。对于银行签约监管公司所属机构以外的监管人，应说明其股东背景、财务状况、监管经验和信用记录。对于未来货权质押的供货方，应分析其供货能力，如为钢铁行业，还应分析其是否属于银行指定范围内的供货方。

续表

担保分析	2. 对需要办理登记手续的抵（质）押物，根据相关的法律法规说明抵（质）押的登记机关和登记形式。对于抵押物，还要说明银行办理抵押登记的顺位。 3. 对抵（质）押物价值进行以下分析。 （1）说明抵（质）押物的名称、数量、购买原值、地理位置、储存和保管难度、成新率（折旧率）、价值变动趋势（看涨、看跌、平稳）。 （2）分析抵（质）押物价值的确定是否合理。分析其评估方法是否科学，与抵（质）押物的实际价值是否偏离过大，明确抵（质）押物价值是否充足，分析判断抵（质）物的价值稳定性如何（良好或存在明显问题），是否存在浮动性，是否投保。在价值充足或稳定性方面存在风险的，应予以明确说明。 （3）对于存在租赁关系的物业，应分析相应的风险隐患及采取的应对措施。 4. 分析抵（质）押率是否符合银行相关规定。如超过银行的相关规定，应分析其理由。 5. 抵（质）押物变现能力分析。通过对抵（质）押物的通用性、变现难易程度、是否存在优先受偿权、处置费用、登记过程合法与否等风险点的审查，明确抵（质）押物变现能力如何（较强或存在明显问题）。存在明显问题的，应加以说明。 三、对信用授信，明确"此笔授信为信用方式"
还款来源分析	1. 分析本次授信的还款来源包括哪些，还款能力是否充足、可靠、稳定。 （1）分析还款来源的具体渠道（经营活动、筹资活动、投资活动产生的现金流），并分析每一种具体还款来源的可实现程度。对集团客户授信，还应分析是由借款人本身偿还还是由母公司偿还。对于中长期贷款，应说明具体的还款计划。 （2）对于以特定经营活动现金流作为还款来源的授信，应分析该还款来源的充分性和作为还款保障的可靠程度。如保理业务，应在简要介绍买方客户经营财务状况的基础上，分析其是否具备按期、足额支付货款的意愿和能力；订单融资、供应链买卖方融资等特定业务操作模式项下授信，应分析申请人交易对手的资信状况、付款记录及付款实力等。 2. 分析还款能力、还款方式、还款计划存在的风险点及风险控制措施
对调查报告的评价	1. 分析上报材料是否齐全、完整、信息充分、前后一致，与书面材料之间是否一致，分析意见是否充分、全面和基本合理。 2. 审查人员将审查中需要重点解释说明的问题以书面形式向调查人员沟通落实，并简要概述过程和结果；对经反馈仍不能达到相关要求的授信项目，审查人员应作出说明。 3. 审查人员是否参与了平行作业、授信后回访及其相关参与情况。 4. 审查人员对调查报告的评分结果（系统自动导入）。

续表

授信的总体评价	一、对于贷新还旧、重组、展期类项目，引述其他部门出具的专业意见的主要内容 二、综合归纳本次授信的优势和风险点 对本次授信的风险是否可控，以及收益与风险能否平衡作出明确的判断，总结得出客观公正的审查结论。其中： 1. 对审查否决的项目，全面总结否决原因（包括在合规、财务、经营、第二还款来源等部分已经揭示的风险），并逐条列示。 2. 对审查同意的项目，揭示其存在的主要风险隐患，提出具体和有效的防范、控制措施；需要缩减额度或者增加授信条件的，应说明具体原因。 3. 对贷新还旧、展期、重组类项目，可根据具体情况参照以下格式明确审查结论。 （1）鉴于借款申请人无力一次性偿还对银行的债务，通过法律手段也不能有效清收，该申请方案风险敞口较现状有所减少，为保全银行信贷资产，在先归还本金××万元、不欠利息的条件下，同意贷新还旧/重组/展期××万元。 （2）鉴于申请人到期无力偿还银行债务，总行/分行资产保全部出具了专业的贷新还旧/重组/展期意见，为化解风险，最大限度地保全资产，同意按下述方式授信…… 三、对申请人/保证人信用评级、债项评级、风险分类、风险暴露分类的审核意见

【案例】

××地产房地产开发项目融资案例

一、企业概况

××地产高新置业有限公司为××集团的全资子公司，向银行申请××名都三期项目房地产开发贷款，金额2亿元，期限3年，银行已批复该项目。为维持银行与借款人的良好合作关系，经总行批准，向融资人发放开发贷款。

二、银行授信方案

（1）保证担保：××集团有限公司。

（2）质押担保：××地产高新置业有限公司以其持有的对××市政工

程有限公司 3.5 亿元应收账款提供质押担保，对应贷款本金 2 亿元。

（3）抵押担保：××地产高新置业有限公司以名下位于虹桥新区××小区 392 套现房提供抵押担保，面积为 49557.74 平方米。

（4）银行对资金使用进行监管。

第七章　固定资产贷款风险要点及方案设计

一、什么是固定资产贷款

1. 产品的定义

固定资产贷款是指银行向企事业法人或国家规定可以作为借款人的其他组织发放的，用于借款人固定资产投资的本外币贷款，包括基本建设项目的固定资产贷款、技术改造项目的固定资产贷款。

基本建设项目的固定资产贷款是指以扩大生产或服务能力为主要目的的新建、扩建工程所需的贷款。按项目的建设性质，可分为外建、扩建、改建、迁建及恢复和重建项目。

技术改造项目的固定资产贷款是指对原有设施进行技术改造（包括固定资产更新）以及建设相应配套的辅助性生产、生活福利设施等所需的贷款。

2. 政策依据

政策依据为《中华人民共和国商业银行法》《中华人民共和国担保法》《贷款通则》《商业银行授信工作尽职指引》《固定资产贷款管理暂行办法》《项目融资业务指引》等法律法规。

【客户经理思考要点】

1. 有全面的国家批文吗？
2. 项目的自有资金是否已经落实了？
3. 固定资产的效益分析有吗？
4. 股东方投入有多少？
5. 固定资产贷款中有多少是设备投资，有多少是施工预付款？

二、项目融资

1. 项目融资贷款特征

（1）项目融资通常是用于建造一个或一组大型生产装置、基础设施或其他项目，包括对在建或已建项目的再融资。例如，建设高速公路项目、建设电厂项目、建设房地产项目，专门设立一家项目公司，由这个项目公司来进行借款。

（2）借款人通常是为建设、经营该项目或为该项目融资而专门组建的企事业法人，包括主要从事该项目建设、经营或融资的既有企事业法人，多是具有政府背景的工程指挥部、中心等。

（3）还款资金来源主要依赖于该项目产生的销售收入、补贴收入或其他收入，不具备其他还款来源。

2. 借款主体分类

借款主体根据还款资金来源的侧重不同，分为既有经营法人和新设项目法人两种类型。

既有经营法人是指除了本次投资的固定资产项目，还有其他资产和项目的企事业法人。该类借款人的还款来源除新建项目自身产生的各项收入外，通常还包括其他已有经营活动产生的综合收入。

新设项目法人是指为建设、经营该项目或为该项目融资而专门组建的企事业法人，包括主要从事该项目建设、经营或融资的既有企事业法人。该类借款人的还款来源主要依赖于该项目的各项收入，不具有其他还款来源。

特殊情况下，该类借款人还包括只负责项期运作或项目建设，项目竣工验收后移交给实体公司经营的组织，如工程指挥部、基建办、项期办等，其通常编制基建报表，实际还款来源主要依赖于后续成立的法人实体的经营收入或政府的财政专项补贴、拨款等。

3. 借款主体分析

借款主体分析主要包括合法合规分析和综合实力评价两个方面。

借款主体的合法性方面，借款人必须是依法经工商行政管理机关或主管机关核准登记的企事业法人，外商投资企业还需具有外商投资企业批准证书；因特殊需要成立的、不具有法人资质的组织，应取得相关有权人同意其向银行申请借款的授权文件或国家规定其可以作为借款人的依据。

借款人为新设项目法人的，应着重分析其控股股东背景，重点分析控股股东是否符合国家对拟投资项目的投资主体资格和经营资质要求，分析其行业地位、资金实力、经营管理能力、出资情况、资信状况、从业经验等关键因素是否能够保证项目成功建设运营。

分析借款人是否具有规范的治理结构和组织管理架构，包括章程的制定、首次股东大会的召开和股东出资的计划等。对于因特殊情况成立的前期项目主体，还需分析后续成立经营法人的计划和未来对拟投资项目转让、转移行为的可行性和合法合规性。

借款主体的综合实力评价方面，应从行业、技术、市场、财务等方面着重分析和评价借款人实施该项目所具备的优劣势。

4. 风险要点

（1）合规性分析。其包括借款主体准入条件的审查、投资项目的合规性审查及外部监管要求等内容。审查时须注意文件批复的齐全性和有效性，包括批复的受体与借款主体、项目承建主体是否一致，借款主体与项目现金流所有者是否一致，批复是否在有效期内，批复主体是否为有权机构等。分析判断本项目是否存在合规性风险。

（2）可行性分析。其包括建设条件分析、资金筹措分析、项目产品的市场分析及财务分析。

①建设条件分析主要是针对基础设施、设备、上下游及完工的可行性分析。

基础设施。分析建设用地及水电气供应是否落实；交通及其他配套设施适应情况如何；工艺技术是否成熟、可靠；项目采用的工艺技术是否需经专业部门论证，论证结论是否可信。如果是新产品，还需审查新产品的试制、试验及论证情况。

设备。审查并分析主要生产设备的来源，设备的先进程度、成熟度、适用性和经济性，项目关键设备的研制或引进情况，借款人有无技术力量掌握、使用和维护该技术设备。

上下游。分析项目建成后生产所需的上游原材料、能源是否有长期稳定的来源及下游产品的销售是否有明确的目标市场。

完工。审查是否有完工担保措施，如要求借款人或项目建设相关方落实签订总承包合同、投保商业保险、建立完工保证金、提供完工担保和履约保函等。

②资金筹措分析主要是对项目的投资总概算及主要构成、项目资本金来源的计划、项目资本金落实情况及可获得性借入资本金的落实情况进行分析。

项目的投资总概算及主要构成。分析可行性研究报告中投资总概算计算的主要依据、假设，判断总投资及其主要构成的合理性。审查项目批复、核准或备案后，投资总概算是否有过变更或调整，变更或调整是否履行了相关的手续。

项目资本金来源的计划。分析项目资本金比例是否符合外部合规性要求。项目资本金是指在投资项目总投资中由投资者认缴的出资额，对投资项目来说是非债务性资金，借款主体不承担这部分资金的任何利息和债务；投资者可按其出资的比例依法享有所有者权益，也可转让其出资，但不得以任何方式抽回。

项目资本金落实情况及可获得性。核实借款人或其股东的有权机构同意其投资本项目的文件，分析借款人或其股东已到位资本金的真实性以及未到位资本金到位的可靠性。

借入资金的落实情况。分析项目需要借入的资金总量和期限，他行的贷款审批进展情况，股东、关联企业、其他企业的借款金额及预计归还时间，借款人是否存在通过非正常渠道取得大额、高息款项的情况。如为银团贷款，分析牵头行的份额以及是否承诺包销。

分析已完成投资的资金来源情况和实际形象进度，结合项目建设计划分析资金投入进度和形象进度的合理性，并进一步测算项目实际资金缺口。

③项目产品的市场分析主要分析项目所属行业的国家产业政策、发展建设规划和市场准入标准，判断是否属于行业发展所支持的项目。从总生产能力、消费构成及需求情况，包括生产量、消费量、库存量、进口量、出口量、供需缺口等方面分析项目产品的国内市场供需现状。分析项目完成后借款人的行业地位及行业排序的预期情况。在规模、市场占有率、价格、成本、管理水平等方面与主要竞争对手进行比较分析。分析本项目产

品替代产品的发展情况及趋势。分析项目产品的上下游供求情况及变化趋势。对于项目建成后即移交或转让的，重点分析申请人与项目受让方之间的协议以及受让方的资金实力。

④财务评价主要分析可行性研究报告中项目的主要财务指标在计算过程中的依据、假设是否合理，如财务价格、税费、利率、费率、项目计算期、生产负荷和财务基准收益率的选取等，判断项目主要财务评价指标结果的可靠性。分析项目正常生产年份新增销售收入、财务内部收益率、财务净现值、静态投资回收期、投资利润率、销售利润率、贷款偿还期[①]、偿债备付率等财务评价指标，综合判断项目的经济效益和财务可行性。分析敏感性分析结果，找到影响项目效益的主要因素，进一步判断在相关因素变动的情况下本项目的经济效益和还款能力。分析盈亏平衡分析结果，判断项目适应市场变化的能力和抗风险能力。对于自身产生的销售收入和现金流较少、主要依靠各类补贴资金还款的项目，上述分析评价可适当简化。

5. 偿债能力分析

（1）偿债资金来源。项目的偿债资金来源必须明确、合法。其主要包括项目自身产生的还款资金、各类补贴资金和可用于偿债的其他资金。

项目自身产生的还款资金主要包括项目投产后的税后净利润、项目投产后相关资产形成的折旧和摊销。分析时可主要根据可行性研究报告中的相关内容，对项目投产后形成的各项收入和发生的各项成本费用进行合理的预测和测算。税后净利润是指项目形成的各项收入（剔除各类补贴）减去发生的各项成本费用和按照规定缴纳的所得税后所留存下来的部分。折旧是指项目形成的固定资产提取的折旧成本。摊销是指项目形成的无形资产的摊销费用。

各类补贴资金主要包括税收返还、专项资金、专项补助、返还的土地拍卖收入等。需逐项审查借款人可取得各类补贴资金的制度或文件依据，结合历史资料分析各类补贴资金到位的可靠性。对于地方财政专项拨款，

---

①　贷款偿还期指标旨在计算最大的偿还能力，适用于尽快还款的项目，不适用于已约定贷款偿还期限的项目。对于已约定贷款偿还期限的项目，应采用利息备付率和偿债备付率指标分析项目的偿债能力。

还要全面了解地方财政的收支情况，从负债率、债务率和偿债率三项指标入手，深入分析其拨付专项偿债资金的能力。税收返还是指因借款人投资经营本项目，政府按照国家有关规定采取先征后返（退）、即征即退等办法向其返还的税款，属于以税收优惠形式给予的一种政府补助。专项资金是指因借款人投资经营本项目，财政部门或上级单位拨给其用于完成本项目并需要单独报账结算的资金。专项补助是指借款人因投资经营本项目获得的中央或上级政府除税收返还以外的资金补助。返还的土地拍卖收入是指借款人因投资经营本项目获得的财政返还的相关土地的拍卖款项。

借款人可用于偿债的其他资金主要包括借款人现有经营产生的还款资金、接受的捐赠、获得的增资等。借款人现有经营产生的还款资金只针对既有经营法人，测算时要以借款人以往的实际经营情况为基础，以经营可实现的净利润、折旧、摊销之和扣减其中有指定用途的部分而得出结果。

可根据具体项目的不同情况有侧重地分析还款资金来源。如对于既有经营法人，应全面分析项目自身产生的还款资金、各类补贴资金和借款人可用于偿债的其他资金；对于项目法人，重点分析项目自身产生的还款资金和各类补贴资金；对于主要依靠各类补贴资金还款的项目，重点分析项目可取得的各类补贴资金。

偿债资金来源需减去项目在建成运营后支出的投资，包括延后支付的工程款、铺底流动资金、滚动投资款以及投资所形成固定资产的大修理费用等。

（2）偿债能力分析。分析借款人需要偿还的项目长期负债，主要包括贷款期内到期的银行贷款、其他金融机构贷款、股东及关联企业的长期债权、为建设项目发行的债券、其他长期负债等。

在分析过程中，还要关注和考虑借款人的部分短期债务用于项目建设、被长期占用的情况，如短期借款，尤其是对于新建项目法人，以及以长期债务用于日常生产经营周转、被短期占用的情况，如中长期贷款。

根据项目的各项偿债资金来源和需要偿还的项目长期负债情况，编制银行贷款期内的借款人项目长期负债偿还能力预测表，分析项目的偿债能力是否充分、可靠。

三、资金专户管理

根据项目的实际运作情况，应对借款人可用于偿债的资金流入还款专户的量或比例等提出管理要求。

> 有稳定经营性现金流的项目，应要求申请人按月（季度）将相当于折旧、摊销的部分以及部分或全部利润转入还款专户；
>
> 缺乏稳定经营性现金流、主要依靠大额资金还款的项目，如土地出让款返还、财政专项拨款、税收集中返还等项目，应要求拨款人将还款资金直接拨入申请人开立在银行的还款专户。

1. 担保分析

（1）担保的有效性、可靠性和可实现性。

银行认可的担保包括股东担保、项目资产和项目预期收益等设定的抵（质）押担保以及第三方法人或资产的担保等。

可采取阶段性担保加项目在建工程抵押、项目收益权质押，或股东全程连带责任保证加未来项目资产及权益的抵（质）押等形式。

（2）股东担保。其包括项目股东将所持有的借款人股权为贷款设定质押担保或为贷款提供连带责任保证担保。

（3）在建工程抵押。设定在建工程抵押担保时，应重点关注对在建工程的持续投入形成的资产是否纳入了抵押资产，以及在项目实施过程中是否存在完工风险，如发生建设资金出现较大缺口或自有资金不能完全按计划到位、成本大幅超计划增加、借款主体人员变动较大或项目规划变动较大等情况。

（4）项目收益权质押。设定项目收益权质押担保时，应重点关注收益权的评估价值的真实性，可实现性和可靠性，包括收益权控制的主体、流程、实现路径、控制措施以及政策的敏感性等。

2. 授信方案设计思路

授信方案需要综合分析借款人的情况、项目的优劣势、项目的偿债能力、第二还款来源等，以确定合理、完整的授信方案。授信方案包括授信金额、担保、定价、贷款期限、还款计划、授信前提条件、授信管理要求、综合回报诉求等。授信方案八要素见图 7-1。

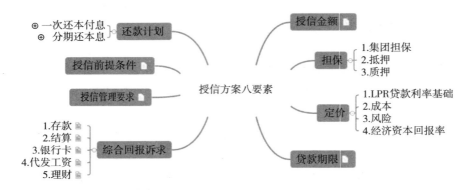

图 7-1 授信方案八要素

（1）授信金额。授信金额应根据固定资产投资的资金需求和资本金比例要求，结合借款人现有融资水平、经营活动现金流量、盈利能力、发展前景、银行授信占比等因素合理确定。对存在总投资估算不实导致虚增信用需求、信贷风险较大需要追加项目资本金或其他自筹资金等情况的，应当在审查核实的基础上相应调减信贷额度。

（2）担保。要求借款人说服股东提供强担保，并将项目形成的资产抵押给银行。

（3）定价。定价应在 LPR 贷款利率的基础上，根据银行利率定价政策和市场竞争状况，综合考虑各项成本、风险和经济资本回报率等因素合理确定。

（4）贷款期限。贷款期限应根据借款人综合偿债能力、经营稳定性及投资回收期等因素，结合借款人的申请和银行信贷政策等，确定合理的期限。

（5）分期还款。按照监管机构的要求，银行中长期固定资产贷款须采取分期还款方式，在必要宽限期后至少每半年还本一次，在确定分期还款间隔期和还款金额时应考虑与借款人当期的经营现金流相匹配。

（6）授信前提条件。项目资本金先于银行贷款资金全部到位和投入，至少不低于贷款到位和投入比例。项目建设进度按计划正常进行，银行贷款资金按项目进度正常提款。对于风险较大的项目，可视情况要求提高项目资本金比例。

需要申请使用土地的项目必须依法取得用地批准手续，并已经签订国有土地有偿使用合同或取得国有土地划拨决定书。其中，工业、商业、旅游、娱乐和商品住宅等经营性投资项目应当依法以招标、拍卖或挂牌出让方式取得土地。

建筑工程开工前，建设单位应依照建筑法的有关规定，取得施工许可证或者批准开工报告，并采取保证建设项目工程质量安全的具体措施。

（7）授信管理要求。借款人或项目建设相关方落实签订总承包合同、投保商业保险、建立完工保证金、提供完工担保和履约保函等。

项目实际投资超过原定投资预算金额时，借款人或其股东要及时追加超额部分的全部或部分资本金投入；如追加贷款，贷款的担保条件不低于已发放贷款的担保条件。

借款人在银行设立还款专户。有稳定经营收入的项目，要求申请人按月（季度）将相当于折旧、摊销的部分以及部分或全部利润转入还款专户；主要依靠财政拨款（含转让、出让土地使用权后收到的款项）还款的项目，应要求拨款人将还款资金直接拨入申请人开立在银行的还款专户。

借款人生产经营或财务指标发生不利于贷款安全的变化时，银行有权宣布贷款提前到期。

贷款期内，未经银行同意，借款人不得进行分红或分红不得超过净利润的一定比例，不得出售主要固定资产，不得为第三方提供债务担保或将提供的债务金额控制在一定金额内，不得向其他债权人抵押资产等。

项目涉及多个股东的，要求其中对项目的经营具有重要影响的股东承诺在贷款全部偿还前不转让股份。

项目涉及股东借款的，可要求股东出具合法的法律文件，承诺在贷款本息清偿完毕前不计息、不收回；或要求借款人与债权股东协商，将债务性资金转变为投资性资金，并办理相应的法律确认手续和进行必要的账务处理。

（8）综合回报诉求。要求借款人在银行办理代发工资、网银结算等，提升银行综合回报。

四、附件文本

【附件1】

固定资产贷款风险要点

项目		审查要点	审查通过（打√）	对存在的问题简要描述
借款主体准入条件		国家对拟投资项目有投资主体资格和经营资质要求的，符合其要求		
		借款人为新设项目法人的，其控股股东有良好的信用状况，无重大不良记录		
		地方政府融资平台公司自身具有稳定经营性现金流或可靠的偿债资金来源		
投资项目	产业政策	《产业结构调整指导目录（2013 年本），（修正）》或《外商投资产业指导目录》中的鼓励类、允许类项目		
	产业发展建设规划	符合国家机关有关文件对产业发展的建设规划		
	产业土地供应政策	非《限制用地项目目录（2012 年本）》《禁止用地项目目录（2012 年本）》中的项目		
	行业准入	符合国家机关在有关文件中对行业准入的具体规定，如《钢铁产业发展政策》《关于促进大豆加工业健康发展的指导意见》《铜冶炼行业准入条件》《电解金属锰企业行业准入条件》等		

续表

项目		审查要点	审查通过（打√）	对存在的问题简要描述
投资项目	项目审批核准或备案	实行审批制的投资项目，已经取得项目审批机关对立项或可行性研究报告的批复；实行核准制的投资项目，已经取得项目核准机关同意核准的文件；实行备案制的投资项目，已经取得项目备案机关予以备案的答复		
		项目审批、核准或备案机关为本项目有权审批、核准或备案机关		
		批复、核准或备案文件在有效期内		
	项目选址及布局	取得城乡规划行政主管部门批复的规划选址文件		
	土地预审	取得有权部门出具的建设项目用地预审文件		
		预审文件在有效期（2年）内		
	环境影响评价	对环境有影响的项目，取得环境保护行政主管部门出具的环境影响评价文件		
		出具文件的环境保护行政主管部门对本项目有审批权		
	其他	符合国家法律法规及需由有权部门批准的其他相关要求，如岸线使用、安全生产、采矿权等		
外部监管要求		在新的固定资产建设项目核准目录出台之前，除国家发改委组织认证和核准的新上项目外，不得向钢铁、水泥、平板玻璃、煤化工、多晶硅、风电设备、造船七大产能过剩行业的任何新建项目发放贷款		
		严禁向达不到监管部门规定的资本金比例要求的项目发放固定资产贷款		
		禁止向项目发起人或股东发放项目资本金搭桥贷款；禁止在借款人取得项目核准手续前，以提供项期贷款及搭桥贷款的名义直接或变相向项目业主、项目发起人以及股东发放贷款用于固定资产建设		
		向地方政府融资平台公司发放贷款要直接对应项目		
		严禁发放打捆贷款		

【附件2】

项目长期负债偿还能力预测表 单位：万元

序号	项目		期初	第一年	第二年	第三年	……	合计
1	当年资金来源（合计）							
1.1	投资资金来源	自筹资金						
		银行贷款						
		其他金融机构贷款						
		其他						
1.2	项目自身产生的还款资金	未分配利润						
		折旧						
		摊销						
1.3	各类补贴资金	税收返还						
		专项资金						
		专项补助						
		土地出让款返还						
		其他补贴						
1.4	其他可用于偿债的资金	现有经营产生的还款资金						
		增资						
		其他						
2	投资资金支出（合计）							
2.1	固定资产投资	土地及前期费用						
		工程及设备费用						
		其他费用						
2.2	铺底流动资金投资							
3	运营期的大修和滚动投资支出（合计）							
3.1	固定资产投资							
3.2	铺底流动资金投资							
4	当年计划还款额（合计）							
4.1	银行贷款							
4.2	其他金融机构贷款							
4.3	股东及关联企业款项							
4.4	长期债券							
4.5	其他							
5	当年还款资金结余							
6	累积还款资金结余							

【附件3】

固定资产贷款授信审查报告模板

合规性审查	对合规性审查结果进行说明 （1）通过合规性审查的，应按如下格式进行表述："本人已按规定对本项目进行了合规性审查，经审查，本项目在资料、产品、担保合规性方面符合相关规定，合规性方面符合本行相关规定。" （2）如果合规性方面存在问题，可按如下格式进行表述："本人已按规定对本项目进行了合规性审查，经审查，本项目在资料、产品、担保合规性方面存在如下问题：……"
借款人在银行历史授信及本次申请授信情况	1. 历史授信情况 （1）明确授信类型。说明申请人在银行的该笔授信属于首次授信、叙做授信、追加授信、展期、贷新还旧、重组、额度重启或复议中的哪一类。 （2）叙做业务需说明的内容。 ①说明申请人在银行授信沿革情况，重点分析最近一次授信批复情况（至少应包括批复时间、终审机构、授信额度、授信敞口、业务品种、期限、用途、利费率、保证金、担保方式、授信前提条件、授信要求）、当前授信余额、未使用授信额度、债项评级状况。 ②简要评价通过授信后检查报告、平行作业、授信回访等渠道了解的存量授信执行情况和客户风险状况，说明是否为银行的低质量和特别关注客户。 ③对集团客户授信，应判断集团客户的认定是否合理，说明已核定的集团客户授信限额和可用限额，各成员单位的授信品种、额度及余额。 ④对贷新还旧、展期、重组类授信，应说明本次授信的原因。 （3）复议项目需说明的内容。说明上次授信批复的时间、内容及复议原因，如果上次批复为否决项目，应说明否决理由。 2. 本次申请授信情况 （1）授信用途。 ①本次授信项下固定资产投资项目的名称和授信的实际用途是什么。 ②需要银行相关部门出具专业审查意见或业务方案批复的，应简要介绍专业意见或业务方案的主要内容，注明有权批复机构和批复编号。 （2）授信额度与期限。描述本次授信申请的额度与授信期限。

	类型	分析借款人的类型是属于已有经营法人，还是新建项目法人。
借款主体分析	合法合规性和实力分析	1. 分析借款人成立的合法性 是否依法经工商行政管理机关或主管机关核准登记；外商投资企业是否具有外商投资企业批准证书；因特殊需要成立的、不具有法人资质的组织，是否取得相关有权人同意其向银行申请借款的授权文件或国家规定其可以作为借款人的依据。 2. 分析新建项目法人的控股股东背景 重点分析其是否符合国家对拟投资项目的投资主体资格和经营资质要求，分析其行业地位、资金实力、经营管理能力、出资情况、资信状况、从业经验等关键因素是否能够保证项目成功建设运营。 3. 分析借款人的治理结构和组织管理架构 分析借款人是否具有规范的治理结构和组织管理架构包括章程的制定、首次股东大会的召开、股东出资的计划等。对于因特殊情况成立的前期项目主体，还需分析后续成立经营法人的计划和未来对拟投资项目转让、转移行为的可行性和合法合规性。 4. 借款主体的实力 从行业、技术、市场、财务等方面分析借款人实施本项目所具备的优势。 5. 相关信息查询情况 （1）穆迪查询。申请人及其母公司、下属子公司和担保人如为国内外上市公司的，应进行信息查询，列示查询结果，并对指标和变化趋势作出风险分析和判断。 （2）风险警示客户、预警客户和其他特殊客户。列示生效的预警信息，对于有定性预警信息的客户和风险警示名单客户，应说明风险预警委员会的相关纪要内容；对于低质量客户，说明低质量客户压缩方案的主要内容；对于特别关注客户，应说明特别关注客户授信调整方案的主要内容等。 （3）人民银行个人征信系统查询。列示查询结果，对查询异常的事项作出分析和判断。
项目分析	合规性分析	1. 是否符合国家产业政策、发展建设规划、土地供应政策和市场准入标准。 2. 是否完成了审批、核准或备案手续。批复、核准或备案文件是否在有效期内，项目审批、核准或备案机关是否为本项目有权审批、核准或备案机关。 3. 规划区内的项目是否取得了城乡规划行政主管部门批复的规划选址文件。 4. 需要申请使用土地的项目是否取得了有权部门出具的建设项目用地预审文件且文件在有效期内。 5. 对环境有影响的项目，是否取得了对本项目有环境影响评价审批权的环境保护行政主管部门出具的环境影响评价文件。

续表

项目分析	合规性分析	6. 是否符合监管部门规定的资本金比例。 7. 是否为向项目发起人或股东发放的项目资本金搭桥贷款；是否为在借款人取得项目核准手续前，以提供项期贷款及搭桥贷款的名义直接或变相向项目业主、项目发起人以及股东发放的用于固定资产建设的贷款。 8. 是否为打捆贷款。 9. 是否符合国家法律法规及需由有权部门批准的其他相关要求，如岸线使用、安全生产、采矿权等。 10. 对上述合规性分析进行小结，判断本项目是否存在合规性风险。
	建设条件分析	1. 项目建设条件用地及水电气供应是否落实，交通及其他配套设施适应情况如何。 2. 工艺技术是否成熟、可靠项目采用的工艺技术是否需经专业部门论证，论证结论是否可信。如果是新产品，还需审查新产品的试制、试验及论证情况。 3. 主要生产设备来源及设备先进程度，项目关键设备的研制或引进情况。 4. 项目建成后生产所需的上游原材料、能源是否有长期稳定的来源以及下游产品的销售是否有明确的目标市场。 5. 是否有完工担保措施，如要求借款人或项目建设相关方落实签订总承包合同、投保商业保险、建立完工保证金、提供完工担保和履约保函等。
	筹资能力分析	1. 项目的总投资及主要构成 可行性研究报告中总投资额计算的主要依据和假设是否合理，是否与实际情况相符，判断总投资及其主要构成的合理性。 2. 项目资金来源的计划 分析项目资本金比例是否符合监管机构要求。 3. 项目资本金落实情况及可获得性 核实借款人或其股东的有权机构同意其投资本项目的文件，分析借款人或其股东已到位资本金的真实性以及未到位资本金到位的可靠性。 4. 借入资金的落实情况分析项目需要借入的资金总量和期限，他行的贷款审批进展情况，股东、关联企业、其他企业的借入款项金额及预计归还时间，借款人是否存在通过非正常渠道取得大额、高息款项的情况；分析银团贷款牵头行的份额以及是否承诺包销。 5. 分析已完成投资的资金来源情况和实际形象进度，结合项目建设计划分析资金投入进度和形象进度的合理性，并进一步测算项目实际资金缺口。

项目分析	市场竞争能力分析	1. 分析项目所属行业的国家产业政策、发展建设规划和市场准入标准，判断是否属于行业发展所支持的项目。 2. 项目产品的国内市场及目标市场供需现状 从总生产能力、消费构成及需求情况，包括生产量、消费量、库存量、进口量、出口量、供需缺口等方面进行分析。分析项目完成后借款人的行业地位及行业排序的预期情况。 3. 项目产品的国际市场供需现状 从总生产能力、消费构成及需求情况方面进行分析。 4. 从规模、市场占有率、价格、成本、管理水平等方面与主要竞争对手进行比较分析。 5. 本项目产品如存在替代产品，分析替代产品的发展情况及趋势。 6. 分析项目产品的上下游供求情况及变化趋势，判断项目产品所处行业在产业链中的地位（强势、正常、弱势）。 7. 对于项目建成后即移交或转让的，重点分析借款人与项目受让方之间的协议以及受让方资金实力。 8. 专家意见对于重大项目或疑难项目等，引述外部专家对行业和客户评价的主要内容。
	财务评价	1. 填写项目主要财务指标状况表。 表格如下： 2. 根据表中数据，分析项目的财务可行性以及影响项目财务可行性的关键因素。 3. 如上表中数据为应用可行性研究报告中的数据，需对可行性研究报告中数据计算过程中的依据、假设进行分析，判断数据结果是否合理。 4. 对于自身产生的销售收入和现金流较少、主要依靠各类补贴资金还款的项目，上述的分析评价可适当简化。
	优劣势分析	从合规性、建设条件、资金筹措、市场分析、财务评价、行业专家意见（如有）等方面总结本次投资项目的优势和劣势，判断项目的可行性。

财务评价表格：

基本指标	正常情况	产品销售价格变化	总投资变化	主要原材料价格变化
正常年份新增销售收入				
内部收益率				
净现值				
静态回收期				

偿债能力分析	1. 根据可研报告及调查审查中获取的相关信息，编制项目长期负债还款预测表，说明、计算和分析表中的项目数据，明确还款计划。 （1）项目自身产生的还款资金主要包括项目投产后的税后净利润、项目投产后相关资产形成的折旧和摊销。 ①税后净利润是指项目形成的各项收入（剔除各类补贴）减去发生的各项成本费用和按照规定缴纳的所得税后所留存下来的部分。可根据可行性研究报告中的相关内容，进行合理的预测和测算。 ②折旧指项目形成的固定资产提取的折旧成本。 ③摊销指项目形成的无形资产的摊销费用。 （2）各类补贴资金主要包括税收返还、专项资金、专项补助、返还的土地拍卖收入等。 ①税收返还是指因借款人投资经营本项目，政府按照国家有关规定采取先征后返（退）、即征即退等办法向其返还的税款，属于以税收优惠形式给予的一种政府补助。 ②专项资金是指因借款人投资经营本项目，财政部门或上级单位拨给其用于完成本项目并需要单独报账结算的资金。按其形成来源主要可分为专用基金、专用拨款和专项借款三类。 ③专项补助是指借款人因投资经营本项目获得的中央或上级政府除税收返还外的资金补助。 ④返还的土地拍卖收入是指借款人因投资经营本项目获得的财政返还的相关土地的拍卖款项。 （3）借款人可用于偿债的其他资金主要包括借款人现有经营取得的还款资金、接受的捐赠、获得的增资等。借款人现有经营取得的还款资金只针对已有经营法人，测算时要以借款人以往的实际经营情况为基础，以经营可实现的净利润、折旧、摊销之和扣减其中有指定用途的部分而得出结果。增资来源要按照前述项目分析—筹资能力分析的第三部分即项目资本金落实情况及可获得性中的要求进行分析。 （4）自筹固定资产投资和自筹流动资金是指本项目全部或部分投产后，借款人取得的资金中用于滚动投入的项目资本金部分，包括用于固定资产建设的资金和铺底流动资金。 2. 分析项目的偿债能力是否充分、可靠。 3. 落实还款专户。根据项目的情况，对借款人可用于偿债的资金流入还款专户的量或比例等提出管理要求。有稳定收入的项目，应要求借款人按月（季度）将相当于折旧、摊销的部分以及部分或全部利润转入还款专户；主要依靠集中资金还款的项目，如土地出让款返还、财政专项拨款、税收集中返还等，应要求拨款人将还款资金直接拨入借款人开立在银行的还款专户。 4. 需要分析或说明的其他问题。

续表

担保	1. 重点分析担保的有效性、可靠性和可实现性。 2. 分析项目的资产、项目的预期收益或项目股东所持有的借款人股权等是否为贷款设定了担保。 3. 设定在建工程抵押担保时，应重点关注对在建工程的持续投入形成的资产是否纳入了抵押资产，在项目实施过程中是否存在完工风险，如建设资金出现较大缺口或自有资金不能完全按计划到位、成本大幅超计划增加、借款主体人员变动较大或项目规划变动较大等情况。 4. 设定项目收益权质押担保时，应重点关注收益权的可实现性和可靠性，包括收益权控制的主体、流程、实现路径、控制措施及政策的敏感性等。 5. 视情况对贷款的担保物（人、权利）提出排他性担保要求。 6. 区别不同的担保形式，参照"三个办法，一个指引"的要求进行具体审查和分析。 7. 对本次授信的担保条件进行总体评价。
对调查报告的评价	1. 上报材料是否齐全、完整、信息充分、前后一致，系统和书面材料之间是否一致，分析意见是否充分、全面和基本合理。 2. 审查员将审查中需要重点解释说明的问题以书面形式向经办机构沟通落实，并简要说明过程和结果；对经反馈仍不能达到相关要求的授信项目，审查人员应作出说明。 3. 风险经理须进行平行作业，并说明平行作业情况。
授信的总体评价	1. 银行对该客户的政策导向。明确是否为行业投向政策例外客户，说明政策例外的原因，并判断是否符合政策例外的准入标准。 2. 需由其他部门出具专业意见的，引述专业意见的主要内容。 3. 综合归纳本次授信的优势和风险点。 对本次授信的风险是否可控，以及收益与风险能否平衡作出明确的判断，总结得出客观公正的审查结论。其中，对审查否决的项目，全面总结否决原因（包括在财务、经营、项目情况、第二还款来源等部分已经揭示的风险），并逐条列示；对审查同意的项目，全面总结同意的原因（包括在借款主体、项目情况、偿债能力、担保等部分已经说明的原因），并逐条列示；对审查同意的项目，揭示其存在的主要风险隐患，提出一项或多项具体有效的防范、控制措施。需要缩减额度或者增加授信条件的，应说明主要理由。 其主要措施包括以下几方面： （1）项目资本金到位比例不低于贷款资金到位比例。对于风险较大的项目，可视情况要求项目资本金先于贷款投入使用、提高项目资本金比例等，待条件满足后方能放款。 （2）借款人或项目建设相关方落实签订总承包合同、投保商业保险、建立完工保证金、提供完工担保和履约保函等。

续表

授信的总体评价	（3）项目实际投资超过原定投资预算金额时，借款人或其股东要及时追加超额部分的全部或部分资本金投入，如追加贷款，贷款的担保条件不低于已发放贷款的担保条件。 （4）借款人在银行设立还款专户。有稳定经营收入的项目，要求借款人按月（季度）将相当于折旧、摊销的部分及部分或全部利润转入还款专户。 （5）主要依靠财政拨款（含转让、出让土地使用权后收到的款项）还款的项目，要求拨款人将还款资金直接拨入借款人开立在银行的还款专户。 （6）借款人生产经营或财务指标发生不利于贷款安全的变化时，银行有权宣布贷款提前到期。 （7）贷款期内，未经银行同意，借款人不得进行分红或分红不得超过净利润的一定比例，不得出售主要固定资产，不得为第三方提供债务担保或将提供的债务金额控制在一定金额内，不得向其他债权人或授信人抵押资产等。 （8）其他为防范银行贷款风险所应采取的必要措施或要求。

第八章　经营性物业抵押贷款风险要点及方案设计

经营性物业是指已竣工验收并投放商业运营、经营管理规范、现金流量充裕、合法租赁且综合收益较好的商业营业用房和办公用房，包括商场、商品交易市场、写字楼、星级宾馆酒店、综合商业设施等物业形式。

经营性物业抵押贷款是指银行向具有合法承贷主体资格的经营性物业所有权人发放的，以其所拥有的物业作为贷款抵押物，并以该物业的经营收入进行还本付息的贷款。

一、基本规定

对经营性物业涉及的具体物业形态（商场、商品交易市场、写字楼、星级宾馆酒店、综合商业设施等）进行简要的分析，包括但不限于物业分类、物业运行特征概述、影响物业运行的因素分析、区域市场的供给与需求、物业周边邻近竞争者比较（商场及商品交易市场重点比较每平方米销售额，写字楼重点比较租赁价格与出租率，星级宾馆酒店重点比较入住率与价格，综合商业设施及其他物业形态参照商场、写字楼、星级宾馆的比较指标）、物业未来发展前景预测等。应当多关注知名物业，如万达地产、富力开发的物业地产、碧桂园、金茂开发的酒店地产、世贸地产、龙湖地产开发的商业地产等。

【客户经理思考要点】

1. 项目每年产生的租金有多少？

2. 项目拿到产权证了吗？

3. 项目可以办理抵押吗？

4. 项目可以要求承租人指定支付租金账户吗？

5. 在贷款期限内，产生的租金足以覆盖贷款本息吗？

二、授信申请人分析

1. 授信申请人基本情况分析

（1）对申请人的股权结构、股东背景和关联企业等情况进行分析。对于股东背景的分析应追溯至申请人的实际控制人，如实际控制人为自然人，应通过人民银行个人信用信息基础数据库查询实际控制人的信用信息。对于股权结构复杂、关联企业众多、资本运作频繁、企业或其实际控制人存在重大不良记录的申请人，应予以特别关注并谨慎对待。

（2）对申请人的规模、整体实力、行业和区域地位、竞争优势等情况进行简要分析。

（3）对申请人的管理能力进行分析，包括管理者素质及资历、管理团队的结构及稳定性、管理团队的行业经验、内部管理制度的完善性、公司治理的有效性、实际控制人对申贷项目的管理和控制能力等。若委托专业的管理公司经营物业，还应当简明分析受托人的股权结构、经营管理能力、经营案例及在行业中的地位等。对世界知名酒店管理公司的经营情况和发展思路等予以分析，结合其区域布局的思路等分析银行贷款的可行性和未来的经营稳定性。

（4）对申请人及其关联企业的银行资信和商业资信进行分析，判断申请人及其关联企业的股权融资、债权融资和商业融资能力，包括：申请人及其关联企业在银行的授信金额、授信条件、还本付息记录；他行的授信金额、授信条件、还本付息记录，以及他行的授信态度；申请人及其关联企业是否为逃废债企业、有无偷漏税情况、有无被媒体披露不正常/不规范的经营活动；申请人或其关联企业是否为上市公司。

（5）对申请人及其关联企业的相关重大事项进行分析，包括近期有无受到重大奖励或处罚，近期有无重大重组或主业改变，有无不正常、价格明显有失公允的关联交易行为，近期有无法律诉讼，近期有无重大投融资行为等事项。

2. 授信申请人财务情况分析

（1）应重点通过对财务报表的分析来佐证贷款用途的真实性及还款来源的可靠性、充足性。

（2）分析申请人存货、固定资产等资产类科目，审查拟抵押物业的账面原值及净值情况并与评估价值比较，分析评估价值是否超过自建或购置成本、超过的倍数，审核抵押物业价值。

（3）贷款用途为归还股东借款的，要比较拟归还股东借款的金额与资产负债表中其他应付款项、长期应付款等应付款项金额的大小。若归还股东借款金额大于应付款项金额，要进一步核实分析股东借款的真实性。金额大体一致或归还股东借款金额小于应付款项金额的，进一步查阅连续年度的财务报表中应付款项形成的时间，看其是否与股东借款的形成时间一致。

贷款用途为置换他行贷款的，首先要在人民银行征信系统中查询申请人的贷款余额、期限和条件，与拟置换的贷款情况进行印证，并且核实财务报表—资产负债表中的长短期借款的金额大小与拟置换他行借款的金额是否一致，查阅连续年度的财务报表中长短期借款的形成时间，看其是否与申请人的经营情况相适应。

贷款用途为装修物业的，通过查看以前年度的长期待摊费用的金额大小、摊销年限，了解其具体内容，侧面佐证装修用途的真实性及金额的合理性。

（4）通过分析会计科目明细情况，重点关注应付账款科目中是否有应付未付的工程款项；应缴税金若连续年度增加，要分析有无欠税情况；若通过以上分析发现申请人存在欠缴工程款及税金情况，在计算抵押物价值时要扣除欠缴款项。

（5）了解申请人所属集团的经营管理模式和资金管理模式，分析申请人其他应收款科目，了解其内容和交易对手，关注申请人集团内部之间的资金往来，重点关注有无被大股东长期占用资金的情况。

分析长期股权投资科目，重点关注是否存在与申请人主业关联度较低的多元化经营、是否存在用银行借款进行股权投资的情况。

（6）分析申请人营业收入的构成，对比预测的现金流入是否与历史的营业收入构成相符，对于不符的情况要进行分析说明；分析有无营业收入异常变动的情况，若有，则要分析原因；分析经营活动现金流出项中大额支付的其他与经营活动有关的现金的具体内容，分析有无与经营活动无关的大额流出，若有，是否为授信申请人与其关联企业之间的往来交易。

三、物业分析

1. 物业基本情况分析

（1）通过审核物业的竣工验收证明、土地证及房产证等文件明确物业具备合法合规性文件。

（2）对申请人自建的物业，要关注审批手续是否完备，要分析物业建造时的总投资、项目资金来源及到位情况，关注设计施工、监理、验收单位的资质；对申请人购入的物业，还要审查购买合同及付款记录，分析购买价格是否合理，购置款项是否足额支付，并且关注物业历次转让的情况。

2. 物业经营情况分析

（1）物业为自营的，对其经营情况应进行以下几方面分析。

①了解申请人的经营模式、收入和支出构成及现金回流特点。可通过现场查看、与客户高管及基层工作人员沟通、分析报表及核实申请人日常经营水单、POS 机单据记录、发票、纳税证明、银行对账单等方式尽可能详尽地了解申请人产生现金流入的收入项以及产生现金流出的成本项。

②考虑物业合理的收入增长率及合理的成本增长因素，预测物业未来经营状况，编制贷款期内物业现金流量预测表。

分析预测所采纳的数据，应通过与周边物业进行比较，至少采用市场法核实数据的真实性、合理性，尤其要避免严重低估由物业产生的现金流出，严重高估由物业产生的现金流入。

预测的现金流入的结构和数额还要与以前年度营业收入及现金流入的结构和金额进行对比分析，若结构不符或金额差异过大，要做调整或进一步说明预测的合理性。

（2）物业为出租的，应对其经营情况进行以下几方面分析。

①审查承租方的经营与物业定位是否一致。

②审查申请人与承租人是否存在关联关系。若存在关联关系，应核实租金水平是否公允，防止申请人与承租人双方通过提高租金价格增大授信规模。

③审查租金的支付方式和支付记录，确认物业是否存在长期低价出租、申请人已经收取多年租金的情形，审查是否存在承租人将租金与出租

人对于承租人的其他债务进行了抵销的情形，通过比较周边地区类似物业的租金水平来判断物业租金水平是否合理。

④了解承租人租赁期限长短情况，看租赁期限是否短于贷款期限，分析承租人提前结束租赁或者租赁到期后继续租赁的可能性，了解申请人有无调整租金的计划、有无其他新的承租人进入。

⑤通过考察承租人资信、经营状况来判断承租人支付租金的能力和意愿，分析是否存在承租人经营状况或资信不佳、按期足额支付租金有困难或多次拖欠租金的情况。对于有上述情况的物业，银行不宜介入。

⑥审查租赁合同中是否存在损害银行利益的条款，特别注意承租人依法享有的承租权、优先购买权及其他权利对银行抵押权的限制和影响。

⑦了解申请人是否存在通过修改租赁合同，另行签订长期、低租金合同或以其他方式恶意对抗银行抵押权的情况，根据了解到的情况择机要求出租人和承租人持租赁合同到房管部门办理租赁登记备案手续。

⑧审查了解申请人、承租人是否能够与银行签订三方监管协议，承租人是否同意将租金直接支付至申请人在银行开立的监管账户。

⑨根据了解到的详细的物业出租情况，填写物业租赁明细表，并从行业运行趋势、区域发展前景、同业竞争情况、租户稳定性和消费者的消费习惯变化等方面分析预测物业在银行贷款期间内产生经营现金流的稳定性。

（3）物业委托第三方经营的，应通过查阅申请人与受托人签署的合同、协议等法律文本，了解委托经营的模式（如受托方是按照收入的一定比例提取费用，还是支付固定利润，超额部分按一定比例提取费用，或是股权分红等其他方式等），了解费用支出的承担分配方式（如物业管理费、物业基本维护费用、装修费用、促销费用等支出在各方之间的分配），重点分析物业收入从终端消费者到银行的支付路径，在授信方案的设计中须通过签订资金监管协议等方式有效控制现金流。

从第三方经营者的角度测算是否能够按照合同或协议的要求按时足额支付申请人相关费用，分析合同的违约条款，了解第三方经营者违约成本的高低。

审查申请人与第三方经营者是否有关联关系，如有关联关系，则重点分析申请人的收入是来自于股权分红收入还是租金收入、收取固定费用或其他方式，并且考虑不同的收入模式对申请人现金流的影响（尤其是税收方面的影响），防止申请人与第三方经营者通过关联交易转移资金，逃避监管。

四、授信方案设计思路

1. 授信用途分析

授信申请人向银行申请经营性物业抵押贷款时，银行要关注贷款用途的真实性、合法性。

判断贷款用途为归还他行贷款、股东借款及装修贷款的真实合理性。可要求提供股东借款时的银行入账单，核实股东借款的真实性；用途为满足物业经营期间维护、改造、装修、招商等资金需求的，可通过核查相关的合同或协议，进一步佐证授信申请人是否有真实的需求；了解合同价格，分析其价格是否公允合理，贷款额度是否与合同或协议总价匹配。

在这个环节，银行可以引导企业使用商业承兑汇票完成支付，同时，银行提供贷款封闭解付商业承兑汇票。

供应商是装修公司等实体客户的，可以通过商业承兑汇票换开银行承兑汇票的方式来制造存款，并实现银行信贷资金的封闭使用。

贷款用途为置换他行贷款的，比较抵押给他行时抵押物的评估价值与抵押给本行时的抵押物评估价值，判断申请人是否利用物业自然升值，不断更换贷款银行以扩大贷款额度；通过审查借款合同和还款记录等，判断之前他行经营性物业抵押贷款是否按规定用途使用，是否为正常合规贷款。银行贷款不得用于偿还银行存量不良贷款或违规贷款。为防止本行贷款被他行同类授信置换，应在贷款合同或协议中约定有关非正常还款的限制性条款。

2. 授信期限分析

根据测算的经营物业现金净流量判断贷款期限的合理性，贷款期限原则上不得超过 10 年，最长不得超过 12 年，且不得超过申请人法定经营期限和房地产权证的剩余使用年限。

3. 在对申请人基本情况及物业经营情况详细分析的基础上，收集汇总物业经营收入细项和支出细项需要收集汇总物业经营收入细项和支出细项见表8-1。

表8-1　　　　　　　　物业经营收入细项和支出细项

	商场	商品交易市场	写字楼	星级宾馆酒店
1	现金流入（合计）			
1.1	租金收入	租金收入	租金收入	房费收入
1.2	返点收入	进场费用	广告收入	餐饮收入
1.3	进场费用	广告收入	物业管理收入	综合娱乐
1.4	广告收入	公共水电费收入	其他收入	广告收入
1.5	公共水电费收入	物业管理收入		物业管理收入
1.6	物业管理收入	其他收入		其他收入
1.7	其他收入			
2	现金流出（合计）			
2.1	管理费用	管理费用	管理费用	客房成本
2.2	营业费用	营业费用	营业费用	餐饮成本
2.3	财务费用	财务费用	财务费用	管理费用
2.4	房产税	房产税	房产税	财务费用
2.5	营业税	营业税	营业税	房产税
2.6	地方附加税	地方附加税	地方附加税	营业税
2.7	大修基金	大修基金	大修基金	地方附加税
2.8	归还贷款本息支出	归还贷款本息支出	归还贷款本息支出	大修基金
2.9	其他支出	其他支出（营销费用等）	其他支出（营销费用等）	归还贷款本息支出
2.10				装修支出
2.11				其他支出（营销费用等）
3	净现金流量			
4	累计净现金流量			

综合商业设施及其他物业业态参照商场、商品交易市场、写字楼、星级宾馆酒店等测算现金流量。

4. 现金流量的测算依据物业经营方式的不同应分别有所侧重

（1）采取出租方式的，审查人员可通过审核租约条款，计算出租收入。租赁合同期限短于银行授信期限的，还应当考虑招租费用、租约空档期及新租户优惠租金对收入的影响。

（2）采取自营方式的，应在调查周边类似物业经营情况并核实物业历史经营情况及考虑未来发展的基础上合理确定收入项目及计算方式。

（3）采取委托第三方经营方式的，可通过审核申请人与受托人签署的合同、协议等法律文本，了解委托经营的模式、费用支出的承担分配方式，据此测算物业收入与支出。

重要提示：对于宾馆酒店类物业，应将一般情况下 3 ~ 5 年进行一次的装修支出考虑在支出现金流中，其他业态的经营性物业也会有此项支出，但规律性不强，需引起关注。

五、审查要点

一是审查还款计划是否与申请人经营净现金流的流入周期及每周期流入金额相匹配，审查申请人日常支出情况的合理性，分析是否有大额支出影响贷款归还的情况。从经营性物业的经营收入减少和经营支出增加两个方面进行敏感性分析。

二是分析贷款额度，同时分析贷款额度与物业产生的经营净现金流是否配比。

银行贷款存续期内，物业所产生的稳定的经营性净现金流（净现金流指已扣除经营物业必须支付的各项支出后的现金流）须能够按期归还贷款本息，且经营性物业抵押贷款本息和与贷款期间预计可产生的净现金流之比不得超过80%。

三是分析承租人质量，应当尽可能选择实力较强的银行、知名餐饮企业、证券公司等优质客户作为承租人。

六、担保方式分析

1. 抵押物分析

了解抵押物基本情况，包括名称、类别、位置、数量、建成时间、使用年限、购置成本、账面价值、（预）评估价值、抵押率和抵押登记机关等。

2. 抵押物合规合法审查

审查了解物业是否存在其他抵押权人，银行应是第一抵押权人。审查申请人是否对抵押物业有独立的处置权。抵押物满足合规合法要求的，审查人员应明确"抵押物合规合法并符合银行规定"；存在问题的，应加以说明。

3. 审查抵押物的评估价值

审查抵押物业是否经过评估，评估机构是否为符合银行中介机构管理规定的房地产估价机构，通过与周边物业价格比较，判断评估价格是否虚高。

4. 审查抵押物的保险状况

审查申请人是否已经办理财产保险，第一受益人是否为银行。对于尚未办理财产保险或已经办理财产保险但第一受益人非银行的情况，应要求在放款前办妥保险事项。

5. 抵押物价值稳定性与变现能力审查

分析判断抵押物的价值稳定性如何（良好或存在明显问题），变现能力如何（较强或存在明显问题）。建造年限较久、评估的物业价值超过建造成本的，要充分考虑在抵押物变现时应缴税费对抵押物最终价值的影响。

七、附件文本

【附件1】

物业租赁明细表

业态	楼层	租户名称	出租面积（平方米）	租价（元/日·平方米）	租期	年度租金收入（万元）	免租期

【附件2】

贷款期间内物业现金流量预测表

序号	项目	第一期	第二期	第三期	第四期	第五期	……	……	合计
1	现金流入（合计）								
1.1	房费收入								
1.2	餐饮收入								
1.3	综合娱乐收入								
1.4	广告收入								
1.5	物业管理收入								
1.6	返点收入								
1.7	进场费用								
1.8	公共水电费收入								
1.9	租金收入								
1.10	其他收入								
2	现金流出（合计）								
2.1	客房成本								
2.2	餐饮成本								
2.3	管理费用								
2.4	营业费用								
2.5	房产税								
2.6	营业税								
2.7	地方附加税								
2.8	大修基金								
2.9	其他支出								
2.10	归还贷款本息支出								
3	净现金流量								
4	累计净现金流量								

【附件3】

经营性物业抵押贷款审查报告模板

合规性审查	对合规性审查结果进行说明： （1）通过合规性审查的，应按如下格式进行表述："本人已按规定对本项目进行了合规性审查，经审查，本项目在资料、产品、担保合规性方面符合相关规定。" （2）如果合规性方面存在问题，可按如下格式进行表述："本人已按规定对本项目进行了合规性审查，经审查，本项目在资料、产品、担保合规性方面存在如下问题……"
授信沿革及授信用途	1. 授信沿革。 （1）说明申请人在银行的该笔授信属于首次授信、叙做授信、追加授信、展期、贷新还旧、重组、额度重启或复议中的哪一类。 （2）叙做业务需说明以下四个方面的内容。 ①说明申请人在银行授信沿革情况，重点分析最近一次授信批复情况（至少应包括批复时间、终审机构、授信额度、授信敞口、业务品种、期限、用途、利费率、保证金、担保方式、授信前提条件、授信要求）、当前授信余额、未使用授信额度和债项评级状况。 ②简要评价通过授信后检查报告、平行作业、授信回访等渠道了解的存量授信执行情况和客户风险状况，说明是否为银行的低质量和特别关注客户。 ③对集团客户授信，应判断集团客户的认定是否合理，并说明已核定的集团客户授信限额和可用限额，各成员单位的授信品种、额度及余额。 ④对贷新还旧、展期、重组类授信，应说明本次授信的原因。 （3）复议项目需说明的内容：上次授信批复的时间、内容及复议原因。如上次批复为否决项目，应说明否决的理由。 2. 本次申请授信情况 （1）授信用途。判断贷款用途为归还他行贷款、股东借款及装修贷款的真实合理性，可要求提供股东借款时的银行入账单核实股东借款的真实性。 用途为物业经营期间维护、改造、装修、招商等资金需求的，可通过核查相关的合同或协议，进一步佐证授信申请人是否有真实的需求；了解合同价格，分析其价格是否公允合理，贷款额度是否与合同或协议总价匹配。 用途为置换他行贷款的，比较抵押给他行时抵押物的评估价值与抵押给本行时的抵押物评估价值，判断申请人是否利用物业自然升值，不断更换贷款银行以扩大贷款额度；通过审查借款合同和还款记录等，判断之前他行经营性物业抵押贷款是否按规定用途使用，是否为正常合规贷款。银行贷款不得用于偿还银行存量不良贷款或违规贷款，为防止本行贷款被他行同类授信置换，应在贷款合同或协议中约定有关非正常还款的限制性条款。需要银行相

授信沿革及授信用途	关部门就授信方案出具专业审查意见或批复的，简要介绍专业意见或业务方案的主要内容，注明有权批复机构和批复编号。 （2）授信额度。审查贷款额度的合理性，要求确认贷款额度上限，同时分析贷款额度与物业产生的经营净现金流是否配比，银行贷款存续期内物业所产生的稳定的经营性净现金流（净现金流指已扣除经营物业必须支付的各项支出后的现金流）须能够按期归还贷款本息，且经营性物业抵押贷款本息和与贷款期间预计可产生的净现金流之比不得超过80%。 （3）授信期限。分析还款期限是否与物业产生的现金流量匹配。如果存在差异，说明这样安排授信期限的原因。 （4）还款方式。原则上，应采取按季度（月）等额本金还款法。对于无特殊情况的，不得采取等额本息还款法和本金递增还款法。对于开业未满1年的项目，考虑到物业的租金回收具有一定的周期性，可给予最长不超过1年的宽限期。
行业分析	1. 行业分类和行业投向的审核结果。 2. 依据贷款实际投向行业，引述银行大中型企业信贷投向政策、区域营销指引、银行补充的相关文件/会议纪要等对该行业和授信申请人的相关规定；对公共管理、房地产、土地储备、钢铁等实行名单制的行业，还应判断授信申请人是否列入名单之内。判断是否为行业投向政策例外客户，如为政策例外客户，应说明政策例外的原因，判断是否符合政策例外的准入标准。 3. 对经营性物业涉及的具体物业业态（商场、商品交易市场、写字楼、星级宾馆酒店、综合商业设施等）进行简要的分析，包括但不限于物业分类、物业运行特征概述、影响物业运行因素分析、区域市场的供给与需求、物业行业分析周边邻近竞争者比较（商场及商品交易市场重点比较每平方米销售额，写字楼重点比较租赁价格与出租率，星级宾馆酒店重点比较入住率与价格，综合商业设施及其他物业形式参照商场、写字楼、星级宾馆酒店的比较指标）、最新政策解读、物业未来发展前景预测等。
申请人经营管理情况	1. 明确授信申请人是否符合借款人的基本条件。 2. 股东背景和集团客户分析。 （1）分析客户的股东构成和股东的属性（控股股东、战略投资者、财务投资者、小股东等），判断股东与企业之间有无业务联系。 （2）对于集团客户，要深入分析与股东、其他关联公司之间的关系，了解客户在整个家谱树状图中所处的位置，明确实际控制人，分析其经营策略和战略规划对客户经营与还款能力的影响。

续表

申请人经营管理情况	（3）分析申请人的规模、整体实力、行业和区域地位、竞争优势、核心竞争力等情况。申请人属于企业集团的，要分析集团的主营业务、资金运作模式、经营管理模式及对申请人和申请项目的影响。 （4）对申请人的管理能力进行分析，包括管理者素质及资历、管理团队的结构及稳定性、管理团队的行业经验、内部管理制度的完善性、公司治理的有效性、实际控制人对申贷项目的管理和控制能力等。若委托专业的管理公司经营物业，还应当简明分析受托人的股权结构、经营管理能力、经营案例及在行业中的地位等，对世界知名酒店管理公司的经营情况和发展思路等予以分析，结合其区域布局的思路等分析银行贷款的可行性和公司未来的经营稳定性。 3. 相关信息查询情况。 （1）穆迪查询。申请人及其母公司、下属子公司和担保人为国内外上市公司的，应进行信息查询，列示查询结果，并对指标和变化趋势作出风险分析和判断。 （2）对于风险警示客户、预警客户和其他特殊客户，应列示生效的预警信息。对于有定性预警信息的客户和风险警示名单上的客户，应说明风险预警委员会的相关纪要内容；对于低质量客户，应说明低质量客户压缩方案的主要内容；对于特别关注客户，应说明特别关注客户授信调整方案的主要内容等。 （3）人民银行个人征信系统查询。列示查询结果，对查询异常的事项作出分析和判断。如申请人的实际控制人为自然人，应通过人民银行个人信用信息基础数据库查询实际控制人的信用信息。 （4）环保查询。对贷款卡"环保信息查询—处罚信息"及其他环保信息查询结果异常的事项应作出分析和判断。 （5）通过海关、税务机关等其他渠道查询的信息。
申请人财务情况	1. 财务报表的齐全性。 （1）审核授信资料时，若发现财务报表提供的信息不齐全或者未提供会计报表附注，应说明原因。 （2）分析近三年合并财务报表的编制范围是否发生变化。如有变化，详细说明原因，并对关键财务指标进行调整，使连续三年的财务数据具有可比性。 （3）列示近三年财务报表的编制基础〔《企业会计准则》（2006）、《企业会计制度》（2000）等会计制度〕，若三年财务报表的编制基础不同，分析三年来财务报表数据是否具有可比性。如无可比性，应对关键财务指标进行相应的会计调整。 （4）分析客户会计政策是否发生重大变化。如发生重大变化，应简要说明这些变化，包括折旧政策、存货计价、无形资产摊销、收入确认、或有事项、关联交易和销售政策。

申请人财务情况	2. 报表审计情况。 （1）近三年的合并及本部财务报表是否经过审计。 （2）审计报告内容是否完整齐全。 （3）审计报告是否是标准无保留意见。如不属于标准无保留意见，应明确审计意见类型以及强调事项段、保留意见段、否定意见、无法表示意见的具体内容；对于审计机构出具无法表示意见或否定意见的企业，原则上不予授信。 （4）三年来是否更换审计机构，合并报表与本部报表的审计机构是否一致。若频繁更换审计机构或合并、本部财务报表的审计机构不一致，应说明原因。 3. 人民银行征信系统查询情况。 （1）查询并记录人民银行征信系统中"信息查询""信用报告"的查询日期和查询结果。信息查询包括但不限于未结清的信贷信息及五级分类、已结清的不良贷款、已结清欠息、垫款记录、对外担保信息、未决诉讼、社保信息、纳税信息、处罚信息，信用报告包括但不限于企业组织架构图、财务报表详情等信息。若有异常，应说明原因并分析对企业的影响。 （2）核对未结清信贷信息与借款申请人报表数据，若有异常，审查人员应作出说明。 （3）结合对外担保信息，分析是否超出企业的承贷能力，根据对外担保的客户分析企业关联客户的互保及连环担保现象，分析企业的经营风险。 4. 分析存在的主要问题或优势在对申请人进行财务分析的基础上，重点分析以下内容。 （1）分析申请人存货、固定资产等资产类科目，审查拟抵押物业的账面原值及净值情况，并与评估价值比较，分析评估价值是否超过自建或购置成本以及超过的倍数。 （2）贷款用途为归还股东借款的，要比较拟归还股东借款的金额与资产负债表中其他应付款项、长期应付款等应付款项金额的大小。若归还股东借款金额大于应付款项金额，要进一步核实分析股东借款的真实性。金额大体一致或归还股东金额小于应付款项金额的，进一步查阅连续年度的财务报表中应付款项形成的时间是否与股东借款的形成时间一致。置换他行贷款的，首先要查询人民银行征信系统中申请人的贷款余额、期限和条件，并与拟置换的贷款情况进行印证，在财务报表中核实资产负债表中的长短期借款的金额大小与拟置换他行借款的金额是否一致，查阅连续年度的财务报表中长短期借款的形成时间是否与申请人经营情况相适应。 贷款用途为装修物业的，通过查看以前年度的长期待摊费用的金额大小、摊销年限了解其具体内容，侧面佐证装修用途真实性及金额合理性。

申请人财务情况	（3）通过分析会计科目明细情况，重点关注应付账款科目中是否有应付未付的工程款项；应缴税金若连续年度增加，要分析有无出现欠税情况；通过以上分析，若发现存在欠缴工程款及税金情况，在计算抵押物价值时要扣除欠申请人财务情况缴款项。 （4）了解申请人所属集团的经营管理模式和资金管理模式，分析申请人其他应收款科目，了解其内容和交易对手，关注申请人集团内部之间的资金往来，看有无被大股东长期占用资金的情况。 （5）分析长期股权投资科目，了解是否存在与申请人主业关联度较低的多元化经营和拿银行借款进行股权投资的情况。 （6）分析申请人营业收入的构成，对比预测的现金流入是否与历史的营业收入构成相符，对于不符的情况要进行分析说明；分析有无营业收入异常变动的情况，若有则要分析原因；分析经营活动现金流出项中大额支付的其他与经营活动有关的现金的具体内容，有无与经营活动无关的大额流出，若有，是否为授信申请人与其关联企业之间的往来交易。 （7）需要分析或说明的其他问题。
物业经营情况分析	1. 明确经营性物业是否符合经营性物业的基本条件。 2. 分析物业的经营情况。 （1）物业为自营的，应对以下两个方面进行分析。 ①分析申请人产生现金流入的收入项及产生现金流出的成本项。分析预测所采纳的数据应通过与周边物业进行比较，至少采用市场法核实数据的真实合理性，尤其要避免严重低估由物业产生的现金流出，严重高估由物业产生的现金流入。 ②考虑物业合理的收入增长率及合理的成本增长因素，预测物业未来经营状况，编制贷款期内物业现金流量预测表。调查具体授信要点时应根据不同的物业业态尽可能详尽地考虑其现金流出与流入情况。 （2）物业为出租的，应对以下几方面进行分析。 ①审查承租方的经营与物业定位是否一致。 ②审查申请人与承租人是否存在关联关系。若存在关联关系，应核实租金水平是否公允，防止申请人与承租人双方通过提高租金价格增大授信规模。 ③审查租金的支付方式和支付记录，确认物业是否存在长期低价出租、申请人已经收取多年租金的情形；审查是否存在承租人将租金与出租人对于承租人的其他债务进行了抵销的情形；通过比较周边地区类似物业的租金水平来判断物业租金水平是否合理。 ④了解承租人租赁期限有多长，租赁期限是否短于贷款期限；分析承租人在租赁到期后继续租赁的可能性；了解申请人有无调整租金的计划，有无其他新的承租人进入。

续表

物业经营情况分析	⑤通过考察承租人资信、经营状况来判断承租人支付租金的能力。分析是否存在承租人经营状况或资信不佳、按期足额支付租金有困难或多次拖欠租金的情况，对于有上述情况的物业，银行不宜介入。 ⑥审查租赁合同中是否存在损害银行利益的条款，特别注意承租人依法享有的承租权、优先购买权及其他权利对银行抵押权的限制和影响。 ⑦了解申请人是否存在通过修改租赁合同，另行签订长期、低租金合同或以其他方式恶意对抗银行抵押权的情况，根据了解的情况择机要求出租人和承租人持租赁合同到房管部门办理租赁登记备案手续。 ⑧审查了解申请人、承租人是否能够与银行签订三方监管协议，承租人是否同意将租金直接支付至申请人在银行开立的监管账户。 （3）物业委托第三方经营的，应通过查阅申请人与受托人签署的合同、协议等法律文本，了解委托经营的模式（如受托方是按照收入的一定比例提取费用，还是支付固定利润、超额部分按一定比例提取费用，或是股权分红等其他方式等），了解费用支出的承担分配方式（如物业管理费、物业基本维护费用、装修费用、促销费用等支出在各方之间的分配），重点分析物业收入从终端消费者到银行的支付路径，在授信方案的设计中须通过签订资金监管协议等方式有效控制现金流。 从第三方经营者的角度测算是否能够按照合同或协议要求按时足额支付申请人相关费用。分析合同的违约条款，了解第三方经营者违约成本的高低。 审查申请人与第三方经营者是否有关联关系，如有关联关系，则重点分析申请人的收入是来自于股权分红收入还是租金收入、收取固定费用或其他方式，并且考虑不同的收入模式对申请人现金流的影响（尤其是税收方面的影响），防止申请人与第三方经营者通过关联交易转移资金、逃避监管。 根据对物业的现金流分析，编制贷款期间内物业现金流量预测表。
担保分析	1. 保证担保撰写格式。 （1）保证人担保能力。如保证人为法人，应对担保人进行行业分析、经营管理分析和财务分析；如保证人为自然人，应说明保证人姓名、身份证号码、与借款申请人的关系、主要学习及工作简历、个人征信记录和个人资产状况。分析保证人与借款申请人在股权、主营业务上是否存在强关联性，并分析其对保证人代偿能力的影响。 （2）保证人代偿意愿。根据保证人与借款申请人之间是否存在密切的经济关系，分析保证人提供担保的动机，判断是否存在互保、连环担保、地方政府强迫担保等行为；分析保证人的信用记录是否良好，包括对自身债务的还本付息记录和保证人履行担保责任的记录。

担保分析	2. 抵（质）押担保撰写格式。 （1）对需办理登记手续的抵（质）押物，根据相关的法律法规说明抵（质）押的登记机关和登记形式。对于抵押物，还要说明银行办理抵押登记的顺位。 （2）对抵（质）押物作如下价值分析。 ①说明抵（质）押物的名称、数量、购买原值、地理位置、储存和保管难度，抵（质）押物的成新率（折旧率），抵（质）押物的价值变动趋势（看涨、看跌、平稳）。 ②判断抵（质）押物价值的确定是否合理。分析其评估方法是否科学，与拟抵（质）押物的价值是否偏离过大，明确抵（质）押物价值是否充足，分析判断抵（质）押物的价值稳定性如何（良好或存在明显问题），是否存在浮动性，是否投保。在价值充足或稳定性方面存在风险的，应予以明确说明。 ③对于存在租赁关系的物业，应分析相应的风险隐患。 （3）判断抵（质）押率是否符合银行相关规定。如超过，分析其理由。 （4）分析抵（质）押物变现能力。通过对抵（质）押物的通用性、变现难易程度、是否存在优先受偿权、处置费用、登记过程是否合法等风险点的审查，明确抵（质）押物变现能力如何（较强或存在明显问题），对存在明显问题的应加以说明。针对建造年限较久、评估的物业价值超过建造成本的，要充分考虑在抵（质）押物变现时应缴税费对抵（质）押物最终价值的影响。
还款来源分析暨现金流量测算	1. 现金流量的测算依据物业的经营方式不同而不同。 （1）采取出租方式的，审查人员可通过审核租约条款，按照要求计算出租收入。租赁合同期限短于银行授信期限的，还应当考虑招租费用、租约空档期及新租户优惠租金对收入的影响。 （2）采取自营方式的，应在调查周边类似物业经营情况并核实物业历史经营情况及考虑未来发展的基础上合理确定收入项目及计算方式。 （3）采取委托第三方经营方式的，可通过审核申请人与受托人签署的合同、协议等法律文本，了解委托经营的模式、费用支出的承担分配方式，据此测算物业收入与支出。从经营性物业的经营收入减少和支出增加两个方面进行敏感性分析。 2. 分析还款能力、还款方式、还款计划存在的风险点及风险控制措施。

对调查报告的评价	1. 上报材料是否齐全、完整、信息充分、前后一致，与书面材料之间是否一致，分析意见是否充分、全面和基本合理。 2. 审查人员将审查中要求重点解释说明的问题以书面形式向调查人员沟通落实，并简要说明过程和结果；对经反馈仍不能达到相关要求的授信项目，审查人员应作出说明。 3. 审查人员是否参与了平行作业及其相关参与情况。 4. 审查人员对调查报告的评分结果（系统自动导入）。
授信的总体评价	1. 需由其他部门出具专业意见的（如贷新还旧、重组、展期类项目），引述专业意见的主要内容。 2. 综合归纳本次授信的优势和风险点。 对本次授信的风险是否可控，以及收益与风险能否平衡作出明确的判断，总结得出客观公正的审查结论。其中： （1）对审查否决的项目，全面总结否决原因（包括在合规、财务、经营、第二还款来源等部分已经揭示的风险），并逐条列示。 （2）对审查同意的项目，揭示其存在的主要风险隐患，提出具体和有效的防范、控制措施；需要缩减额度或者增加授信条件的，应说明具体原因。 （3）对贷新还旧、展期、重组类项目，可根据具体情况，参照以下格式明确审查结论。 一是鉴于借款申请人无力一次偿还对银行的债务，通过法律手段也不能有效清收，该申请方案风险敞口较现状有所减少，为保全银行信贷资产，在先归还本金××万元、不欠利息的条件下，同意贷新还旧/重组/展期××万元。 二是鉴于申请人到期无力偿还银行债务，总行/分行资产保全部出具了专业的贷新还旧/重组/展期意见。为化解风险，最大限度地保全资产，同意按下述方式授信…… 3. 对申请人/保证人信用评级、债项评级、风险分类、风险暴露分类的审核意见。

【案例】

××投资控股集团有限公司授信方案

一、企业概况

1. 基本介绍

××投资控股集团有限公司，其企业法人营业执照已经过年检，证件合法有效，具有独立的法人资格，可独立承担法律责任，具备贷款主体资格。主要经营投资及投资管理、房地产开发、销售商品房、自有房屋的物业管理、承办展览与展示活动、出租商业设施、机动车停车服务。

2. 能力测算的可靠性、合理性说明

申请人旗下的××世贸商城已经成为北京市较大的综合批发贸易交易市场，销售辐射到华北、华东、东北、西北、华中等多个地区；商城知名度在北京稳步上升。××集团以开发和经营商业地产为主营业务，采取自行经营和出租经营的业务模式，收入非常稳定，资产质量优良，盈利模式清晰，抗风险能力强；××集团所属物业都已进入经营快速成长期，经营收入稳定良好，经营现金流平稳持续。

××集团向银行申请的经营性物业抵押贷款，各项要素均符合银行规定；抵押物未来市场前景良好，预期收入和现金流稳定，抵押物变现能力良好，抵押率低，预期变现价值能够覆盖银行贷款本息；还款来源充足可靠，现金流充足；分期还款安排合理，还款额度适中，完全具备可操作性。

二、银行授信方案

1. 授信方案

银行授信方案						
额度类型	内部授信额度		授信方式	单笔单批额度		
授信额度（万元）	50000.00		授信期限（月）	120		
授信品种	币种	金额（万元）	保证金比例（%）	期限（月）	利/费率	是否循环
房地产企业经营性物业抵押贷款	人民币	50000.00	0.00	120	同期贷款 LPR 上浮5%	
贷款性质	新增	本次授信敞口（万元）	50000.00	授信总敞口（万元）		50000.00
担保方式及内容	抵押物名称：××世贸商城一期 ABC 座。					

2. 授信情况分析

（1）合作模式

××集团在各家金融机构融资总额达30亿元，其中××银行17.1亿元，××信托3亿元（内部股东借款），××银行5亿元，××银行4.9

亿元，全部为抵押贷款。

现××银行发起银团贷款，授信业务品种为经营性物业抵押贷款，共计 28 亿元，其中××银行 12 亿元，××银行 5 亿元，××银行 2 亿元，××银行 4 亿元，××银行 5 亿元。

银团牵头行是××银行，期限 10 年（含 2 年宽限期），利率为同期 LPR 上浮 5%，以××世贸商城一期 ABC 座全部房产做抵押，抵押物评估价值为 68 亿元，并追加借款人股东××提供无限连带责任保证。

银团贷款用于置换原有的 25.1 亿元贷款（其中××银行 17.1 亿元，××信托 3 亿元，××银行 5 亿元）。

（2）批量授信核心企业

受××集团委托，××银行北京管理部作为牵头行之代理行，组成 28 亿元经营性物业抵押银团贷款，以××世贸商城一期 ABC 座全部房产作为抵押物，并追加借款人股东××提供无限连带责任保证。贷款用于置换借款人现有贷款及其他债务，期限 10 年（含 2 年宽限期），抵押率不超过 50%，并追加借款人股东××提供无限连带担保责任。

（3）银企合作情况

××集团向银行申请的此笔经营性物业抵押贷款，各项要素均符合银行规定；抵押物未来市场前景良好，预期收入和现金流稳定，抵押物变现能力良好，抵押率低，预期变现价值能够覆盖银行贷款本息；还款来源充足可靠，现金流充足；分期还款安排合理，还款额度适中，完全具备可操作性。

××集团旗下的××世贸商城是南城小商品批发的龙头企业，银行希望通过参加银团贷款，主动给予该集团 5 亿元贷款授信，同该集团及其下属企业建立更加紧密的合作关系。

3. 企业优劣势分析

（1）优势

规模优势。××世贸商城建筑面积大，使其成为北京市第一家大规模、高档次的超大型、综合性批发市场，北方最大的小商品流通中心。

商圈优势。商城位于南中轴路与南三环的交会处，所处的木樨园商圈是闽、浙等地商人在北京集中经商的区域，已形成成熟的批发氛围和良好的商誉。

客流、物流优势。商城一期日均客流量已达 10 万人次，商户销售额达 300 亿元。万泽龙、富奎等十余家大型物流公司入驻××集团，物流运输四通八达。

政策优势。伴随着北京市对南城建设力度的加大，加上鼓励南城开发建设优惠政策的支持，××世贸商城项目将随南城经济的发展而发展。地铁 8 号线在商城附近设立出口，便利的交通环境为商城提供了更多的客流量和收益。

（2）劣势

商城商户主要以小商品批发为主，规模较小，抗风险能力弱，流动性较大，管理成本较高。

项目所处的南城地区长久以来属于北京经济发展相对滞后的地区，周边整体收入水平不高，从而使得整个地区的消费水平相对偏低。

项目所处的木樨园商圈已发展得比较成熟，有大型服装批发市场 20 多个，区域内各类商铺有 1 万多个，面临的竞争比较激烈。

总体而言，××世贸商城项目周边商业氛围浓厚，项目自身规模大，交通便利，以批发为经营模式，购物环境良好，具有较强的竞争优势，物业经营状况良好，市场前景乐观。

4. 就相关风险隐患，提出具体的防范措施

（1）市场及经营风险

××世贸商城是北京市规模最大的现代化商品批发及物流中心。借款人的收入来源主要为租金收入，租金收入的多少取决于商城的出租率，而出租率的多少取决于批发行业的发展状况、市场竞争程度、周边市场的成熟程度及公司管理水平等因素，因此商城的出租率存在一定的不确定性和风险。

从项目的经营状况看，出租率保持在较高的水平。同时，随着南城的不断发展及商业地产的不断培育和发展，该项目对华北地区的辐射能力将进一步增强，从而吸引更多的商户入驻，租金收入能够得到保证。

（2）管理风险

借款人的管理层都具有多年的小商品批发市场管理经验。若借款人专心经营商城，风险尚可掌握，但若借款人涉足高速公路、房地产、商城、酒店等且金额巨大，一旦某项策划失误，将会影响整个集团的资金链。

（3）抵押物灭失风险

要求借款人对抵押物办理商业保险，保险金额不低于贷款余额，险种必须包括火灾险，保险期限须覆盖贷款期限，并按照参团份额给予参团行第一受益人的保障。

5. 银团概况

受××集团委托，××银行北京管理部作为牵头行之代理行，组成28亿元经营性物业抵押银团贷款，以××世贸商城一期ABC座全部房产作为抵押物，并追加借款人股东××提供无限连带责任保证。贷款用于置换借款人现有贷款及其他债务，期限10年（含2年宽限期），抵押率不超过50%，并追加借款人股东××提供无限连带担保责任。

借款人承诺将项目向保险公司投保，把保单项下全部权益转让给银团全体成员，银行与其他银团成员作为保险第一受益人，以及抵押物的第一债权人。提款方式上采用分次提款，每次至少1亿元，且应是5000万元的整数倍。借款人在代理行开立资金监管账户，商城租金收入进入代理监管账户。银团当年到期债务未还清之前，借款人不得分红。

拟授信业务品种为经营性物业抵押贷款，金额5亿元，期限10年（含2年宽限期），利率为同期LPR上浮5%，以商城一期做抵押，经深圳××土地房地产评估有限公司北京分公司评估，抵押物市场价值为68.17亿元。银行申请5亿元贷款，用于加入银团，置换××银行贷款。

效益为流动资金贷款收益：按照每年5亿元日均计算，10年期利率上浮5%，为6.237%，扣除内部资金转移定价（FTP）、拨备和资本占用费后可获得收益400万元。

综合上述综合评估，××集团向银行申请的此笔经营性物业抵押贷款，各项要素均符合银行规定；抵押物未来市场前景良好，预期收入和现金流稳定，抵押物变现能力良好，抵押率低，预期变现价值能够覆盖银行贷款本息；还款来源充足可靠，现金流充裕；分期还款安排合理，还款额度适中，完全具备可操作性。

第九章　房地产开发贷款授信调查要点

房地产开发贷款是指银行对房地产开发企业发放的，用于开发建造向市场销售的商品住宅项目或用于开发建造政府安置拆迁户居住需要的住宅项目的贷款。

一、授信主体分析

1. 基本面分析

（1）对申请人的股权结构、股东背景和关联企业等情况进行分析。对于股东背景的分析应追溯至申请人的实际控制人，并应通过人民银行个人信用信息基础数据库查询实际控制人的信用信息。对于股权结构复杂、关联企业众多、资本运作频繁、企业或其实际控制人存在重大不良记录的申请人，应予以特别关注并谨慎对待。银行应当优选股东实力较强、经营效益较好的大型开发商在本地的项目。

（2）对申请人的规模、整体实力、行业和区域地位、竞争优势等情况进行分析。对申请人的管理能力进行分析，包括管理者素质及资历、管理团队的结构及稳定性、管理团队的房地产行业经验、内部管理制度的完善性、公司治理的有效性、实际控制人对申贷项目的管理和控制能力等。

对申请人及其关联企业的银行资信和商业资信进行分析，判断申请人及其关联企业的股权融资、债权融资和商业融资能力，包括：申请人及其关联企业在银行的授信金额、授信条件、还本付息记录；在他行的授信金额、授信条件、还本付息记录及他行的授信态度；申请人及其关联企业是否为逃废债企业，有无恶意拖欠工程款，有无供货商纠纷，有无房屋质量纠纷，有无偷漏税情况，有无不规范的经营活动；申请人或其关联企业为上市公司的，还应对其资本市场表现及其市场形象进行分析等。

对申请人及其关联企业的重大事项进行分析，包括：近期有无受到重大奖励或处罚，近期有无重大重组或主业改变，有无不正常、价格明显有失公允的关联交易行为，近期有无法律诉讼，近期有无重大投融资行为等事项。

2. 经营情况分析

（1）对申请人所属集团跨行业经营情况进行简要分析，对集团除房地产业务以外其他业务板块的经营情况进行评价，判断集团公司整体的经营管理能力和其他业务板块对申贷项目的资金支持能力和资金占压的影响。

（2）对申请人所属集团的经营管理模式和资金管理模式等情况进行分析，并判断对申贷项目的影响。

（3）对申请人及其所属集团过往开发项目的个数、规模、品质、销售情况、资信状况和品牌号召力等情况进行分析，判断申请人及其团队的开发经验和运作能力。

（4）对申请人及其所属集团除申贷项目之外的其他在开发房地产项目的个数、建设规模、类型、投资规模、资金到位情况、预期销售等情况进行分析，判断申请人的整体资金保障程度。对于资金链偏紧、其他在开发项目存在较大资金缺口的申请人，原则上应谨慎介入。

（5）对申请人及其所属集团土地储备的规模、取得方式、缴费情况、开发计划等情况进行分析，判断企业未来的发展潜力及其持续经营能力。

3. 财务分析

对申请人进行财务分析，并应针对房地产企业的特点，从以下方面进行重点分析。

（1）对申请人短期借款、预收账款、其他应付款、长期借款和所有者权益等会计科目进行分析，重点核实申贷项目的建设资金来源在上述科目中的占比情况，判断除银行贷款外其他项目资金的落实情况，并评价资金来源结构的合理性和可靠性。

由于房地产贷款为项目贷款，必须有一定的项目资本金，因此，银行必须核实股东方的资金安排。

（2）对申请人存货、预付账款、无形资产和货币资金等会计科目进行分析，结合相关资金支付凭证，重点核实申贷项目已完成投资在上述科目中的占比情况，判断项目已完成投资的真实性。

（3）对申请人销售收入和预收账款等科目进行分析，重点核实申贷项目实现的销售情况及回款在上述科目中的占比情况，评价项目销售状况，预测项目销售前景并判断以销售回款补充建设资金的必要性和能力。

【点评】

　　银行选择开发商时要非常注意：对于一些持有优质地块的中小开发商，必须考虑这些开发商的开发能力和未来的市场运作能力；对于一些特大型的知名开发商，银行应更多地考虑如何提高议价能力及如何提供合理的授信工具，风险控制可以放在其次的位置。

【客户经理思考要点】

　　1. 开发商开发的房地产项目，将来预计销售价格是多少？

　　2. 当地其他楼盘的销售价格是多少？

　　3. 开发商的开发项目需要的总资金盘子有多大？

　　4. 开发商的销售预计从拿到资金到可以预售回笼资金，大概需要多长时间？

二、申贷项目分析

　　1. 合法合规性分析

　　分析项目取得"四证"等合法合规性文件的情况，逐一分析没有取得的原因，预计取得的时间及其可行性，并判断对银行授信的影响。

　　合法合规性文件中记载的项目主体应一致，拟建设内容与批准的规划内容应一致。如不一致，应分析其不一致的原因，并判断对银行授信的影响。

　　2. 总体规划分析

　　分析项目所属区域环境，包括交通、商业、医疗、教育等各项配套情况。分析项目总体规划情况，包括建设类型、建筑品质、占地面积、建设规模、容积率、绿化、内部配套等情况，评价项目的规划和建设水平。分析项目分期建设的情况，判断项目分期是否合理。

3. 市场定位分析

分析项目的目标人群、市场定位、当地同类型项目供应和销售等情况，并结合总体规划分析判断项目与当地市场需求的契合度和销售前景。

与同区域、同类型项目在规划、建设、配套、价格等方面进行横向对比分析，判断项目的竞争优势，进一步判断项目的销售前景。

4. 资金来源及运用分析

根据主管部门或独立第三方（如规划设计部门）的有关数据、银行及当地银行同业掌握的经验数据，以及从其他房地产开发企业了解到的相关数据等，判断项目总投资规模、各单项费用（土地费用、前期工程费用、基础设施及公共配套费用、建筑安装费用、期间费用）的标准、规模及结构是否合理和具有成本优势。对于投资规模存在明显高估或低估的，应予以调整并按调整后的投资规模进行分析。

分析项目的各项资金来源是否合理，核实项目资本金是否符合监管机构要求并能够及时足额到位，分析资金来源中项目预售/销售回款的可靠性，分析股东、关联企业、其他企业的借入款金额、预计归还时间和是否存在通过非正常渠道取得的大额、高息款项，并逐一判断对项目建设资金有无不良影响。

分析已完成投资的资金来源情况，判断其合理性和可靠性，结合项目建设进度分析资金投入进度的合理性，并进一步测算项目实际资金缺口。

5. 建设进度分析

分析项目建设进度（形象进度）是否符合计划建设进度，说明延期或拖期的原因，并判断对企业资金链、项目销售、与合作方的关系、银行授信安全等方面的影响。

分析项目建设进度与资金投入进度是否一致，如不一致，应分析其不一致的原因并判断其影响。

6. 合作方分析

分析项目工程规划设计合作方是否具有较好的工程设计能力，结合以往其所设计项目的市场反应情况，判断对本项目销售前景的影响。

分析项目施工合作方的确定方式，施工方的施工能力、资质，过往施工项目是否出现质量问题，双方合作方式，施工方的垫资能力等。

采取委托销售方式的，应分析项目销售合作方的策划、宣传、推广、销售能力，判断对本项目销售前景的影响。

7. 销售情况分析

项目已开盘的，分析其销售进度和回款情况。对于未实现销售及回款计划或销售情况明显差于周边项目的，应分析其具体原因，进一步判断项目的销售前景，评估项目销售回款补充建设资金的必要性和能力。

项目未开盘的，对比周边同类型项目分析本项目的优势与劣势，并进一步判断本项目的销售前景。

进行项目销售偿债率分析，评估申贷项目的偿债能力。销售偿债率 = 销售回款／（银行贷款 + 销售回款再投入建设资金 + 经营税金及附加 + 所得税 + 其他需在银行贷款偿还之前偿付的借款）。其他需在银行贷款偿还之前偿付的借款包括到期日在本行贷款之前的他行贷款、股东和关联企业借款、其他借款。销售偿债率越高，银行授信保障程度越强，反之则越弱。

8. 现金流量分析

根据项目资金来源及运用计划，区分不同项目的具体特点，原则上应编制贷款期间内房地产项目现金流量预测表。贷款期限在 3 年（含）以下的，应按季度编制，贷款期限在 3 年以上的，可按年度编制，并根据项目现金流量情况测算项目资金是否存在缺口、银行贷款规模和还款计划是否合理。

三、授信方案设计思路

（1）在综合分析的基础上，确定银行合理、完整的授信方案，具体包括是否为封闭贷款以及贷款金额、期限、利率、担保和还款计划等。

为了提高银行的收益，可以考虑对开发商提供商业承兑汇票融资支持，由施工企业持商业承兑汇票来银行办理质押贷款融资。

（2）贷款金额应满足项目建设的实际资金需求，既应避免因贷款金额不足而可能导致的完工风险，也应避免因贷款金额过大而可能导致的资金挪用风险。

（3）对于封闭贷款，除要求以项目土地使用权抵押外，还应要求及时办理在建工程抵押。

对于非封闭贷款，应说明不能封闭的原因，并制定其他措施，有效防范信贷风险，如地区政策规定房屋预售/销售账户具有唯一性，则原则上应要求该账户开立在银行。

（4）以项目预售/销售回款按比例归还银行贷款的，原则上应在项目销售比例达到70%时全部收回银行贷款，并根据项目现金流量情况和贷款金额合理确定还款计划。

项目销售回款补足项目建设资金后全部用于归还银行贷款的，应设计相应措施，确保该补足资金实际用于项目建设，防止因挪用导致的项目完工风险。

约定固定时间归还固定金额贷款的，除关注该还款计划与项目现金流量的匹配性外，还应重点关注企业的综合还款能力。

【立金小知识】

房地产夹层融资是一种股权信托模式，即资质较差的地产商不满足"四三二"（"四证"齐全、30%的自有资金投入、国家二级资质）规定时，采取这种信托先向项目公司收购股权（一般在80%以上），到期后项目公司再回购股权的"假股权、真债权"模式。

房地产供应链金融业务以房地产上游业务为主，包括钢铁、水泥、建筑等，银行通过为房地产开发商提供反向保理融资、商业承兑汇票融资等，关联营销上游供应商。房地产行业下游融资，即按揭贷款。

四、附件文本

房地产开发贷款项目风险要点

	项目	审查要点
申请人资料审查	调查报告	客户名称、组织机构代码、贷款卡号、行业类型、行业补充分类、股东信息、股权投资情况等客户信息准确、完整
		客户股权结构、他行授信、授信用途、经营情况、管理能力、财务状况、抵（质）押以及还款来源分析全面、客观
		分析客户预警类信息形成的原因及影响，提出有效应对措施

续表

项目		审查要点
申请人资料审查	调查报告	按规定进行风险分类
		对客户和债项均进行评级，对于项目贷款进行项目评级
	需其他部门提供的资料	集团客户：已核定额度集团且本次授信包含在已核定的额度内
		黑名单及预警客户：经办行提供预警类信息的形成原因及应对措施
		系统查询：涉及上市公司的授信业务，审查人员通过此系统查询预期违约率、评级等信息
	授信申请	授信对象、金额、币种、期限、利（费）率、用途、还款来源、担保条件、提款及还款安排等授信要素齐全
		授信对象应符合外部法律法规、部门规章、监管要求等相关规定
		用途明确、合理
		授信对象为银行关系人或构成关联交易的，应符合关联交易和关系人贷款的有关规定
	企业法人营业执照	通过工商部门年检
		在营业期限内
		企业客户的分支机构申请借款的，由法人提供书面授权
	组织机构代码证书	通过年检
		在证件有效期内
	法定代表人	提供法定代表人证明、法定代表人身份证复印件
	公司章程	经营范围与营业执照经营范围一致
		借款及担保行为符合公司章程的规定
	验资报告	首期出资比例符合《公司法》等法律法规规定
		股东按照出资计划、出资形式履行出资义务
		以实物、无形资产或土地使用权出资的，需提供资产评估报告
		全体股东的货币出资金额不得低于有限责任公司注册资本的30%
	财务报表	提供近三年经财政部门核准或会计师事务所、审计师事务所审计的财务报告（无保留意见、有保留意见、拒绝发表意见）
		审计师事务所频繁发生变更的，说明变更原因
		提供3个月以内最近一期财务报表
		提供详细的会计报表附注
		集团客户提供合并及本部报表

续表

项目		审查要点
申请人资料审查	财务报表	对上市公司客户,审查人员应上网查询最新财务报表、公告信息、政府主管部门及监管部门披露的信息、媒体评论等
	机构信用代码	通过年审,在有效期内
		打印机构信用代码信息资料
		审查人员查询机构信用代码信息,从机构信用代码和其他信息渠道获得的客户负债信息(负债总额、不良负债等)与报表数据基本吻合
	房地产开发资质证书	有权部门核定并颁发
	项目可行性研究报告	项目可行性研究报告应由专业部门编制
	项目合法合规性文件	取得国有土地使用证,提供土地出让合同、土地转让相关协议、支付土地出让金和转让款及拆迁款的相关凭证
		取得建设用地规划许可证,项目建设类型应与规划用地性质一致
		取得建设工程规划许可证
		取得建设工程施工许可证,提供施工合同
担保资料	保证人资格	国家机关不得作为保证人,地方政府提供的担保或变相担保无效,国家另有规定的除外
		学校、幼儿园、医院等以公益为目的的事业单位、社会团体不得为保证人,也不得以其教育设施、医疗卫生设施和其他社会公益设施设定抵押
		企业法人的职能部门不得为保证人
		企业客户的分支机构作为保证人,应由法人提供书面授权
		法律法规及保证人公司章程规定对外担保需要股东大会或董事会同意的,应提供股东大会或董事会决议,且要素齐全。公司章程对投资或担保的总额及单项投资或担保的数额有限额规定的,担保应不得超过规定的限额。公司为公司股东或者实际控制人提供担保的,应提供股东会或者股东大会同意担保的决议。上市公司及其控股子公司对外担保必须经董事会或股东大会审议
		除非经股东大会同意,子公司不得为母公司担保

续表

	项目	审查要点
担保资料	评估报告	出具评估报告的机构符合银行规定的要求
	土地使用权抵押	提供县级以上土地管理部门核发的国有土地使用证
		国有土地使用证在土地使用期限内，未设定抵押，证内注明用途与实际用途一致
	房产抵押	提供房产管理部门核发的房屋所有权证、县以上土地管理部门核发的国有土地使用证
		房屋所有权证在房屋使用期限内，未设定抵押
	证券（股权）质押	非依法发行的证券，不得质押
		依法发行的股票、公司债券及其他证券，法律对其转让没有限制性规定
		外商投资企业投资者用自己拥有的股权设立质押，须有其他各方投资者同意的文件
		国有股东授权代表单位持有的国有股不能为本单位及其全资或控制公司以外的单位和个人提供质押
		国有股东授权代表单位用于质押的国有股不得超过其所持有该上市公司国有股总额的50%
	外商投资企业、有限责任公司、股份有限公司财产抵（质）押	提供按照公司章程须由该企业董事会或股东会、股东大会批准抵（质）押的有效书面证明
	在建工程抵押	建设用地规划许可证、建筑工程规划许可证、建筑工程施工许可证、土地使用证等有关文件齐全
		在建项目与用地规划批准项目用途一致，施工面积在工程规划许可证范围内
		施工企业声明放弃在建工程优先受偿权，或出具用于抵押的在建工程价款已结清的证明
	共有财产抵（质）押	提供财产共有人同意抵押的有效书面证明
		不得接受无民事行为能力人或限制民事行为能力人及其代理人签署的抵（质）押合同
		不得接受无民事行为能力人或限制民事行为能力人以所有或共有的财产设置担保

续表

项目		审查要点
担保资料	以划拨方式取得的国有土地使用权抵押	提供土地管理部门和房产管理部门准许进行抵押登记的有效证明（当地政府主管部门另有规定的除外）
外部监管要求		严禁向"四证"不齐的项目发放房地产开发贷款
		严禁向达不到监管部门、银行规定的资本金比例要求的项目发放房地产开发贷款
		严格控制不符合国家套型面积占比要求的房地产开发贷款
银行准入条件	授信主体	综合类房地产开发企业，原则上应具备房地产开发二级（含）以上资质，且从事房地产经营3年以上，近三年房屋建筑面积累计竣工15万平方米以上，以往开发项目没有拖欠工程款
		项目公司主要投资商（控股股东）原则上应具备房地产开发二级（含）以上资质，且从事房地产经营3年以上，近三年房屋建筑面积累计竣工15万平方米以上，以往开发项目没有拖欠工程款，经营状况良好，无不良记录
	申贷项目	择优支持与个人住房按揭贷款配套，并以所开发项目土地使用权及在建工程作为抵押物，贷款发放、项目建设、销（预）售的整个环节中资金能够封闭运行的住房开发封闭贷款
		项目资本金（所有者权益）比例应符合相关规定，并应在贷款发放前全部投入房地产项目开发。对分期开发的项目，申请用于某一期建设开发贷款的，按照当期总投资金额计算应到位项目资本金
		项目地段较好，周边项目销售情况良好；楼盘具有一定规模，小区规模在5万平方米以上；楼盘规划合理
		开发商承诺该楼盘的个人按揭贷款与开发贷款的额度比例要求达到1∶1（含）以上。原则上，应要求个人住房按揭贷款业务在未还清银行贷款本息之前，全部由银行办理，开发商同意与银行签订银企合作协议
	授信方案	原则上，仅支持住房开发封闭贷款，对下列企业可以支持住宅开发非封闭贷款： 1. 贷款金额应满足项目建设的资金需求，原则上不超过总投资额的60%。 2. 开发贷款期限依项目开发期决定，最长不超过3年（含）。 3. 不得接受以出让方式取得、满2年未动工开发、可无偿收回的土地使用权作为抵押担保，不接受空置3年以上的商品房作为贷款的抵押物

审查人员：　　　　　　　　　　　　　　　　　　　填制日期：

【案例】

××集团×××置业有限公司授信方案

一、企业概况

1. 基本介绍

××集团×××置业有限公司注册资本为40000万元，经营范围包括房地产开发经营，房屋销售、租赁，房地产信息咨询，市政道路、园林绿化工程，批发建材、五金、金属材料、木材。

公司设股东大会、监事会按公司章程规定举行定期和临时会议，按各自的权限对相关的重大事项作出决策。公司不设董事会，总经理是公司经营活动的主要管理人员，另有一位副总经理协助管理。该公司的母公司为绿天控股集团有限公司。

2. 主要合作者情况

（1）建筑施工单位。

××集团有限公司以建筑安装工程为主业，具有房屋建筑工程总承包一级、市政公用工程施工总承包一级、地基与基础工程专业承包一级、机电设备安装工程专业承包一级、钢结构专业承包二级、机电设备安装工程总承包二级、装饰装修工程设计与施工一体化二级、建筑幕墙工程设计与施工一体化二级、消防设计与施工一体化及海外经营权等资质。

（2）项目监理公司。

上海××建设咨询监理有限公司为国家甲级监理企业。

公司具有建设部颁发的房屋建筑工程监理甲级、港口与航道工程监理甲级、市政工程监理甲级、机电安装工程监理甲级及上海市工程设备监理乙级资质，通过了ISO9002质量体系认证。

公司现有国家注册监理工程师39人、注册造价工程师5人、注册设备监理工程师5人、一级注册建造师2人，上海市注册招标代理工程师2人，上海市注册设备监理工程师6人，专业涉及土建、装饰、钢结构、水工、路桥、设备安装、工程测量、监测测试、岩土工程、造价咨询及招标代理等领域。

二、银行授信方案

1. 授信方案

银行授信方案

额度类型	内部授信额度		授信方式	单笔单批额度		
授信额度（万元）	30000.00		授信期限（月）	24		
授信品种	币种	金额（万元）	保证金比例（%）	期限（月）	用途	
住房开发贷款	人民币	8000.00		24	封闭用于项目工程款、材料采购	
商业承兑汇票保押	人民币	2000.00		24	封闭用于项目工程款、材料采购	
预售资金监管保函	人民币	10000.00		24	用于免于交存在各地住建局预售资金	
按揭贷款担保	人民币	20000.00	5%	24	推荐购房人，对按揭贷款提供担保	
贷款性质	新增	本次授信敞口（万元）	29000.00		授信总敞口（万元）	29000.00
担保方式及内容	抵押物名称：房屋在建工程；出让的土地使用权。					

2. 授信情况分析

（1）合作模式。

银行与××集团有限公司采取"总对总"合作模式，总行对××集团有限公司房地产开发贷款总授信额度为55亿元。

银行信贷客户××集团×××置业有限公司为其控股子公司，此次申请在其总授信额度内领用综合额度30000万元，期限为24个月。

贷款封闭运行，以公司土地使用权及在建工程抵押，抵押率不超过50%，土地实际抵押面积以国土管理部门认可的实际测绘面积为准。

预售资金回笼至××集团×××置业有限公司在银行的账户。

此次申请的贷款用于××世纪城二期项目建设，贷款投放后只能用于"四证"齐全的项目建设。建筑工程费、基础设施费、小区配套建设工程款、各项税费等依据相关发票和监理报告付款，严格做到贷款用于该项目建设。

根据《×××市商品房预售款实施细则》等规定，预售人（预售商品房的房地产开发经营企业）申请商品房预售许可证前，应当在商业银行设立商品房预售款专用账户，该账户实行专款专户、专款专存、专款专用。专用账户内的商品房预售款，只能用于购买项目必需的建筑材料、设备和支付项目建设的施工进度款、法定税费、根据工程进度同比例支付的土地出让费用及与本项目相关的其他费用，力争将客户所有的监管账户开立至银行。

（2）银企合作情况。

本次授信风险可控，综合效益显著，授信方案可行，特申请授予××集团×××置业有限公司综合额度30000万元整，专项用于编号为×××（20××）第×××号的国有土地使用权证所载明的××世纪城二期项目的开发建设，期限为24个月，不可循环，不可串用，担保方式为土地使用权及其上在建工程抵押，采用全封闭方式操作。

本次授信纳入银行对××集团有限公司55亿元总额度授信中管理。

3. 风险控制

（1）借款申请人及贷款项目综合评价。

本次申请房地产开发贷款的绿天世纪城区域优势显著，竞争优势明显，项目定位准确，价格竞争优势明显，性价比极高，销售前景光明，财务效益良好，银行授信风险可控。

（2）对贷款项目当前存在的有关问题进行阐述，并提出建议及解决措施。

诚然，"风险无处不在"，"最大的风险就是没有风险意识"。绿天世纪城二期虽然在各方面均具备较高的素质，但也存在一定的风险，具体有以下两个方面。

一是市场风险。在出台了一系列的宏观调控措施后，国务院就当前房地产市场形势，研究部署继续加强调控工作，这对该贷款项目未来的销售构成不小的威胁。

二是产品销售风险。由于该贷款项目周边同期开发的类似项目不少，可以预见在项目销售的过程中，周边同类型的项目较多，楼盘的素质也较高，竞争较为激烈。该区域供给的增加，有可能会影响本项目的去化速度。

（3）项目风险对策。

一是市场风险的对策。针对市场风险，公司一方面把握宏观经济走势，另一方面在进行项目策划时，对于市场需求的走向以及产品定位做大量深入细致的调研工作，使该贷款项目在推出时能够紧紧抓住目标消费群，从而减少市场变化带来的风险。同时，项目采取较快的开发速度，快速的运转可以尽量避免宏观经济政策变化带来的政策风险。

二是产品销售风险的对策。其包括以下几个方面。

第一，充分利用公司良好的信誉和品牌效应，以及加强营销方案的策划，挖掘项目潜在优势，抓住核心的消费群体，对区域市场进行充分的细分，对自身产品准确定位，可以最大限度地降低区域竞争对产品销售带来的风险。

第二，力争通过较快速度开发该贷款项目，较早销售，迅速抢占市场，以避免同业竞争带来的销售风险。

第三，通过加强项目工程管理和建设各阶段的检查和监督，采用招标方式精心选择施工和施工监理单位，加强工程的现场管理，提高产品的整体质量，以卓越的质量既能吸引广大购房者前来置业，也能在行业中树立良好的品质形象，进一步增强公司的品牌影响力。

4. 综合评述

分析认为，本次授信主体是××集团××××置业有限公司，符合银行与××集团有限公司开展"总对总"授信合作的授信要求，××集团有限公司作为国内领先的房地产开发公司和大型国有上市公司，综合实力强大，竞争优势明显。该项目市场定位准确，价格优势、区位优势及竞争优势显著，销售前景光明，银行授信风险可控，授信方案可行。

（1）本次授信的优势。

一是××集团有限公司作为房地产行业的龙头企业，拥有强大的经营管理能力和项目运作能力，具有良好的品牌认知度和市场美誉度，所开发建设的商品房项目一直以来销售状况良好，竞争优势明显，是银行"总对总"授信战略合作客户和重点支持客户。

××集团×××置业有限公司作为××集团有限公司的控股子公司，符合银行"总对总"协议项下房地产开发贷款项目的要求。住房开发贷款投向的××世纪城二期项目区域优势显著，竞争优势明显，项目定位准确，价格设定合理，销售前景光明，财务效益良好，银行授信风险可控。

二是通过本次授信，银行将与××集团×××置业有限公司签订银企合作协议，采用全封闭方式操作，将对应项目的全部按揭贷款业务吸纳至银行，按照购买该项目50%的客户在银行办理按揭业务，同时比照银行操作住房按揭贷款的成数比例70%，可初步估算本次授信将为银行带来2亿元左右的住房按揭贷款，从而进一步拉动银行私人业务的快速发展，符合银行大力发展对私业务的经营理念，并为银行增加一大批优质的对私客户，能够有效地促进银行对私业务的快速、健康发展。

（2）本次授信的劣势。

一是交通条件方面，公交线路偏少、偏长。

二是周围配套设施需要完善。

对于本次授信项目，银行将严格控制贷款存续期间，抵押物动态抵押率不超过50%，确保银行资产安全。在本次授信过程中，银行将密切关注国家宏观调控政策的变化，准确把握相关宏观政策对房地产行业产生的影响，密切关注项目区域房地产市场变化情况，及时判断各种可能出现的风险，及时找出规避政策风险的办法。一旦出现重大行业性风险，及时压缩、回收银行贷款，将国家、区域房地产政策变化所导致的各种风险降到最低。

为此，银行需在授信放款期间，根据项目的实际工程进度发放贷款，确保专款专用，专项用于项目建设，从而确保银行债权安全。

综上所述，我们认为，本次授信风险可控，综合效益显著，授信方案可行，特申请授予××集团×××置业有限公司综合额度30000万元整，专项用于编号为×××（20××）第×××号的国有土地使用权证所载明的××世纪城二期项目的开发建设，期限24个月，不可循环，不可串用，担保方式为土地使用权及其上在建工程抵押，采用全封闭方式操作。本次授信纳入银行对××集团有限公司55亿元总额度授信中管理。

第十章　保理业务授信调查要点

一、保理基本规定

1. 基本定义

保理业务是指银行作为保理商，受让商品交易卖方的应收账款，并为其提供贸易融资的业务，包括明保理与暗保理。

【客户经理思考要点】

1. 保理业务对应的买方是谁？
2. 保理业务可以办理应收账款转让通知，买方确认吗？
3. 可以采取倒签商业承兑汇票，由买方进行承兑吗？
4. 可以做到买方指定封闭回款路径吗？
5. 可以与买方签订三方合作协议吗？

2. 主要特点

保理业务以商务购销合同为前提，并且商务购销合同以赊销为结算方式。保理业务以保理协议为基础。根据签署协议的不同，保理业务的当事人较多，最多包括买方银行、卖方银行、买方（商务购销合同买方）和卖方（商务购销合同卖方）四方当事人。

保理业务的核心是债权转让关系。融资银行（保理商）通过保理协议购买债权。因此，保理业务区别于以应收账款质押为担保方式的授信业务。

3. 主要风险点

（1）恶意诈骗风险。保理交易极为容易出现诈骗风险，借款人虚构某实力极强的核心企业的应收账款恶意诈骗银行。

（2）核心企业信用风险。交易主体风险主要是指商务购销合同项下买卖双方的资信状况及付款能力，交易行为风险主要集中在贸易背景真实性上，交易标的风险主要是指交易的商品是否适合叙做保理业务。

（3）商务合同风险。买卖交易双方签署的商务购销合同是形成应收账款的基础，也是追索保理融资款项的依据之一。因此，合同中是否有对保理融资债权人不利的条款，对于保理融资资金安全回收至关重要。

（4）应收账款控制风险。该风险主要是指转让给银行的应收账款质量是否利于应收账款的回收，且应收账款回款方式是否利于对回款资金的监控。

（5）操作风险。在进行应收账款核实确认时候，疏忽大意，使用印章出错，产生操作风险。或核心企业付款后，没有及时跟踪扣划，被恶意挪用。

二、保理授信调查要点

针对保理业务的特有风险，银行主要从保理卖方（商务购销合同卖方）、保理买方（商务购销合同买方）和商品交易等方面进行审查和分析。

1. 关于对保理卖方的调查

对于保理卖方，银行应首先关注保理卖方的资信情况。对于实力较强、以改善报表为主要目的的卖方，适当参考商品交易。

对于自身实力较弱、以融资为主要目的的卖方，对其审查标准要求相对较高，并参考买方审查。

对于保理方案完善的，例如保理融资前进行应收账款转让、买方对应收账款转让事宜予以确认、银行能够监控买方付款资金等，对卖方的审查标准可适当弱化；否则，要适当提高对卖方的要求。

对卖方审查时，要求卖方符合以下要求：所从事行业前景良好，且从业时间在 2 年以上；经营稳定，主业突出，产品质量和运输安装能力等有保障，能按时按质履约；销售对象集中度适中，防止对买家过于分散的卖方进行保理融资；买卖双方已形成长期稳定的供应关系，交易行为能为卖方形成稳定连续的现金流。

2. 关于对保理买方的审查

对于保理买方，重点审查其付款能力，除自身经营的稳定性、销售渠道的顺畅性和销售回款的及时性外，应重点关注其与卖方是否具有真实的基础交易背景且交易行为合法、双方是否具有长期合作关系、交易方式是否与其一贯的交易方式一致、以往付款记录、是否存在商务纠纷、是否同意确认应收账款转让事宜等。

3. 对商品交易的审查

买卖双方的交易是保理业务的前提，应重点审查交易标的和商务购销合同。

4. 对交易标的审查

审查交易标的是否适合叙做保理业务。

5. 对商务合同的审查

对于保理业务授信申请，要严格审核商务购销合同。

对于以综合授信额度方式申请的保理业务，也应要求申请人提供拟采用的商务购销合同，并重点审查以下内容：合同中对于货物的数量、种类和质量是否有明确的约定；合同生效是否无附带条件；合同中是否有禁止应收账款转让条款；结算方式是否为赊销，赊销账期与保理融资期限是否匹配；付款方式是否明确，是否有确定的付款到期日且付款期限不超过180天；付款条件是否苛刻，对于合同中含有可以行使抵消权、代销、寄售、对销、分期付款等付款条件的不宜叙做保理业务。

6. 各种保理业务的特殊要求

（1）无追索权保理。无追索权保理业务项下银行原则上不接受买方以银行承兑汇票、银行汇票或支票支付的方式。

无追索权保理买卖双方不能是关联企业。

无追索权保理需对买卖双方进行授信，重点考察买方信用状况。该业务模式下银行仅是有条件地放弃追索权，在卖方履约发生争议的情况下，银行可向其进行追索，而在此情况下，卖方往往已经支付了相应的生产成本，而买方拒绝付款。因此，无追索权保理业务除需审查卖方的履约能力外，还需审查其财务实力，以保证在其无法用买方支付的款项偿还保理融资款时，卖方有足够的其他资金用于还款。

（2）保理池融资。保理池融资是指卖方将其特定买方或所有买方的应收账款整体转让给银行，银行根据稳定的应收账款余额向卖方提供保理融资。银行保理池融资模式仅适用于有追索权保理业务。

卖方需与买方建立长期稳定的合作关系，并签订年度供货合同，有明确的年供货安排；有持续稳定的应收账款形成及持续的现金流入，季节性销售情况不明显；应收账款最低时点余额与平均时点余额需与融资金额匹配；应收账款整体转让，并且在业务存续期间的应收账款随时转让；买方付款方式为付至银行保理专户或卖方在银行开立的监管账户。

卖方包括与核心制造企业建立长期稳定供货关系的零配件供应企业；中型生产制造企业，且商品标准统一、同质性强，买方较为分散；商品不属于寄售代销的、与大型超市或商场建立长期稳定供货关系的批发零售企业；为医院提供药品销售的药品生产或销售企业。

【案例】

××科技发展投资有限公司（财政保理）授信方案

一、企业概况

1. 基本介绍

××科技发展投资有限公司注册资金为76000万元。在职能分工上，主要承担××经济开发区国际服务外包示范区基础设施载体建设；在财务上，公司独立核算，更好地体现外包示范区项目的资产与负债。××科技发展投资公司作为××经济开发区的投资开发实体，经营范围包括科技项目开发投资管理、企业投资、基础设施建设管理、房地产开发经营、科技产品研发。

2. 上下游客户及主要结算方式

供应渠道分析			
	前三名供应商（按金额大小排名）	金额（万元）	占全部采购比率（%）
1	×××路桥有限公司	2415	15
2	××路桥有限公司	2100	10
3	××集团有限公司	1900	9
公司供应商主要为工程公司，合作时间均较长，结算方式为银行承兑汇票或现汇。			
销售渠道分析			
	前三名销售商（按金额大小排名）	金额（万元）	占全部销售比率（%）
1	××市××经济开发区管委会	19000	100
2	无		
3	无		
公司主要为××市××经济开发区负责基础设施建设项目，且工程项目建设基本上都是代建性质，公司收入来源主要为代建收入。			

3. 担保人总体评价

××资产经营投资有限公司主要负责××经济开发区基础设施建设和项目投资。由于××经济开发区是××市最大的省级开发区，享受省级开发区的一系列优惠政策（如挂牌拍卖土地收益款全额返还、市政府每年财政预算内资金拨款支持等），未来是××市政府重点支持的开发区，故发展前景较好。

开发区重点发展电子信息、精密机械（汽车零部件）、高科技纺织等产业，初步形成了电子信息、汽车零部件等产业链，在招商引资、载体建设、项目建设以及环境保护等方面都取得了显著成效。

公司为开发区进行基础设施建设，以吸引更多的优质企业落户。借款人经营情况良好，已完成电子工业园、汽车零部件产业园、粮食基地等项目的建设，有力地推动了开发区的招商引资进程。公司管理层主要由市政府委派，大多具有多年政府和公共企事业单位管理经验，诚信度高，管理能力较强，有很强的还款意愿。

综上所述，公司发展态势良好，财务状况优良，各项收支平衡，具有足够的担保能力。

二、银行授信方案

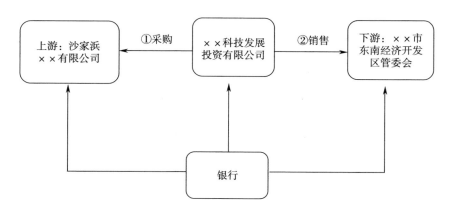

产业链标准流程

1. 授信方案

银行授信方案

额度类型	公开授信额度		授信方式	综合授信额度		
授信额度（万元）	10000.00		授信期限（月）	12		
授信品种	币种	金额（万元）	保证金比例（%）	期限（月）	利/费率	是否循环
国内有追索权保理	人民币	10000.00		12	按规定	否
贷款性质	新增	本次授信敞口（万元）		10000.00	授信总敞口（万元）	20000.00
担保方式及内容	保证人：××资产经营投资有限公司。担保方式：由××资产经营投资有限公司提供连带责任担保。					

本次拟追加××科技发展投资有限公司国内有追索权保理授信1亿元，期限为1年，利率遵从银行规定，由××资产经营投资有限公司提供连带责任保证。授信用途为日常采购物资原材料、支付日常工程维护与养护费用等补充企业流动资金。还款来源为保理方案项下的应收账款（××科技发展投资有限公司受××经济开发区管委会委托建设××国际学校工程项目所形成的应收款）。

（1）通过该业务方案，明确政府、财政、××科技发展投资有限公司的责任，督促市政建设资金安排和拨付。

（2）缓解××科技发展投资有限公司银行到期贷款集中归还的压力，防止系统性风险和信用危机。

（3）促进××科技发展投资有限公司合理安排使用信贷资金，加强财务管理，加快已建设竣工项目的验收和财政拨款。

2. 本次授信的优劣势分析

本次授信有利于银行提高在当地政府心目中的地位，争取到更多的政府项目及财政类存款。

本次授信可能面临的劣势是项目本身的风险因素。

（1）政府的还款压力风险。近年来，常为东南经济开发区开工建设项目较多，对资金的需求量较大，对金融业有较高程度的依赖，该项目还款资金进而存在不确定性。

（2）政策风险。国家政策对开发区的建设与运营影响重大，其主要影响政策包括土地利用政策、征地所涉及的政策、开发区实行的优惠政策（如税收减免政策、产品进出口政策等）、产业税收政策等。这些政策的变化可能会在不同方面、不同程度上影响开发区的发展。

根据上文对项目预期收益以及风险的分析可知，银行项目贷款可获得的实际收益以及潜在的收益非常可观，项目贷款风险可控。

3. 隐患和防范措施

监管借款人资金用途，确保符合银行规定。防范措施包括关注借款人总体融资及担保情况、关注本地区经济发展近况及发展趋势。

> 银行要牢牢抓住企业的核心资产，缓慢逐步扩大授信额度，最终目标是牢牢抓住企业的核心经营现金流，标志是企业将销售的收款账户和增值税发票账户均修改为融资银行。要求企业逐渐降低在其他银行的结算量，甚至逐步萎缩。

第十一章　货权质押授信调查要点

一、基本定义

货权质押授信业务是指银行以企业法人自有动产或货权为质押，以贸易融资、流动资金贷款、银行承兑汇票、商业承兑汇票保贴等各种形式发放的，用于满足企业物流或生产领域配套流动资金需求的表内外授信业务。其操作模式可分为以下几类。

（1）货押业务主要模式按质押标的物形式可分为仓单质押模式和动产质押模式。仓单质押模式是监管公司控制货物，并将其转化成仓单提供融资，这种操作风险较小，不容易出现操作风险。动产质押模式是银行在委托监管公司控制货物的前提下提供的融资，这种操作风险较大，容易出现操作风险。

（2）按融资发放时质权是否已有效设立可分为现货质押模式和未来货权质押（先款、先票、先证后货）的操作模式。现货质押模式是银行直接控制现货，然后再融资，这种操作风险较小，不容易出现操作风险。未来货权质押（先款、先票、先证后货）的操作模式是银行先提供融资，然后借款人以融资支付货款后所得货物进行质押，这种操作风险较大，容易出现操作风险。

（3）按监管方式不同可分为静态质押模式和动态质押模式。静态质押模式是指质押物不允许换货。这种模式极为安全，防止私自出货。动态质押模式是指质押物允许换货。这种模式风险较大，极易私自出货。

（4）按监管模式不同可分为输出监管和独立监管。输出监管是在借款人所在地仓库进行监管，其操作风险较大，极易私自出货。独立监管是指借款人将货物存放在独立的监管公司进行监管。其操作极为安全，可防止私自出货。

【客户经理思考要点】

1. 可以签订委托变卖协议吗？

2. 货物权属清晰吗？都属于借款人吗？

3. 货物变现性如何？

二、主要特点

1. 融资以物权控制为核心

银行与仓储物流机构和客户签订三方协议，从法律上确认该货物的质押权属于授信银行，客户提供合法有效、权属清晰的质押商品，仓储机构作为货物监管方履行监管义务，并签发仓单或质物清单，明确界定具体业务项下银行的权益范围，从而使得银行融资有了有效的资产支持保证。银行通过对企业周转物流的有效控制，实现对其经营活动现金流的有效监督，确保授信资金的安全。

2. 现金流与物资流结合紧密，封闭运行，融资具有明显的自偿性

以未来货权质押业务为例，经销企业申请—银行对经销企业放款—供应商封闭收款—供应商发货—经销商企业向银行办理质押—经销企业分批销售给终端买家—经销企业分次打款赎货—到期清偿融资，贸易链条如此循环往复，资金流转和物资流转相生相伴，互为转化前提，资金和货物在供应链融资体系内封闭运行，银行融资风险可得到有效控制。

客户所获货押融资，以质押商品销售形成的现金流直接偿还，而不完全依赖授信到期阶段企业的综合现金流，具有明显的自我清偿特征。银行必须注意控制企业的销售现金流，要求企业向终端买家发货后，下游必须承兑商业承兑汇票，然后将商业承兑汇票反向质押给银行。

3. 过程监控管理要求严格

货押融资与企业经营结合紧密，信用风险与操作风险并存且易于相互转化。货押业务流程较长，包括入库、检验、出质、核库、出账、盯市、查库、赎货等多个环节，环环相扣，缺一不可。货押业务同时还涉及多方利益主体，包括银行、申请授信企业、仓储单位、监管机构、供货商（如为未来货权质押）等，操作管理较为复杂烦琐，全过程须保持严格的监督控制。

三、授信主要风险点

1. 经济和产业周期变化的风险

叙做货押融资业务的客户受经济周期、商品行情影响较大。在经济复苏和繁荣时期，商品交易量较大，价格波动相对较小；销售较为顺畅，风险相对较小；在衰退与萧条时期，行业经营业绩下滑，违约概率较大。很多借款人都是在经济下行期间大量违约，发生放弃货物的风险。例如，在经济下行期间，钢铁行业会发生大量经销商放弃货物的风险。

2. 贸易背景真实性风险

货押融资的前提是必须有真实、合法的商品交易背景，虚假的交易背景无法形成完整、闭合的资金流和物资流，还款资金来源缺乏可靠保障，因此每笔业务须对应确定、真实的贸易合同。货押融资资金只能用于满足企业主营产品生产经营周转需要，不可用于期货或股票的炒作、投资，也不可用于长期投资项目，并应防止客户利用关联交易套取银行资金用于其他用途。

银行必须核实提供货押企业商品是否已经有明确的下家订单，在订单金额范围内提供融资，防止企业挪用资金。由于大部分商品行业利润率极低，所以应防止企业主以"商品融资"为名进行套现。

3. 物资流与资金流过程控制有效性的风险

仓储监管机构代表银行对质押物进行日常监督控制，这是银行对物权实现有效控制的重要手段和途径。银行货押业务优先选择全国性大型仓储物流机构作为监管方，并关注具体机构和人员是否具备足够的监管能力和监管经验。相对于独立监管，输出监管对货权的控制力度较差，在输出监管模式下，监管机构的确定应当尤为审慎。经营部门和货押管理中心自身应加强质押物的核库、巡库等监管工作，防范由于仓储监管机构道德风险造成的损失。

银行必须通过限定授信用途、指定收款人、要求销售回款进入银行指定账户、银企对账等方式，实现对资金流的有效控制，防止融资资金挪用或外流。

4. 质押物处置变现风险

质押物能否顺利处置变现，直接关系到银行的最终风险控制水平，并影响开展货押授信业务的成效。因此，在对行业及产品有较高认知度的基础上，应选择流通性高、市场容量大、通用性强、独立变现能力强、性质稳定、价格波动小、易于计量和保管的大宗原材料类产品，如煤炭、粮食、橡胶等。

5. 未来货权项下质押物保全风险

未来货权质押业务除货物的质量、所有权关系、变现能力、价格波动、监管方管理水平和企业经营状况风险之外，还存在不能及时收妥质押物的风险，因此对供货商的供货能力和商业信誉要求较高。应选择实力强、信用好、与经销商原有债权债务关系清晰的供货商，相关流程与协议能保证银行有效控制货权。货权单据及其项下货物应满足完整、真实、合法和有效的要求。

四、授信调查要点

货押业务具有典型的自偿性，申请人实际经营、财务状况和货押方案中相关对应要素应始终保持一致，并可相互印证，货权质押授信调查应围绕以上要点展开，可从授信背景、业务经营、财务状况、货押方案、授信方案等几个方面着手开展授信调查。

1. 授信背景分析

判断申请人是否达到相关准入条件；申请人的股东及实际控制人情况如何，关联企业是否在银行已有授信；申请人在他行授信规模、授信品种、授信条件及使用情况；以往是否办理过货押业务，有无不良信用记录；客户是否首次与银行开展授信合作；若为存量业务，以往额度使用情况如何。

2. 业务经营分析

（1）基本状况分析。分析主营业务状况，判断是否具备主营产品的经营资质，主要领导人综合素质和从业年限如何、行业经验和价格管理能力怎样，在同业内具备哪些竞争优势和劣势。

（2）市场地位分析。分析内容包括主要产品市场容量和发展趋势怎样、申请人经营规模和市场地位如何、主要竞争对手状况等。对于贸易流通类企业，重点关注申请人是否已取得主营商品的法定经营资质或代理销售权；对于生产加工类企业，重点关注其技术与设备水平的先进性、销售模式和销售网络情况。

（3）供应链分析。了解申请人在产品供应链中的位置，摸清主要供货商和主要销售对象，分析是否为关联企业以及合作历史、合作记录情况，判断上下游客户的供货或付款实力。

（4）基础交易分析。关注主营产品价格走势，交易流程、结算方式、结算周期，付款、交货的关键环节控制等要素，并与行业通行惯例进行比较。争取审核贸易合同和增值税发票原件，直接获取基础交易信息，不仅有助于判断交易背景的真实性，也有利于掌握申请人经营规模和购销网络的稳定性。

3. 财务状况分析

鉴于货押业务物资流和资金流封闭运行，具有高度的自偿性，应特别关注存货、应收账款、预付账款、预收账款和应付账款等主要往来科目的余额、占比及周转效率如何，与基础交易情况是否吻合，考察其经营资金周转周期与赎货期及单笔授信业务期限是否匹配。

4. 货押方案分析

（1）质押物分析。判断质押物是否为银行主导的货押标的物品种，分析价格走势和市场供求趋势以及变现难易程度。在对行业及产品有较高认知度的基础上，优先选择流通性高、市场容量大、通用性强、独立变现能力强、性质稳定、价格波动小、易于计量和保管的大宗原材料类产品。

（2）业务模式分析。判断各项货押方案要素与企业实际经营情况或行业惯例是否一致，如质物品种、货押方式、赎货期、授信品种、收款人等。

现货质押业务：重点关注监管条件、货物权属、质量、变现能力、价格管理等内容。

静态货押授信业务模式下监管机构对质押物实行静态监管，不允许以货易货，客户必须打款赎货，较适用于经营渠道稳定、批量进货分次销售的贸易流通类客户。

动态货押授信业务模式下银行对质押商品价值设定最低限额，允许限额以上的质押物自由进出，客户可以以货易货，较适用于库存稳定、货物品类一致、质押物价值核定较为容易的大中型生产型企业，但应防止滞销货物换入，并须根据价格波动，随时调整最低库存警戒线。

未来货权质押业务：重点关注上游供货商的资信和实力、货物品质和交货时间的保障程度、合同履约能力和以往履约记录、货物在途风险、到货入库的封闭性。

基础交易为进口商品采购的，应优先支持大中型贸易商（或自营进口原材料的生产商），它们经营稳定，贸易背景清晰可靠。基础交易为国内贸易采购的，应优先支持生产商的一级经销商（代理商），它们进销渠道高度稳定，在当地同行业中市场份额突出，位居经销商高端。

赎货期：是依据行业周转速度、申请人货物周转速度和应收款回收时间而设立的赎清货物、补足授信敞口的期限。赎货期正常与否，直接反映申请人经营是否正常，质押货物是否正常流转，货款能否及时回笼。赎货期是授信风险分析的重要因素，也是确定单笔授信业务期限的重要依据。

（3）仓储监管分析。审核监管机构是否符合银行有关规定和准入条件。若为其他监管机构，应审慎对待。通过监管方以往与银行的合作情况，分析其实际管理能力如何。银行应当多选择中远物流、中储物流、中邮物流等大型物流储运公司。

（4）质押率分析。判断质押率和保证金比率是否合理，质押率原则上不高于70%。在确定货物价格和质押率时，应充分考虑企业的行业地位、过往三年内价格变动情况、市价合理预期变动、银行的价格管理水平以及技术进步、产品更新换代等无形损耗对货物变现能力的影响。审核质押物权属是否清晰，是否存在影响处置变现的不利因素。

5. 授信方案设计思路

（1）授信品种分析。分析客户申请的授信产品是否与其经营结算需要相适应，以往是否有同类产品的办理经验，该产品是否有助于银行有效控制客户经营资金流。在货押业务中，银行应当引导企业多使用国内信用证和银行承兑汇票，而非流动资金贷款。

（2）授信期限分析。综合授信期限为1年，重点分析单笔业务期限与赎货期、企业资金周转周期是否相匹配，单笔业务期限不超过6个月。如企业周转期限为3个月，银行就应当考虑提供4个月左右的融资，如果融资时间过长，企业就可能挪用信贷资金。

（3）授信额度分析。根据财务分析结果，判断企业经营周转资金缺口和实际债务清偿能力，结合企业经营规模和趋势、当前债务负担及他行授信金额等因素，审慎确定授信额度。若为存量业务，还应关注以往授信使用情况如何，分析追加理由是否充分合理，防止过度授信风险。很简单，如果企业购买货物的价值为100万元，企业应当有自有资金30万元，其余70万元由银行提供融资，但是，银行必须考虑企业的经营运作能力。

（4）授信用途分析。分析银行授信资金是否用于支付申请人生产所需原材料或经营产品采购款。对于存在潜在风险隐患因素的授信，应提出明确具体的授信管理要求，如限定具体资金用途、指定收款人等。

【案例】

兰州市××商贸有限公司授信方案

一、企业概况

1. 客户概况

兰州市××商贸有限公司注册资本为500万元，从事以煤炭产品购销、铁路代办服务为主，其他兼营为辅的商贸经营。公司一直与兰州××电厂、云南××股份有限公司、兰州××焦化有限公司、××兰州发电有限公司等大型企业长期合作。

2. 上下游客户及主要结算方式

供应渠道分析			
	前三名供应商（按金额大小排名）	金额（万元）	占全部采购比率（%）
1	富源县××煤矿	1496.39	17.30
2	富源县××镇绿青湾煤矿	1223.94	14.15
3	南华县××煤矿	792.98	9.17
销售渠道分析			
	前三名销售商（按金额大小排名）	金额（万元）	占全部销售比率（%）
1	××兰州发电有限公司	2397.57	24.80
2	云南××股份有限公司	1623.84	16.80
3	兰州××焦化有限公司	1595.35	16.50

二、银行授信方案

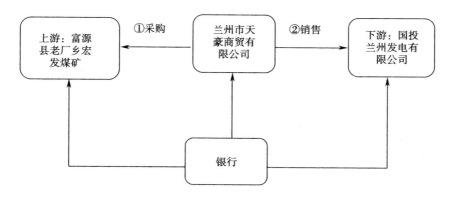

产业链标准流程

1. 授信方案

授信方案						
额度类型	公开授信额度		授信方式	综合授信额度		
授信额度（万元）	10000.000		授信期限（月）	12		
授信品种	币种	金额（万元）	保证金比例（%）	期限（月）	利/费率	是否循环
银行承兑汇票	人民币	10000.00	30	12	按银行规定费率执行	是
贷款性质	新增	本次授信敞口（万元）	7000.00	授信总敞口（万元）	7000.00	
担保方式及内容	现货质押：原煤					

申请人：兰州市××商贸有限公司。

质物：原煤。

出质人：兰州市××商贸有限公司。

业务模式：现货质押。

授信品种：流动资金贷款，可串用银行承兑汇票、国内信用证。

供货方：兰州××有限责任公司、富源县××工贸有限责任公司、兴仁县××煤矿、兴义市××煤焦有限责任公司。

货权形式：动产。

仓库位置：兰州市××货场。

监管人：××物流科技股份有限公司甘肃分公司。

监管模式：输出监管。

监管合同及厂商银合作协议：标准合同。

盯市渠道及取值方法：中华商务网。

采用市场价与发票价孰低值。

保证金比例：30%（银行承兑汇票模式）。

质押率：70%。

资金用途：上游供应商原材料采购。

赎货期：120天（6个月的银行承兑汇票开票期限，根据生产周期初步确定）。

回购/担保安排：公司股东×××、×××承担无限连带责任。

还款方式：到期一次还本结息。

回款方式：赎货期到期前一个星期内一次性还款。

2. 风险点及控制措施

（1）货物控制。质押物由监管人实施24小时监管，并严格执行银行事先制定的提货或换货出库流程；在实际质押物价值等于银行核定价值时，监管机构仅凭银行签发的提货通知书为申请人办理提货。

（2）质量控制、保险等。银行将在出账前对质押物的质量进行抽查检验，由权威质检机构进行商检并出具商检报告，以确认质押物的品质并据此核定价格；根据质押物的特性办理保险。

（3）其他管理措施。①银行按盯市价格逐日计算动态质押率，质押率上升超过5%，即要求申请人补充保证金或补充同等价值货物；如质押物价格发生变化，将及时向监管机构发送质押物价格确定/调整通知书，从而保证质物的最低库存量、最低价值。②如申请人未能在银行承兑汇票到期前归还银行承兑汇票款项，银行也可提前终止授信并根据与申请人签署的变卖协议对货物作出相应处理。③第一次出账前三个工作日内进行核库，且每月至少查库一次。

（4）企业法人责任追加措施。票据一旦到期，企业发生无法偿还或逾期现象，企业法人股东×××、×××承担无限连带责任。

3. 其他需要说明的事项

（1）回款方式的初步设计。选择已经与公司财务充分交流，对方承诺接受该回款方式，双方建立在互信、互利合作的基础上，在120天赎货期到期日前十天或前一个星期内还清贷款敞口。

（2）授信品种申请为流动资金贷款的原因。根据企业的实际生产情况，企业与其上游供应商结算方式多数为现款现货，甚至是预付，只有部分供应商少部分资金结算方式为银行承兑汇票及国内信用证。考虑到企业销售规模巨大，为银行新客户，从长远发展战略角度考虑，为满足企业实际需要，特申请授信品种主要为流动资金贷款。

第十二章　国内信用证业务授信调查要点

一、基本定义

国内信用证是指开证行依照申请人的申请开出的、凭符合信用证条款的单据支付的付款承诺。国内信用证项下的风险融资业务包括开证授信、买方押汇、卖方押汇、议付。

【客户经理思考要点】

1. 交易中有清晰的合同和发票吗？
2. 卖方会配合办理议付融资吗？
3. 国内信用证与银行承兑汇票的区别，客户知道吗？

二、产品主要特点

国内信用证为不可撤销、不可转让的跟单信用证，适用于国内企业之间的商品交易。开立国内信用证必须具有真实、合法的商品交易背景，以单证相符、单单一致作为付款条件。必须以人民币计价，只限于转账，不得支付现金。国内信用证项下空运提单、铁路运单、公路运单等不是物权凭证。风险资产占用较低，计算风险资产占用时的风险转换系数仅为 0.2，远低于短期流动资金贷款和银行承兑汇票。

三、主要风险点

一是信用风险，体现为交易双方是否有真实的履约意愿和履约能力，即国内信用证的签发主体——买方是否有兑付国内信用证的能力，卖方是否有按照国内信用证发货的能力。在国内信用证项下，其实就是对买方提供的一种融资，因此，必须判断买方的清偿能力。

二是贸易风险，体现为是否具有真实、合法的贸易基础。国内信用证必须基于真实的商品交易。国内信用证没有类似于国际信用证项下证明物权的海运提单，更多地依靠收货人开立的收货证明书，货权是否真正发生转移较难把握。

三是资金挪用风险，即利用关联交易、虚假交易等手段骗取银行信用，套取资金。很多关联企业利用国内信用证进行关联企业之间的融资，对银行而言风险极大。

四、授信调查要点

1. 基础贸易

（1）评价贸易背景的真实性。分析评价贸易双方合作的稳定性及未来发展趋势，判断交易标的是否在企业法定经营范围之内，是否适合叙做国内信用证，适合开展即期国内信用证还是延期国内信用证，所申请的授信金额、授信敞口及授信期限是否与双方的交易方式、交易量和结算期限相匹配。

对于申请人突然改变交易结算习惯，由过去的银行承兑汇票、现金交易改变为国内信用证结算的，要全面分析其合理性，警惕交易双方利用关联交易或虚构贸易背景变相套用银行资金。

对于交易双方以往未采用国内信用证结算且交易额较大的，建议先开展单笔单批合作，要求前台提供基础贸易合同，对销售渠道、货物发运、到货时间及货款回笼等情况进行审查，合理确定单笔信用证授信金额和期限。

买方押汇期限应与货物销售款项的回笼周期相匹配，从严控制延期付款及议付信用证项下的买方押汇。

（2）国内信用证业务包含在综合授信项目中的，应在授信批复中明确关注贸易背景，加强对基础贸易合同的审查，使用时各笔业务的授信金额、期限应与交易双方的交易量、结算期限相匹配；对于通常采用即期信用证结算的客户，应在批复中明确限定只能用于开立即期国内证。

国内信用证业务为单笔单批的，应通过基础贸易合同审查，包括但不限于交易金额、销售渠道、货物发运、到货时间及货款回笼等，合理确定单笔信用证的金额、敞口和期限。

（3）审慎对待以关联交易为背景的信用证项下融资业务，判断是否存在通过内部转移价格转移利润或利用关联交易虚构贸易背景变相套用银行资金的情况，批复中可要求开证前或放单前提供增值税发票，这有利于把握关联双方是否发生真实的货权转移。

（4）审慎对待交易标的物价格剧烈波动的开证授信业务，可要求适当提高保证金比例以抵补价格波动的风险。

（5）审慎对待易发生变质、毁损等变化的交易标的物的开证授信业务，可要求申请人购买保险，并将银行作为第一受益人。

2. 履约能力及意愿

通过分析申请人的信用风险，重点评价其短期偿债能力，判断其是否有支付信用证款项的可靠资金来源和能力，重点支持以核心企业为主的上下游供应链融资中国内信用证结算方式。

卖方押汇以信用证项下收汇为还款来源，应对收汇安全性进行考核。对非银行系统开立的合格信用证押汇，主要考查开证行在银行是否仍有授信空间；对不合格的信用证押汇，主要考查客户交易历史，以及在发生交易违约的情况下，卖方依靠自身能力偿还本笔授信的能力。

3. 保证金比例

保证金比例须符合银行相关规定，应综合客户资信情况、履约能力，交易标的性质、历史价格走势和未来价格预期等因素设定。对于特大型企业，银行可以提供零保证金国内信用证；对于中小企业，可以考虑收取50%左右的保证金。

4. 第二还款来源

对于以核心企业为主，并且银行可有效地控制现金流的上下游供应链融资项目以外的国内信用证开证，原则上应要求申请人提供相应担保措施，审慎对待以交易对方作为担保人的国内信用证业务。

【案例】

××集团股份公司——国内信用证授信方案

一、企业概况

1. 客户概况

××集团股份公司总资产为64.1亿元，主营房屋建筑、市政及基础建设工程、建筑安装工程总承包，海外工程承包以及劳务合作，建设资质为特级企业，房屋建筑总承包资质为特级。

公司经营管理严密，有健全的风控措施。在承揽施工项目方面，承揽100万元以上项目时均要经过项目评审会集体研究决定，董事会主席具有一票否决权。在对系统内子公司资金管理方面，公司集中管理，设有内部银行，各分公司、子公司财务人员由集团公司委派，对外融资由集团统一融资，有效控制公司经营风险和业务操作风险。

2. 上下游客户及主要结算方式

供应渠道分析			
	前三名供应商（按金额大小排名）	金额（万元）	占全部采购比率（%）
1	××物流集团有限公司	60129	7.4
2	××新型材料有限公司	13560	1.6
3	××基础建设工程有限公司	8625	1.1
供应商供货质量稳定，价格合理，供货稳定。付款方式：国内信用证支付。			
销售渠道分析			
	前三名销售商（按金额大小排名）	金额（万元）	占全部销售比率（%）
1	××资产运营有限责任公司	37563	3.4
2	××地产集团有限公司	98120	8.8
3	重庆××工程有限公司	8950	0.8
施工项目多数为市政项目，付款及时，按施工进度付款，以现金和银行承兑汇票支付。			

二、银行授信方案

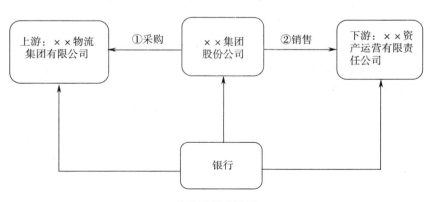

产业链标准流程

1. 授信方案

授信方案						
额度类型	公开授信额度		授信方式	综合授信额度		
授信额度（万元）	20000.00		授信期限（月）	12		
授信品种	币种	金额（万元）	保证金比例（%）	期限（月）	利/费率	是否循环
流动资金贷款	人民币	20000.00		12	按规定	是
贷款性质	新增	本次授信敞口（万元）		20000.00	授信总敞口（万元）	20000.00
担保方式及内容	保证人：青建集团有限公司。担保方式：由××集团有限公司提供连带责任担保。					

该客户属存量户，本次授信金额为2亿元，品种为流动资金借款，可串用银行承兑汇票、商业承兑汇票贴现、国内信用证和保函等。

2. 授信收益测算

本次授信业务若能开展，可为银行带来显著经济效益。

（1）银行承兑汇票为4亿元，按0.05%收取手续费，年中间收入为20万元。

（2）若流动资金贷款为1.5亿元，一年收益约为450万元。

（3）若办理国内信用证5000万元且在银行贴现，年收益约为100万元。

（4）该公司在银行日均存款额为5000多万元，授信批复后，公司将加大银行结算量。这样，公司在银行的沉淀资金约为10000万元，若上存资金，收益约为200万元。

总之，经分析，该业务若能开展，可给银行带来近800万元收益，同时与公司建立了长期合作关系。银行应抓住机遇，为企业加大授信额度，使企业在银行的业务做大做全，通过授信和该企业建立良好的业务关系，培养业务增长点。

操作信贷业务，要仔细地"度量"客户的需求和他的能力。考虑需求要全面，要确保这笔贷款能合理地满足客户需要，不要超；考虑能力，要多做压力测试，要确保企业能够偿还得了这笔贷款，不出风险。信贷供给要合理适度。

第十三章　商业承兑汇票授信调查要点

一、基本定义

商业承兑汇票贴现是指持票人将未到期的商业承兑汇票转让给银行，银行按贴现率扣除贴现利息后将余额票款付给持票人的一种授信业务。

二、产品主要特点

商业承兑汇票的基础是承兑人及业务申请人的经营实力和商业信用，商业承兑汇票依托承兑人解付。

使用商业承兑汇票的前提是业务申请人持有真实合法的商业汇票，具备真实的贸易背景。

三、主要风险点

1. 对承兑人授信时的主要风险点

（1）承兑人信用风险。对承兑人授信时，首要关注承兑人到期能否按时支付。应首先根据风险授信调查要点标准对承兑人进行授信调查。商业承兑汇票的承兑人必须在本行获得授信额度。

（2）贸易背景不具真实性。商业承兑汇票贴现须具备真实贸易背景，如不具备真实贸易背景或授信额度与贸易背景不一致，授信资金将被挪用。

（3）操作风险。商业承兑汇票贴现业务涉及的主体和操作环节较多，操作不当易出现操作风险，例如，商业承兑汇票到期，未能及时办理托收，可出现未及时托收的风险；贴入回头背书票据，导致承兑人拖期付款，可能出现回头背书票据风险；贴现款回头出票人，出现融资性票据，可能出现贴现款回流出票人风险。

2. 对贴现申请人授信时的主要风险点

承兑人在银行无授信，在对贴现申请人进行授信的情况下，贴现申请人的信用风险为首要风险。此种情况应首先根据风险授信调查要点标准对贴现申请人进行授信调查。

此外，贸易背景不具真实性和商业承兑汇票贴现的操作风险也是对贴现申请人授信时的主要风险点。

（1）贸易背景风险。持票人提供汇票对应合同及发票违规，出现贸易背景风险。

（2）恶意诈骗风险。持票人诈骗取得挂失止付票据，导致诈骗风险。

四、授信调查要点

1. 合规性

商业承兑汇票授信调查时应重点关注信贷资金是否用于正常生产经营，贸易背景是否与业务申请人和承兑人的经营范围一致，承兑企业是否作为贴现申请人在银行直接贴现自己承兑的商业汇票。

对承兑人核定授信时，还应特别关注商业承兑汇票承兑人是否按风险授信业务审批流程核定授信额度，承兑人是否存在未支付或未足额支付商业承兑汇票金额、逾期 10 个工作日以上的情况，当地监管部门是否对开立商业承兑汇票的出票人资格有限制。

对贴现申请人核定授信时，还应特别关注是否发生向贴现申请人追索的情形、逾期 10 个工作日以上未返还银行融资的情况等。

2. 贸易背景的真实性

商业承兑汇票授信调查时应重点判断业务申请人与承兑人或其直接前手之间是否具有真实合法的商品交易关系。

根据业务申请人提供的近 3 年财务报表、以往商品货运单、进项发票和商务合同等其他可证明真实贸易背景的资料，判断贸易背景是否与财务数据相匹配，授信额度与企业资金周转速度及损益表中的营业收入是否相匹配。

单笔单批授信还应对承兑人和业务申请人是否为贸易合同签订人、是否与增值税发票供需方关系人保持一致、合同与发票内容是否匹配等进行判断。

对于关联企业签发的商业承兑汇票，须严格审核其贸易背景，防止以贴现形式套取资金。

集团企业内设的资金管理类机构申请贴现或买断时，可要求其提供证明其前手与再前手之间具有真实贸易背景的商品交易合同和相关税务发票、加盖公章的书面说明，书面说明需包含集团对业务申请人的授权（或集团公司的批准文件），业务申请人的业务操作模式、具体职责、资金管理特点，集团成员单位之间的商业承兑汇票业务操作规定等。

水、电、煤、油、燃气等公用事业单位因特殊原因不能提供其与相关企事业单位的商品交易合同的，在其出具供应计划（如供电计划、供气计划）或其他能证明真实贸易背景的材料，并经相关经办人员审核无误后，也可作为判断贸易背景真实性和确定授信额度的参考。

3. 授信额度、期限、用途

授信调查时应对相关数据进行逻辑性判断，确保授信额度、商业承兑汇票金额、合同金额及财务报表相匹配。

综合授信期限根据申请人需求、资信情况等进行核定。单笔贴现期限从贴现之日起至汇票到期日止。

授信应用于正常生产经营，不得用于清偿股权投资债务。

鉴于综合授信时尚不能确定单笔贴现或包买的授信期限、资金用途，在启用综合授信时应根据上述要求进行审查。

【案例】

河南××铝厂有限公司授信方案

一、企业概况

河南××铝厂有限公司主要从事铝型材产品的设计、制造及销售，现在已经成为中外铝型材行业内生产能力强大、产品系列齐全、质量一流的铝型材生产基地之一，拥有高精尖的设备及一流的管理水平，其产品具备国际品质。

公司型材年产能达 31 万公吨，为亚太地区规模最大和最精良的铝型材生产基地之一。设施包括 40 条挤压生产线并配置自动牵引系统（牵引机、矫申机、加热炉、冷却系统等），主要采用自德国、意大利、日本和美国进口的全自动生产线，其中有自美国进口的 5500 吨挤压机（1 台），日本宇部不同吨数（2000 吨、2750 吨、4000 吨等）挤压机 19 台，来自意大利进口的 4 条氧化、电泳生产线，4 条喷粉生产线和 1 条木纹生产线，来自美国进口的 2 条氟碳喷涂生产线等。

公司型材产品广泛应用于建筑、基建、民用、工业型材、汽车制造、电脑制造、室内装饰、航空航天、通讯科技等各个领域，而工业型材包罗万象，主要用于生产运输设备、各种电子电器和家用产品等。公司型材的所有产品均经过严格的检验，每个部门均拥有独立的检验系统，由专设的质检部监控。

通过先进的实验室及测试仪器，公司可以对原材料及产品进行全方位的物理及化学分析与测试，以可靠的质量赢得客户的信赖。

二、上下游客户及主要结算方式

供应渠道分析			
前三名供应商（按金额大小排名）		金额（万元）	占全部采购比率（%）
1	广东××商贸发展有限公司	60000	16
2	佛山市××贸易有限公司	55000	13
3	洛阳××商贸有限公司	48000	10
销售渠道分析			
前三名销售商（按金额大小排名）		金额（万元）	占全部销售比率（%）
1	上海××幕墙系统工程有限公司	95000	34
2	上海××冷藏箱有限公司	86000	28
3	北京××幕墙股份有限公司	82000	26

三、银行授信方案

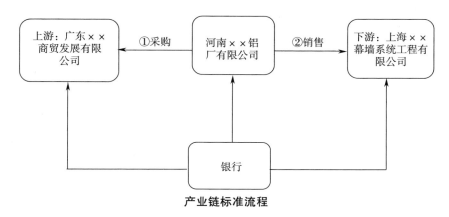

产业链标准流程

1. 授信方案

授信方案			
额度类型	公开授信额度	授信方式	综合授信额度
总授信额度（万元）	30000	期限（月）	12
具体授信品种	在总授信额度中占比（％）	保证金比例（％）	是否循环	用途	贡献分析
商业承兑汇票保押	100	40	是	用于向上游企业付货款	其指定的上游企业持河南亚洲铝厂有限公司开出的商业承兑汇票，以质押（覆盖敞口部分）形式并配比40%的保证金在银行开出银行承兑汇票，能产生保证金存款和开票手续费。
授信总敞口（万元）			30000

本笔授信用于指定上游用信企业向上游购买铝锭产品，主要业务品种为商业承兑汇票保押。以河南××铝厂有限公司开具给指定上游用信企业的商业承兑汇票作为质押（拟质押的商业承兑汇票到期日早于开立的银行承兑汇票到期日15天），指定上游用信企业在此额度内向其上游开立银行承兑汇票，保证金不少于40%，具体额度分配根据使用时分行的审批拟定。

指定上游用信企业可在此额度内签发银行承兑汇票，在该商业承兑汇票保押额度的期限和额度内，在符合商业承兑汇票保押额度合同中规定的有关额度使用前提条件下，指定上游用信企业可以连续循环使用该额度。

国外市场需求量增大，导致资金需求大增。根据该公司的生产能力和市场需求计划，公司月消耗铝锭、铝棒25000吨左右，年铝锭平均价格为16000元/吨至17000元/吨，每月所需资金约为41000万元；生产周期为60天，销售的货款则有2个月的回款期，销售循环期为4个月。预测需要资金12.3亿元左右，除了公司的其他银行融资，还需向银行申请商业承兑汇票保押间接授信30000万元（敞口）（其中存量10000万元，增量20000万元）。还款来源为申请人的销售收入。经调查，公司销售收入为

447179 万元，实现净利润 17586 万元，第一还款来源充足。

2. 风险点及防范措施

（1）该公司上下游均为较为固定的企业，有长期的合作关系，且都有一定的知名度，付款方式比较灵活，货款回笼比较有保证。

（2）市场价格因素：借款人属铝型材生产企业，其主要原材料为铝锭，铝锭价格的波动对其影响较大，有色金属市场上铝锭价格趋势一直相对稳定。河南亚洲铝厂有限公司是亚铝集团旗下超大型铝材生产企业，其发起人香港亚洲铝业有限公司已从事该行业近 20 年，从业经验较为丰富，对市场走势的把握较为准确，具有一定的抗价格波动能力，且公司以生产加工为主，市场价格因素对于公司的影响较小。

3. 综合收益预测

（1）银行以往与申请人无授信往来记录。

（2）定价结构：商业承兑汇票保押间接授信额度为 30000 万元敞口（其中存量人民币 10000 万元，增量人民币 20000 万元），期限为 1 年，40% 的保证金。

（3）银行承兑汇票开票手续费可带来 0.05% 的收入。

（4）申请人将介绍其上下游客户在银行申请授信，带来的业务和效益将是非常可观的。

【使用商业承兑汇票常用协议】

商业承兑汇票保贴三方合作协议

（＿＿＿＿＿＿）　＿＿＿＿＿＿＿＿＿字　第＿＿号

甲方：＿＿＿＿＿＿＿＿＿＿（买方、核心企业）

乙方：＿＿＿＿＿＿＿＿　（卖方、供应商）

丙方：＿＿＿＿＿＿　（银行方）

为加强甲、乙、丙三方之间互利合作关系，确保甲方和乙方签订的＿＿＿＿＿＿＿购销合同顺利履行，经三方当事人自愿平等协商，达成如下协议，协议各方恪守履行。

第一条：信用额度及结算方式

协议条款如下：

本合同为依据丙方与甲方签订的综合授信协议（编号：_____），甲方因与乙方的采购需要，使用丙方提供的授信额度。甲方使用授信敞口额度_____万元整，并另外交存_____万元保证金，签发票面金额为_____万元商业承兑汇票。

第二条：业务流程及银行监管

1. 根据甲乙双方签订的_____购销合同的相关约定，以甲、乙双方书面确定以商业承兑汇票作为结算支付方式。

2. 甲方向乙方开具期限_____的商业承兑汇票，面额_____，汇票号码：_____。

3. 乙方在收到商业承兑汇票后，在丙方办理商业承兑汇票贴现，乙方需当月开具增值税专用发票给甲方，并由乙方于送达对方同时复印给丙方备查。

4. 甲方在商业承兑汇票到期日，将兑付商业承兑汇票的资金汇至乙方在丙方开立结算账户，用于补足乙方在丙方开出的银行承兑汇票敞口。

第三条 声明和保证

三方在此声明保证如下：

1. 三方均为依法成立并合法存在的企业法人或金融机构，有权以自己名义、权利和权限从事本协议项下的经营活动，并以自身名义签署和履行本协议。签署本协议所需的有关文件和手续已充分齐备并合法有效。

2. 签署本合同是各方自愿的，是自身的意思的真实表示。

3. 各方届时将按照诚实信用的原则充分地履行本协议，并在履行本协议时给予他方必要的协助和配合。

第四条 违约责任

本协定生效后，任何一方违反本协议的任何约定义务给守约方造成损失，还应赔偿守约方的损失，损失包括但不限于本金、利息、罚息、因追索或索赔产生的全部费用及可以预见的可得利益损失。

第五条 协议的解释和争议

凡因履行本协议所发生的或与本协议有关的一切争议、纠纷，双方可协商解决。协商不成的，任何一方可以依法向乙方所在地的人民法院提起诉讼。

第六条 合同生效

本协议于三方有权人签字、加盖公章之日起开始生效。

本协议一式三份，每方各执一份，每份均具有同等法律效力。

甲方：

法定代表人或代理人：　　　　　　　日期：　　年　　月　　日

地址：

电话：

乙方：

法定代表人或代理人：　　　　　　　日期：　　年　　月　　日

地址：

电话：

丙方：

法定代表人或代理人：　　　　　　　日期：　　年　　月　　日

地址：

电话：

> 　　商业承兑汇票贴现资产，对这家银行信贷可以形成进可攻、退可守的格局。进可以随时办理贴现，退可以随时转出。

第十四章　政府融资平台公司授信调查要点

一、基本定义

政府融资平台公司授信是指由政府设立的投融资平台作为借款人，用于社会公益项目和公共基础设施建设，并主要以政府财政资金作为还款来源的授信项目。

【点评】

政府融资平台公司属于银行重点关注的借款人。由于平台公司与当地行政部门有着较好的关系，如果授信方案合理，会给银行带来可观的财政存款。因此，在政策允许及风险可以控制的情况下，银行可以考虑适度放大对平台公司的贷款额度。

二、产品主要特点

政府投资与资产管理行业具有公益性，此类项目主要服务于社会公众，自身不产生经营收入，或产生的收入不能覆盖70%以上债务本息，属公共基础设施项目。

政府投资与资产管理行业项目是由政府主导、以政府融资平台公司作为实施主体、不以盈利为目的、投资于社会公益的项目，故具有一定的政府垄断性。

政府投资与资产管理行业项目实施主要依靠政府，融资主体由政府直接设立与控制，项目的资金来源于政府财政资金，最终的还款也依靠政府财政资金。

三、主要风险点

1. 项目政策风险

政府投资与资产管理行业项目要符合国家政策规定，符合城市发展需要，并与地区经济发展水平和财政实力匹配，严格控制手续不完备、社会效益差的政府形象工程、政绩工程项目。

2. 项目合规性风险

政府投资与资产管理行业项目由政府投资主导，其相关的立项、可研、用地、规划、环评手续由政府相关部门审批。由于信息不对称，银行对项目的合法合规性审查具有一定难度。

3. 财务风险

政府投资与资产管理行业的授信主体是政府融资平台公司，政府往往以无直接收益的公共类资产注入，其财务指标存在资产负债率高、银行负债大、营业收入少、盈利能力差、自身还款能力弱等问题。

4. 项目建设风险

政府投资与资产管理行业项目资金需求量大，建设周期长，项目建设涉及土地开发、房屋拆迁、工程建设等多个环节，有的项目融资主体与实施主体相分离，项目资金的调拨主要根据政府意志，资金易被挪用，导致项目建设风险。

5. 政府财政风险

（1）财政偿债能力风险。政府投资与资产管理行业项目还款来源主要是未来的政府财政收入，而宏观经济的变化、区域经济发展、房地产市场变化，以及财政政策、货币政策、税收政策变化等多种因素，均会对未来的地方政府财政收入产生影响，具有一定的不可预见性。

（2）政府债务风险。政府债务具有一定的隐蔽性。由于信息不对称，银行对于政府的真实负债情况较难全面准确地了解掌握，同时财政负债变动也存在一定的不可预见性，这些都会影响政府未来的偿债能力，尤其是经济实力偏弱的地方政府，存在巨大的偿债风险。

（3）政府信用风险。多种因素导致缺乏对财政还款的有效约束手段，政府的还款意愿和信誉是授信到期收回的重要保障因素。地方政府换届或发生其他突发事件而调整财政支出政策等情况，容易形成信用风险，而银行业务开展需要当地政府的支持，债务追偿具有一定难度。在中国，经常出现"新官不理旧账"的现象。

四、授信调查要点

由于政府投资与资产管理行业项目还款主要依靠政府财政资金，政府偿债能力和信用状况是审查的重要内容。

1. 项目投向政策审查

项目选择应符合银行信贷政策投向，优先向具有收费权（经营收入）且经营现金净流量能够在合理期限内归还银行贷款的项目转移，优先向明显促进地方财政收入增长的项目转移，严格控制超出政府偿债能力的政绩工程和形象工程授信。例如，优先选择保障性住房建设、廉租房建设、收费型高速公路等项目。

2. 项目合法合规性审查

政府投资与资产管理行业项目须取得政府有权部门的立项及可行性研究批复，办妥环境评估审批手续，项目应纳入政府投资项目预算，立项批复中应明确项目资金来源和还款安排。

项目用地应纳入年度土地利用计划指标，并通过建设用地审批程序，取得正式的项目用地审批文件，项目建设应符合土地利用总体规划和城市总体规划，禁止向审批手续不全的项目发放贷款。

3. 授信主体审查

（1）主体资格审查。政府投资与资产管理行业对授信主体实施特许经营的，应符合《市政公用事业特许经营管理办法》的要求；授信主体是事业单位的，应办理机构信用代码证；授信用途应符合申请人营业执照经营范围。

（2）主体职能审查。政府投资与资产管理行业的授信主体是政府融资平台公司，具体包括为特定项目成立的政府融资平台公司、为投资不同行业成立的政府融资平台公司和综合性的政府融资平台公司等类型。审查中应明确政府赋予授信主体的职能及其性质，评估申请人在政府融资平台公司中的地位和作用，以及政府对公司的管理和控制力度，防止政府管理失控，形成授信风险。

4. 授信用途审查

审查中明确授信主体在项目实施中的作用，是项目的融资主体与实施主体合一，还是仅作为项目的融资主体，并按照《固定资产贷款管理暂行办法》《项目融资业务指引》的要求，明确资金的划转路径，采取相应的资金监管措施，防止贷款资金在政府下属多个融资平台公司之间按行政指令调剂划拨、统筹使用，导致贷款资金挪用。要注重对项目资本金的审查，防止信贷资金被挪用为项目资本金，从而导致同一项目多头授信。要合理评估项目总投资规模，防止地方政府通过提高总投资规模进行过度融资。

5. 财务情况审查

重点分析企业资产规模和形成模式、银行负债规模和偿还期限的合理性、企业经营收入的结构，以及财政拨款收入的流转路径，以便银行授信监管和提高综合效益。银行必须落实借款人在银行开立财政指定支付专用账户，并落实财政封闭回款。

6. 项目建设进度审查

审查项目施工的前期手续是否完备，防止在审批手续不全的情况下提前违规施工。审查项目的施工进度，如发现施工延期情况，要详细分析主要原因，并认真评估对授信风险的影响。

7. 项目资本金审查

项目资本金审查应遵照我国固定资产项目贷款资本金管理制度的要求，并审查项目资本金来源。来自股东借款、银行贷款的资金和银行通过发行理财产品筹得的资金，不得作为项目资本金。要对资本金到位真实性进行审查，要求借款人提供资本金到位的合法、有效证明，必要时应委托有资质的中介机构进行核实认定。项目资本金不能一次到位的，要对项目出资人未来出资能力进行审慎评估，防止项目完工风险，防止倒逼银行垫款。

8. 还款来源分析

（1）以财政资金作为主要还款来源的项目，应纳入经地方人大批准的政府年度投资预算或进行报备，并由政府有关部门批准同意，按计划足额拨付资金偿还贷款。对还款来源的审查应做到具体化，如政府偿债基金、指定地块土地出让收益、交通建设基金、城市建设基金、水利建设基金等，并取得相应文件支持。了解各类偿债基金的规模、计提标准及对应的偿债规模等，测算能否覆盖到其授信。

（2）以指定土地出让收入作为主要还款来源的项目，还应进一步分析地方土地市场运行状况，包括政府土地收储规模、土地出让模式、土地出让收益的留存比例。

同时，分析土地市场交易状况，包括土地出让收入、成本和净收益、土地的平均价格、市场交易量、土地出让的资金回收状况，并对地方未来土地市场进行预测。

（3）以其他资金来源还款的，要明确落实具体还款来源、还款期限和还款方式等内容。

【案例】

××产业控股集团有限公司融资案例

一、企业概况

××产业控股集团有限公司注册资本为10699万元，具有房地产开发暂定二级资质。公司主营业务为房地产开发经营、实业投资、房屋设备出租、建筑材料和装饰材料销售等。截至××年末，合并审计报表数为总资产近24.4亿元，实现销售收入8.13亿元，净利润0.64亿元。公司自成立以来先后开发了南信××生态旅游度假区、板仓职工集资房、张王庙住宅小区、关门口职工集资建房、禄口华商产业园、雨花工业产业园等项目，连续几年被省、市有关部门评为"重合同、守信用"单位。

公司受行政部门委托开发经济适用房，工程质量和信誉较好，目前所承接的经济适用房开发量占全市第一。公司董事长兼总裁××先生有20余年从事房地产、建筑行业的经历，积累了丰富的业务营销、管理经验及优质的人力资源。

本次授信用于朱家场经济适用房项目，该项目由××市××区行政部门向该公司出具委托函，由××市××区房产管理局与该公司签署建设合同，属政府委托代建项目。本项目的成本投入及经济适用房的销售责任最终由政府承担，因此，该公司不存在入不敷出及销售风险，所获利润为该项目总成本的3%。

二、银行授信方案

申请信息			
额度类型	内部授信额度	授信方式	单笔单批额度
授信额度（万元）	28000.00	期限（月）	36
授信品种	币种	金额（万元）	保证金比例（%） 期限（月）	利/费率
住房开发贷款	人民币	28000.00	0.00　　36	按银行规定
担保方式及内容	信用		授信敞口（万元）　28000.00

批复意见						
根据××银行房地产授信审批中心工作制度，集体审议此项目。审批意见如下：						
同意并按照以下方式给予授信						
额度类型		内部授信额度		授信方式		单笔单批额度
授信额度（万元）		28000.00		期限（月）		21
授信品种	币种	金额（万元）	保证金比例（%）	期限（月）	利/费率	是否循环 串用说明
住房开发贷款	人民币	28000.00	0.00	21	按银行规定	
贷款性质	新增	本次授信敞口（万元）	28000.00	授信总敞口（万元）		28000.00
担保方式及内容	追加申请人法人代表××提供个人连带责任保证担保。					
授信前需落实条件	××市住房制度改革办公室与银行签订协议，确保项目销售回笼款回至借款申请人在银行开立的收入监管账户，并逐月向银行提供项目销售情况表。					

1. 项目需领取销售批文，须撤销对项目土地的抵押。同时，经济适用房项目因无商品房销售许可证，无法办理在建工程抵押，因此，授信项目须改为信用方式。

2. 授信项目改为信用方式后，南信市经济适用房开发、建设、销售的主管部门南信市住房制度改革办公室与银行签署协议，由其负责为银行监管项目销售回笼款，确保银行信贷资金安全。

南信市房产局已在银行配套存入29200万元物业维修基金。借款申请人在银行贷款投放期间严格按照各项监管要求使用信贷资金，项目建设进展顺利，并有可能提前完工。因领取项目销售批文的需要，须撤销项目土地的抵押，银行原授信方案中的担保方式由土地抵押改为信用。

鉴于以下原因：（1）经济适用房项目建设是技术成熟行业，且施工方为具有民用建筑总承包特级资质的企业，不存在质量风险。（2）经济适用房销售非市场销售行为，项目无销售风险。（3）通过签署相关监管协议，封闭运行项目资金，规避资金挪用风险。（4）经济适用房项目无法办理在建工程抵押。（5）南信市住房制度改革办公室为银行监督项目销售情况，确保项目销售回笼款回至借款申请人在银行开立的收入监管账户。总之，授信风险基本可控，且综合收益较高，因此，银行同意将原担保方式土地抵押改为信用。

附表1

本级地方政府土地出让收益分析表（参考格式）

项目	（年度）				
住宅用地出让面积（亩）					
住宅用地出让平均价格（万元）					
商业用地出让面积（亩）					
商业用地出让平均价格（万元）					
工业用地出让面积（亩）					
工业用地出让平均价格（万元）					
合计出让面积（亩）					
土地出让收入（万元）					
土地出让成本（万元）					
剔除上缴和计提费用后本级政府可支配净收入（万元）					

注：1. 前三年数据根据财政数据得出，后几年数据为贷款偿还期内预测数据。

2. 客户经理收集、核实、分析数据，并将本表（参考格式）和分析结果在调查报告中体现，风险经理应进一步审核分析。

附表2

地方政府本级财政收支平衡分析表（参考格式）　　单位：万元

序号	科目	（年度）			
1	财政收支平衡状况				
1.1	本级财政总收入（＝1.1.1＋1.1.2＋1.1.3）				
1.1.1	一般预算收入				
1.1.1.1	本年收入				
1.1.1.2	补助收入（＝1.1.1.2.1＋…＋1.1.1.2.3）				
1.1.1.2.1	返还性收入				
1.1.1.2.2	财力性转移支付收入				
1.1.1.2.3	专项转移支付收入				
1.1.2	政府性基金收入				
1.1.2.1	社会保障基金收入				
1.1.3	预算外财政专户资金收入				
1.1.3.1	本年收入				
1.1.3.2	国有土地使用权出让金收入				
1.2	本级财政总支出（不含年终结余）				
1.2.1	建设与债务支出合计（＝1.2.1.1＋…＋1.2.1.4）				
1.2.1.1	基本建设支出				
1.2.1.2	债务本金利息支出				
1.2.1.3	其他资本性支出				
1.2.1.4	其他支出				
1.3	年终结余				
2	可支配财力（＝2.1＋…＋2.8）				
2.1	预算本年收入				
2.2	上级补助				
2.3	预算上年结余数				

续表

序号	科目	（年度）				
2.4	政府性基金收入可支配数					
2.5	预算外收入可支配数					
2.5.1	土地收入可支配数					
2.6	预算中的上解及补助支出					
2.7	基金预算中的上解及补助支出					
2.8	预算外的上解及补助支出					

注：1. 前三年数据根据财政数据得出，后几年数据为贷款偿还期内预测数据。

2. 客户经理收集、核实、分析数据，并将本表（参考格式）和分析结果在调查报告中体现，风险经理应进一步审核分析。

附表3

本级政府偿债能力动态指标分析表　　　　单位：万元

科目	（年度）				警戒线
一、生产总值（GDP）					
二、可支配财力					
其中：行政事业单位正常运转经费					
其中：社会保障基金					
三、建设与债务支出（1+2）					
1. 新增建设资金支出					
2. 当年到期本息					
四、政府债务总额					
政府债务率					100%
政府偿债率					15%
政府负债率					10%

注：1. 前三年数据根据财政数据得出，后几年数据为贷款偿还期内预测数据。

2. 客户经理收集、核实、分析数据，并将本表（参考格式）和分析结果在调查报告中体现，风险经理应进一步审核分析。

【案例】

××农业发展有限公司授信方案

一、企业概况

××农业发展有限公司注册资本为 3500 万元，主要经营蟹、虾、特种水产品的养殖、销售。该公司是××市城乡一体化改革试点区，是××市百万亩现代农业规模化示范区重要组成部分，被列入重点建设项目。

公司拥有 24300 亩绿色无公害养殖基地，其中养殖面积 5300 亩、苗种基地面积 1000 亩、标准化水生态净化生态连片养殖面积 18000 亩。公司软硬件设施齐全，技术力量雄厚，拥有多项专利和技术成果。

二、银行切入点分析

1. 借款人从事的行业从政策层面符合中央"三农"政策指出的现代农业发展方向，并且在长三角地区现代农村走城乡一体化发展道路、走现代农业可持续发展道路方面起到了示范效应，得到了相关部门的支持。

2. 项目总投资为 33078 万元，项目资本金为 10078 万元，企业已增资 7000 万元，财政拨付资本金 2000 万元，项目资本金已全部到位。另外，现已支付 10404 万元，剩余资金也将随项目进度陆续支付，项目贷款利息由相城区财政全额贴息，资金来源可靠。

3. 项目基于××市××区的传统渔业养殖业，在集约化经营、规模经营和现代农业科技方面另辟蹊径，走"科技、品牌、健康、高效农业"发展之路。因此，项目无论是在社会效益还是经济效益方面，都将得到较好的回报。

清水大闸蟹市场需求大，销售的现金流回笼较好。项目管理方面，由于项目的实质是落实国家对统筹城乡发展、构建新型城乡关系的要求，巩固和加强农业基础地位，切实保障和改善了农民利益，因此项目前期的土地流转、动迁得到了当地农民的支持和拥护，前期的建设工作进展顺利；项目建成后，由于采取科学培育、生态养殖、规模经营，提高了产品的品质和产量，同时也打破了原有的农民个体承包、单体经营的旧格局，提高了对市场的信息采集、整理效率，提高了市场的议价能力和抗风险能力。

4. 该公司前三期项目已完工，面积共计 14000 亩，按照每亩 7500 元的利润保守估计，预计可实现销售 10500 万元。公司实际产销量要好于预期，销售势头看好。

5. 公司偿债能力良好，盈利能力、资产管理能力都远超行业标准，各项财务指标都有较明显的提高，抗风险能力较好。公司内控机制健全，管理行为规范，信誉表现优良。

此外，公司依托相城财政背景，市场份额不断提高，财务状况良好，具有较强的履约能力和履约意愿。同时，相城财政随着财政收入的增加和土地市场的稳定发展，有较强的偿债能力。

三、银行授信方案

授信方案					
额度类型	内部授信额度		授信方式	单笔单批额度	
授信额度（万元）	23000.00		授信期限（月）	60	
授信品种	币种	金额（万元）	保证金比例（%）	期限（月）	利/费率	是否循环
项目融资贷款	人民币	23000.00		60	按银行标准	
贷款性质	新增	本次授信敞口（万元）	23000.00	授信总敞口（万元）	44500.00	
担保方式及内容	保证人：××市××建设投资有限责任公司。担保方式：由××市××建设投资有限责任公司提供连带责任担保。					

1. 授信方式

由于本项目涉及的工程施工除电力配套设施、低压线路改造工程等比较专业的项目交由电力部门施工，基地内道路工程正在招标外，其余项目由公司召集所在地的农民及渔业养殖户进行施工，这样既降低了工程施工成本，又解决了当地农民以及渔业养殖户的劳动力出路问题。

由于整个项目总计 18000 亩的养殖水面的池水都必须用阿科曼生态净化进水和阿科曼尾水生物净化处理技术，从而实现养殖污染的资源化利用和达标排放，降低水质的富营养化，保护水环境，同时使水产养殖产品达到出口标准，因此在进行进水管线和出水管线改造时，一次性采购管线材料，同时布局施工，电力配套设施、低压线路改造工程需一次性施工，基地内道路工程需提前施工，而且一次性采购原材料的价格比分次采购价格低。因此，项目在安排使用贷款资金时，按工程进度需要提款，每期2000万～3000万元。

2. 授信优势

（1）授信项目为现代农业的高效特种渔业养殖项目，其主要产品大闸蟹是项目实施地的著名原产地产品，在我国乃至东南亚有独一无二的口碑和声誉，市场范围已经涵盖东北、西南、华南、华北和西北等地区的97个大中城市，其中上海、杭州、宁波等为重点销售城市，并在西安、北京、广州、深圳等开设了直销中心，还同时销往中国香港、中国台湾、日本、新加坡乃至欧美等国家和地区。其余产品清水虾、白鱼、鳜鱼在江浙沪地区也有稳定、大量的需求。因此，项目的产品生产、销售稳定，现金回笼稳定。

（2）现代高效农业的产业升级，得到自中央至省、市、区各级地方政府的政策支持和财政支持。本项目不仅在启动资金上得到苏鲁市和相城区两级政府财政的扶持资金，还有区级财政的全额贷款贴息，更有今后每年苏鲁市级财政200万～400万元的以奖代拨资金支持。

（3）本项目的顺利实施，打破了原有的农民个体承包、单体经营的旧格局，提高了当地农业（渔业）抗风险的能力，使公司和当地农民有稳定、持续的收入，项目贷款也有稳定的还款来源。

（4）项目贷款的分期还款，逐步降低了授信的整体风险，并且利息的计算全部按5年以上的长期贷款利息计算，银行收益较高。

3. 授信劣势

农业项目的收入不像工业科技项目收入增长较快，因此授信项目还款期限较长。借款人基本账户开设于银行，今后的全部结算将在银行进行，借款担保人经营情况良好，有一定的实力，风险基本可控，风险与效益基本平衡。

4. 风险点

关注项目资本金的到账和支付，监控项目贷款发放后是否保证用于项目工程建设的支付，关注项目投产后的生产、销售和资金回笼与使用，关注保证人的经营情况与资金流情况。

银行对行政部门平台提供贷款，关键并不是捆绑地方财政，而应当是银行真正对地方行政部门项目的经营状况有深度了解，愿意投入精力研究行政部门的偿债能力。而不是懒人银行，一纸财政隐性担保函，就简单提供贷款。

第十五章　医院行业授信调查要点

一、基本定义

大型医院经营效益较好，现金流收入稳定，属于银行应当重点拓展的目标客户群体。

依照医院分级管理办法，我国医院按功能和任务的不同划分为一级、二级和三级。各级医院按照医院分级管理标准确定为甲、乙、丙三等，三级医院增设特等，共分三级十等。

其中，三级医院是向几个地区提供高水平医疗服务和执行高等教育、科研任务的区域性以上医院，三级甲、乙、丙等医院由省卫生厅审批，三级特等医院由卫生部审批。

随着医改的推进，药品加成将逐步取消，未来医院药品收入占比将呈下降趋势；分级医疗、双向转诊等制度的完善也将使社会医疗资源面临进一步整合。随着社保体系的逐渐完善，以及我国人口老龄化的快速发展，医疗需求增长趋势明显，行业整体发展前景良好。资质等级越高的医院，资源优势越明显，经营情况相对较好。

医疗服务和药品价格下调后政府未拨付足够补贴，医保款结算周期较长，使医院日常经营压力逐步加大。

医院客户对授信产品的需求相对单一，主要集中在中长期流动资金贷款、商业承兑汇票贴现、固定资产贷款等。

【医院收入分类图】

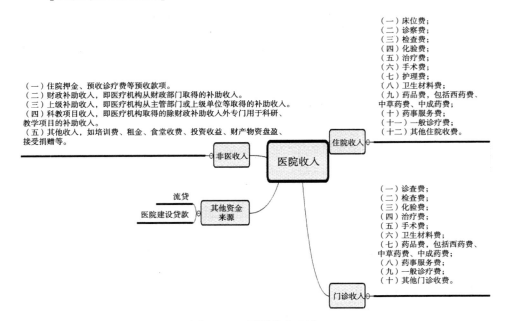

（一）住院押金、预收诊疗费等预收款项。
（二）财政补助收入，即医疗机构从财政部门取得的补助收入。
（三）上级补助收入，即医疗机构从主管部门或上级单位等取得的补助收入。
（四）科教项目收入，即医疗机构取得的除财政补助收入外专门用于科研、教学项目的补助收入。
（五）其他收入，如培训费、租金、食堂收费、投资收益、财产物资盘盈、接受捐赠等。

（一）床位费；
（二）诊察费；
（三）检查费；
（四）化验费；
（五）治疗费；
（六）手术费；
（七）护理费；
（八）卫生材料费；
（九）药品费，包括西药费、中草药费、中成药费；
（十）药事服务费；
（十一）一般诊疗费；
（十二）其他住院收费。

（一）诊查费；
（二）检查费；
（三）化验费；
（四）治疗费；
（五）手术费；
（六）卫生材料费；
（七）药品费，包括西药费、中草药费、中成药费；
（八）药事服务费；
（九）一般诊疗费；
（十）其他门诊收费。

图 15 – 1　医院收入示意

【客户经理思考要点】

1. 医院每年的营业收入有多少？

2. 医院上游药品经销商接受商业承兑汇票吗？

3. 医院的药房是托管，还是自营？

4. 医保是按月，还是按季度给医院支付款项？

二、主要风险点

医药收支分开，以药补医机制逐步被取消，对医院收入水平短期内将造成一定的负面影响。

医院相互承认检查结论，大型检查仪器利用率将会下降，设备闲置风险加大。

医疗服务收入与药品收入在医院收入中的占比失衡，过分依赖药品收入的医院发展受到较大制约。

医保基金与医院之间的结算不及时，造成医院大量资金被占用，影响医院的日常经营和支付能力。

基建投资大，过度举债，造成医院日常营运资金匮乏。

三、审查、审批要点

1. 分析医院收入结构及变化趋势。关注药品收入占医院全部收入的比重情况，优秀综合医院的医疗收入占总经营收入的60%左右，较高医疗收入占比可以有效抵御未来政策变化导致的药品收入波动风险。关注政府对医院的支持力度，分析其每年收到的财政补贴情况及变化趋势。

2. 测算医院授信金额是否与其收入情况相匹配。通过分析债务的期限分布，了解债务偿还额是否超出偿还能力；原则上，每年偿还贷款本息的资金净流出不应超过其收入的10%；测算医院的资产负债率是否高于50%以上，高于50%以上的资产负债率意味着有过度举债的嫌疑。

3. 关注医院事业基金是否呈增长态势，事业基金持续增长侧面反映出医院经营情况良好。

4. 分析医院应收账款结构。了解应收账款是否过大，是否存在收回难度较大的应收账款。

5. 关注医院在当地同业所处地位了解其是否具有较高资质等级，是否具有医保定点资格，具有副主任职称以上医生占医生总数的比例是否达到30%以上，以及科室主要负责人是否具备较高的学术水平，在当地是否具有较高的知名度，是否位于中心城区等，综合判断医院在同业中的竞争优势与不足。

6. 分析医院所在地经济发展情况，包括当地 GDP 总量和增速、地方财政收入总量和增速、政府投入占当地卫生总费用的比例和变化趋势等。

7. 关注医院是否存在重大医疗事故或医疗纠纷，是否存在重大未结案的医疗诉讼。

8. 对于申请基本建设项目贷款的医院，除以上因素外，还应重点关注项目可研、规划、土地、环评等是否经有权机构审批，项目建设是否经卫生行政主管部门批准，政府对项目的支持力度如何，资本金是否完全落实并能按时足额到位，测算还款来源时是否按照谨慎原则对医院未来收入、收支结余等进行预测。

【案例】
三甲医院商业承兑汇票模式案例

×× 银行天津分行对全市医疗行业进行了深入调研，并对其中四家三甲医院及其上游供应商量身定做了中小企业商业承兑汇票"融易贷"业务。

在总分行领导的大力支持与推动下，该业务已经成为天津分行中小企业批量授信业务。截至 ×× 年 10 月末，天津分行给予上述四家三甲医院综合授信额度 4.45 亿元，成功开发医院上游供应商客户 70 余家，实现利息收入 2100 余万元（年均 1100 万元），实现日均存款增长 1.5 亿元，开发对公网上银行客户 50 余户、有余额的中小企业授信客户 30 余户，贷款余额近 2 亿元。

起初天津分行以三甲医院和供应商之间的结算方式作为切入点，为其设计了商业承兑汇票贴现产品，满足了医院和供应商各自的需求，合作关系逐步巩固，在天津当地市场获得了良好的口碑。然而，天津分行在业务发展中也遇到了来自内部、外部的困难和压力。

一方面是内部产品局限性，商业承兑汇票贴现受总行整体分配贴现额度的限制，现有的两个授信品种均不同程度地制约了天津分行全面开发三甲医院上游供应商的进程；另一方面是外部竞争压力不断增大，由于天津分行与主要三甲医院合作关系稳定，其他银行将营销目标重点锁定在医院上游供应商，纷纷效仿开发类似的金融产品，设定更低的准入门槛，设计更为简便的业务流程操作方案，抢占市场资源。

面对内部产品结构调整的需要和外部同业竞争的压力，天津分行迅速适应市场的变化，根据医院和供应商的实际结算需求，研究开发更为灵活便捷的融资方式，在商业承兑汇票贴现模式的基础上作出部分调整，在不增大风险敞口的前提下，简化操作流程和业务手续，提高业务办理的效率，满足供应商的临时性融资需求。

时至今日，天津分行通过开发医院上游市场，已经构建起了一个较为稳定的供应商客户群体，成为天津市各商业银行效仿和竞争的对象。天津分行的三甲医院相关业务已经形成了自身特色，并打造出一支专业化的行业营销服务团队进行管理，同时通过为医院提供代发工资（奖金）、信用卡、网上银行、安装 ATM 和财务 POS 机、上门收款、设立离行式自助银行等全方位的金融服务，配合高层营销，以自身整体服务特色获得了医院的认可。其他同业与天津分行竞争的成本较高、难度较大，短期内难以形成较大的威胁。天津分行将加强对该批量授信业务的管理，做好优化流程和创新工作，巩固自身在该领域的优势。

【开发医院常用协议】

医院应收账款质押三方协议

甲方：（应收账款出质人）＿＿＿＿＿＿＿＿＿＿＿＿＿＿

法定代表人/负责人：＿＿＿＿＿＿＿＿＿＿＿＿＿

乙方：（应收账款债务人）＿＿＿＿＿＿＿＿＿＿＿＿＿

法定代表人/负责人：＿＿＿＿＿＿＿＿＿＿＿＿＿

丙方：（应收账款质权人）××银行＿＿＿＿＿＿＿＿＿＿＿＿＿＿

法定代表人/负责人：＿＿＿＿＿＿＿＿＿＿＿＿＿

甲方拟将对乙方的应收账款权益质押予丙方，作为丙方发放贷款的质押担保，为此，甲、乙、丙三方经平等充分协商达成如下一致协议，共同遵守：

一、乙方已知悉甲方将相关应收账款质押予丙方的事实，乙方对此无异议并将继续按照原已签订的关于应收账款的合同履行付款义务，甲、乙双方在此确认，上述应收账款的总金额为人民币：（小写）＿＿＿＿＿＿万元，（大写）＿＿＿＿＿＿＿万元。

二、本三方协议签订后，乙方就应收账款支付的款项必须划入经甲方和丙方确认，并受丙方监管的如下账户中（或经丙方书面确认的其他账户）：

户名：＿＿＿＿＿＿＿＿＿＿＿＿＿

账号：＿＿＿＿＿＿＿＿＿＿＿＿＿

开户行：××银行

该账户中资金用于提前偿还甲方在丙方处的借款，或用于质押担保甲方在丙方处的借款，在全部还清所欠丙方的贷款前，甲方使用该账户中的资金必须取得丙方的书面同意。

　　三、本三方协议签订后，甲方应即时将有关应收账款的合同原件、凭据等交付丙方保管，甲方就该应收账款办理转让、再次质押、减免债务人付款义务等可能影响丙方权益之事项的必须事先取得丙方的书面同意。

　　四、本三方协议自甲方全部偿还上述应收账款质押担保的贷款本息之日起自动失效。

　　五、其他约定事项：本三方协议签订后，甲方或乙方就上述质押予丙方的应收账款主张抵消、应收账款合同撤销或改变付款方式等危及丙方质押权的行为或意思表示的，须取得丙方之书面同意。＿＿＿＿＿＿＿＿＿＿＿

＿＿＿＿＿＿＿＿＿＿＿＿＿＿＿＿＿＿＿＿＿＿＿＿＿＿＿＿＿＿＿＿＿＿＿＿

＿＿＿＿＿＿＿＿＿＿＿＿＿＿＿＿＿＿＿＿＿＿＿＿＿＿＿＿＿＿＿＿＿＿＿＿

＿＿＿＿＿＿＿＿＿＿＿＿＿＿＿＿＿＿＿＿＿＿＿＿。

　　六、本协议所称应收账款是指权利人因提供一定的货物、服务或设施而获得的要求义务人付款的权利，包括现有的和未来的金钱债权及其产生的收益，但不包括因票据或其他有价证券而产生的付款请求权。

　　七、本协议一式三份，甲、乙、丙三方各执一份，自三方均签章且法定代表人/负责人签名之日起生效。

　　（以下为签名签章页，无合同正文）

　　甲方（签章/签名）：

　　身份证号码（仅为自然人时填列）：

　　法定代表人/负责人（签名/签章）：

　　乙方（签章/签名）：

　　身份证号码（仅为自然人时填列）：

　　法定代表人/负责人（签名/签章）：

　　丙方（签章）：

　　法定代表人/负责人（签名/签章）：

　　签订日期：　　　年　　　月　　　日

医疗行业：

厂商医	药厂强	医院大	药商弱
厂商链	保兑仓	买方贷	助销售
商医链	用保理	锁回款	慎贷款
大医院	签商票	配流贷	项目贷
小医院	借租赁	封闭融	要结算

第十六章　电力行业授信调查要点

一、基本定义

火力发电是指利用煤、石油、天然气等固体、液体、气体燃料燃烧时产生的热能，通过发电动力装置（包括电厂锅炉、汽轮机和发电机及其辅助装置）转换成电能的一种发电方式。按所用燃料分，主要有燃煤发电、燃油发电、燃气发电。

【客户经理思考要点】

1. 公司的年度销售收入是多少？

2. 本次授信，母公司能够提供担保吗（针对母公司是五大发电集团）？

3. 客户可以使用商业承兑汇票支付买煤款吗？银行可以协助提供保贴或保押，客户认为可以吗？

二、主要特点

1. 电力工业属高度资本密集型工业，但火力发电相比其他类型发电具有建设成本低、建设期短的特点。在国内，火电仍是最主要的能源供给方式。

2. 燃煤电厂的选点和布局较为灵活，且装机规模可根据市场需要确定，但一定程度上受到煤炭供应和当地水资源等条件的限制。

3. 机组规模特征明显，国家电力产业调整方向为建设大容量、高参数、环保型发电机组。

4. 我国电源结构将有所优化，火电占比将有所下降，但是主要依赖火电的局面在较长时期内不会改变，煤电一体化是产业整合方向。

5. 市场呈现出垄断竞争格局，以五大发电集团为首的央企市场份额占比高，国企占市场份额的绝大部分。中国电力投资集团、中国华电集团、中国大唐集团、中国电力投资集团、中国华能集团、中国三峡电力集团、华润电力集团及地方国资控制的地方电厂经营效益较好。

6. 火力发电释放出二氧化硫和二氧化氮等污染大气环境的化合物，今后会更多地受到日趋严格的环保制约。

三、主要风险点

1. 合规风险。项目未经有权部门批准，新项目属于《产业结构调整指导目录》规定的限制、淘汰类，资本金比例不达标，环评未批复，环保不达标等。

2. 客户风险。非全国性专业发电集团公司或其他借款主体，其整体抗风险能力较弱，更容易受到行业性或区域性电力市场波动的影响。

3. 市场风险。电力产能扩容超过电力有效需求，主要是电源建设进入投产高峰期，电力需求增速放缓，电力市场由相对短缺转向相对过剩，电力行业被国家发改委列为潜在产能过剩行业。

4. 政策风险。电力体制改革及国家能源政策转向，将直接影响到电力行业经营方式、电力消费及电力行业信贷资源配置。首先，电价改革已启动，电力行业开始步入市场化运作阶段；其次，"十一五"时期国家能源政策出现重大转向，国家陆续出台实施限制高耗能行业发展的政策；最后，国家放开长期维持的一次能源价格。

5. 电煤运输和供应风险。火电厂燃煤使用量大，其成本价占上网电价的60%～70%，稳定的供应渠道和价格是项目达到预期效益的保证。

6. 财务风险。常见的财务风险包括资本金不足、建设资金有缺口、负债率过高、财务负担较重；电厂投资较高或建设工期拖延，造成电厂总资产账面价值和实际价值相差较大；电价低或发电利用小时数低，盈利能力较差。

7. 机组规模风险。《节能发电调度办法（试行）》的核心就是将"能耗"和"污染物排放"两项指标作为调度的主要依据，在新的调度方式下单机规模大且具有脱硫、脱硝设施的燃煤机组将占有优势，而小火电将只能参与剩余份额的竞争，甚至在部分电力供求形势宽松的地区出现小火电

"无电可发"的局面。

8. 电网输配能力风险。电厂是电网中的电源节点，电厂在网络中的作用决定电厂的技术经济指标，占据电网重要位置的电厂将能争取到更长的发电时间和更高的电价。

9. 区域风险。地区之间各种条件的差别造成区域风险的差异。对于火电行业来说，区域风险是明显的。有相对便宜和充足的电煤供应及相对稳定的市场，风险相对小一些。西南地区由于水电对火电的强大替代作用，以及西南地区高耗能工业用电量的大幅度萎缩和电力外送市场的萎缩，业绩较差，区域风险较大。

10. 银行同业竞争风险。对于大型电源项目各银行争夺激烈，如对项目融资结构设计考察不够，易处于不利的、后于其他债权人的受偿地位。银行对电力项目多考虑供应链融资、股权融资，银行融资会处于有利地位。

11. 投资超支及完工风险。如果项目研究工作不充分，或项目业主实力较弱，项目建设中遇到未预见情况时可能会导致工程拖期及投资超过预算。

12. 技术风险。我国常规能源发电大型机组及其他能源发电设备的研究、制造能力与发达国家相比有较大差距，自主开发能力不足，最终导致投资成本上升。

四、审查、审批要点

1. 股东背景审查。是否具有从业经验，是否与电网公司有密切关系，资金实力是否雄厚。全国性专业发电集团公司具有规模优势、专业优势、地域优势、技术人员和管理优势，此类客户风险较小。

2. 授信用途审查。对已建成投产企业的生产流动资金需要，要认真调查核实形成资金缺口的真正原因，落实资金用途；对新建项目自筹资金来源和自筹能力要严格审查。银行授信资金的用途应当尽可能限制在购买煤炭、购买发电设备、支付工程款等，而非借新还旧。

3. 机组规模审查。积极扩大属产业调整鼓励类电力项目的优质客户群体，审慎对待限制类电力项目，采取措施收回或限期收回淘汰类和退出类电力贷款。原则上退出单机 30 万千瓦（不含）以下的常规燃煤火电项目、单机 13.5 万千瓦（不含）以下的非常规火电项目（含热电联产、综合利用、燃气机组、燃油机组、自备电厂等各类项目）。

4. 项目融资结构审查。落实项目资金，股东承诺项目投资超支部分由股东增加自有资金解决。电力项目投资金额巨大，必须确保股东方的项目资本金足额到位。

5. 电网输配能力风险审查。收集借款人同地区发电机组上网数据，比较借款人机组设备利用情况；在总体电量供给相对过剩的电网中，应重点审查客户与电网公司的发电上网、电厂运营调度协议：作为电网的末端电源支撑的非优先购电项目，应得到电网企业的认可。跨地区远距离供电的电厂，应取得购电方的购电协议，约定购电量和电价，并进行竞价上网竞争力分析，确认电厂竞争力。

6. 煤炭供应及联运协议审查。应关注燃煤供应能力、燃煤品种、供应方式等，落实燃煤运输方式和运输保证问题。依赖铁路运输的，应考察铁路运输能力，必要时应取得铁路运输的协议。

7. 成本竞价优势审查。火电授信侧重于具有资源成本优势和电网布局优势的客户和项目，并关注以下可能存在的风险：（1）对具有资源成本优势的项目，如坑口电站和煤电一体化电站、煤电联营等项目，需综合考虑一次能源转换成本、输电成本以及输电电网功率瓶颈因素；（2）靠近电源负荷中心、具有电网布局优势的客户和项目，存在着燃料供应渠道的稳定、运输运力平衡以及一次能源流通费用较高等问题。

8. 区域风险审查。关注借款人所在地区电网装机总量水平、在建项目、发电、用电负荷及外送情况，判断用电负荷的盈亏对借款人上网电量、电价的支持度，比较分析借款人装机量在所处电网中的地位，判断其设备利用情况。

9. 授信方式审查。投资较大的中长期项目应尽量采用银团贷款，共同安排贷款偿还和担保措施，保证银行贷款条件和担保措施不低于其他贷款银行。

【案例】

××电力科技投资有限公司

一、企业概况

1. 客户概况

××电力科技投资有限公司注册资金为 1 亿元，主营业务范围为电力产业、工业、基础设施、能源、租赁、服务业的投资、经营。该公司主业分两块：一是××国际大厦（××大厦）的租赁、服务业；二是××国际大酒店的经营。

2. 该公司的收入概况

（1）××大厦的办公租金收入。其租赁面积为 34838.027 平方米，预计租金收入为 2389 万元。

（2）××国际大酒店的经营收入。未来一年该客户的收益估算为办公租金收入为 2389 万元，酒店经营收入为 3600 万元，则总营业收入为 5989 万元，年利润可达 2994 万元。

据××省地方电力（集团）公司称，××电力科技投资有限公司将陆续偿还银行贷款，预计每年可归还银行贷款 2000 多万元。

二、银行授信方案

银行授信方案					
额度类型	内部授信额度		授信方式	单笔单批额度	
授信额度（万元）	5000.00		授信期限（月）	6	
授信品种	币种	金额（万元）	保证金比例（%）	期限（月）	利/费率（%）　是否循环
流动资金贷款	人民币	5000.00	0.00	6	6.12
贷款性质	新增	本次授信敞口（万元）	5000.00	授信总敞口（万元）	5000.00
担保方式及内容	保证人：省地方电力（集团）公司。				

省地方电力（集团）公司在银行活期日均存款为 3300 万元，是银行的存款重点客户之一。

省地方电力（集团）公司投资的职工住宅楼已经开始认购，预计收入

2 亿多元，此笔贷款的发放可为银行带来日均 5000 万元的存款。

另一方面，银行正在积极营销省地方电力（集团）公司的企业年金、中期票据业务，对银行来讲，效益大于风险，还款来源有保证，银行应对公司的信贷需求给予支持。

做银行信贷，无论是央企还是民企，关键是我们自己要勤奋，要去真正了解客户。

第十七章　造纸及纸制品行业授信调查要点

一、业务主要特点

造纸行业具有资金技术密集、规模效益显著的特点。

我国纸和纸板生产及其消费水平稳步提高，总生产量、总消费量已位居世界前列，但人均年消费量仍远低于国外发达国家水平，纸浆结构不合理，木浆、废纸浆等优质原料缺口较大，对外依存度较高。

行业产能迅速扩张，市场竞争充分，行业集中度较低，箱板纸、瓦楞纸、新闻纸等纸种趋于过剩，行业面临结构调整。

政府确立了国内造纸业长期发展基调：提高门槛，控制产能，扶大限小，优化格局，逐步建立资源节约、环境友好、发展和谐的造纸产业发展新模式。

【客户经理思考要点】

1. 项目通过国家环评了吗？

2. 项目的经济效益如何？

3. 项目的现金流如何？

4. 采购环节可以使用银行承兑汇票吗？

5. 项目目前采用何种融资方式？

二、主要风险点

1. 政策风险

（1）环保政策。实行排污许可政策，加大淘汰落后产能，不断提高行业准入门槛，加大企业的成本投入。

（2）税收政策。调整纸及纸板的出口退税政策，限制木片、木浆和非木浆出口。

2. 原材料风险

国内林业资源不足，高档原料纸浆自给能力较弱，是否具有稳定的原材料资源对保障企业的生产经营至关重要。

3. 市场风险

行业内中小企业较多，集中度低；部分纸种趋于过剩，产品面临结构调整；外资参与度较深，行业竞争充分，中小企业面临兼并重组。

4. 产能扩张风险

行业整体产能不断扩张，部分产品供过于求，导致企业盈利能力下降，不能支撑自身产能的扩张速度，大量举债，从而形成较高的经营风险和财务风险。

三、授信调查要点

1. 根据《造纸产业发展政策》，申请人对于新建、扩建制浆项目单条生产线起始规模要求达到：化学木浆年产 30 万吨、化学机械木浆年产 10 万吨、化学竹浆年产 10 万吨、非木浆年产 5 万吨。

新建、扩建造纸项目单条生产线起始规模要求达到：新闻纸年产 30 万吨、文化用纸年产 10 万吨、箱纸板和白纸板年产 30 万吨、其他纸板项目年产 10 万吨。薄页纸、特种纸及纸板项目以及现有生产线的改造不受规模准入条件限制。

制浆造纸装备研发的重点为：年产 30 万吨及以上的纸板机成套技术和设备；幅宽 6 米左右、车速每分钟 1200 米、年产 10 万吨及以上文化纸机；幅宽 2.5 米、车速每分钟 600 米以上的卫生纸机成套技术和设备；年产 10 万吨高得率、低能耗的化学机械木浆成套技术及设备；年产 10 万吨及以上废纸浆成套技术和设备；非木材原料制浆造纸新工艺、新技术和新设备的开发与研究，特别是草浆碱回收技术和设备的开发。

2. 关注国家有关部门正在研究制定的造纸行业准入条件。

3. 对于国家和当地政府不予核准的项目、产能或主要生产设备列入淘汰类的企业，不得接受新增授信申请，原有融资余额应尽快压缩退出。

（1）淘汰年产 3.4 万吨以下化学草浆生产装置、年产 1.7 万吨以下化学制浆生产线，以及排放不达标、年产 1 万吨以下、以废纸为原料的纸厂

（东部、中部省份可根据本地实际适当提高淘汰落后制浆造纸产能的标准）。

（2）淘汰年产3.4万吨及以下蒸球等制浆生产技术与装备，以及窄幅宽、低车速的高消耗、低水平造纸机。禁止采用石灰法制浆，禁止新上项目采用元素氯漂白工艺（现有企业应逐步淘汰），禁止进口淘汰落后的二手制浆造纸设备。

（3）对年产10万吨以下的木浆项目禁止建设并逐步淘汰产能低、工艺落后的造纸设备，原则上不再兴建化学草浆生产企业。

（4）国务院通过的《轻工业调整和振兴规划》要求继续实施《全国林纸一体化工程建设"十五"及2010年专项规划》，加快重点项目建设，新增木浆220万吨、竹浆30万吨产能，提高国产木浆比重，推动林纸一体化发展。

4. 审查申请人现有、在建、扩建、拟建项目立项、环保、能耗是否达标。

（1）《政府核准的投资项目目录》对于不使用政府性资金投资建设的重大和限制类固定资产投资项目的政府核准权限作出了规定，对于造纸行业的具体要求是：年产10万吨及以上纸浆项目由国务院投资主管部门核准，年产3.4万（含）～10万吨（不含）纸浆项目由省级政府投资主管部门核准，其他纸浆项目禁止建设。

（2）审查授信申请人是否取得环保主管部门核发的污染物排放许可证，污染物排放许可证是否在有效期内，申请人是否进入过当地和国家环保部门的黑名单，是否因环保问题被处罚，整改情况如何。对于污染物治理达不到标准又无力进行技术改造的企业，不宜增加授信，原有融资应尽快压缩退出。

（3）关注国家环保标准的变化，审查申请人相应技术指标是否符合标准，对于不符合标准的企业应深入调查，分析其原因，并视情况采用相应审慎措施。

①制浆造纸工业企业污水排放标准是否达到《制浆造纸工业水污染物排放标准》（GB3544—2008）规定的相应标准。

②根据造纸产业发展政策，到2010年实现造纸产业吨产品取水量由2005年的103立方米降至80立方米，综合平均能耗（标煤）由2005年的

1.38 吨降至 1.10 吨，污染物（COD）排放总量由 2005 年的 160 万吨减到 140 万吨。

③申请人造纸产品取水定额标准是否达到国家现行规定（GB/T 18916.5—2002）。

（4）申请人新建项目吨产品在 COD 排放量、取水量和综合能耗（标煤）等方面要达到先进水平。其中，漂白化学木浆为 10 千克、45 立方米和 500 千克，漂白化学竹浆为 15 千克、60 立方米和 600 千克，化学机械木浆为 9 千克、30 立方米和 1100 千克，新闻纸为 4 千克、20 立方米和 630 千克，印刷书写纸为 4 千克、30 立方米和 680 千克。

5. 生产经营情况审查，审查内容包括以下几个方面。

（1）分析申请人主营的纸浆、纸或纸制品的产品结构，评价其产能在所属子行业的地位和主营产品附加值的高低。

（2）评价申请人原料储备情况、原料来源的稳定性、价格或汇率波动所造成的影响及对上游客户的议价能力。

（3）分析申请人主营产品所属子行业的全国及区域竞争环境、市场供需情况及发展趋势，评价对下游客户的定价能力。

（4）对于产品外销的企业，要注意产品内销和出口的比例及发展变化趋势，分析关税政策、汇率因素、出口地贸易壁垒政策的影响。

6. 财务因素审查，审查内容包括以下几个方面。

（1）分析企业资产负债结构的合理性。通过资产负债率、有息负债比率、速动比率、长期资产适合率等指标，评价资产流动性和偿债能力，看是否存在短资长投、短贷长用的现象。对于产能快速扩张的企业，要注意审查扩张与其资金流量、盈利能力是否配比。

（2）评价企业盈利的主要模式，可以通过适当的方法分析企业净资产收益率与权益比率、资产周转率和销售毛利率的关系等。

（3）通过销售利润率、成本费用利润率等指标评价企业成本控制能力。

（4）对于林纸一体化企业要关注关联企业贸易背景、关联交易定价的公允性及利益输送等问题。

【案例】

××纸业有限公司授信方案

一、企业概况

1. 客户概况

××纸业有限公司经营各类纸张、纸品及相关原料，机械设备、办公设备等所需原材料，器件分割、包装、销售、采购和售后服务等。注册资本为250万美元（全部到位），公司主要负责××集团旗下4家公司及××浆纸业生产的各类纸品在××省的销售及市场开拓。

凭借集团公司整体优势，加强市场开拓，强化内部管理等，经营规模逐渐增加，××省的市场占比不断扩大。

2. 上下游客户及主要结算方式

供应渠道分析		
前三名供应商（按金额大小排名）	金额（万元）	占全部采购比率（%）
1 ××纸业（江苏）股份有限公司	19271.34	36.07
2 海南××浆纸业有限公司	13524.79	25.31
3 宁波××浆纸业有限公司	10197.63	19.08

该公司供应商均为××集团下属的造纸类工厂，属造纸行业中的国内大型企业，产品质量较高，供货及时稳定。

销售渠道分析		
前三名销售商（按金额大小排名）	金额（万元）	占全部销售比率（%）
1 郑州××贸有限公司	6211	11.5
2 河南××实业有限公司	6034	11.2
3 海南省××印刷物资总公司	5036	9.3

该公司对于经销商均采用月结方式收款，通过独立性较强的信用控制岗位人员。授信期限最长为1个月，对于大型印刷厂最多不会超过3个月。经过十多年的经营，与经销商合作状况良好，售价优惠较多，市场销量稳定增长，付款记录良好，信誉度较高。

二、银行切入点分析

1. 随着国民经济的持续发展和人民生活水平的提高，作为经济信息载体的文化用纸的消费量不断增加，生活用纸也给居民带来更为清洁的便利生活，纸类纸品的市场消费将持续增加，为授信企业提供更大的市场空间。作为国内最大造纸集团公司的成员，该公司凭借集团整体的技术、设备、完整产业链条的优势，以及完善的管理制度、品牌竞争和价格优势等，在河南和海南省等市场营销范围具有较强的市场竞争能力和较好的发展前景。

2. 该公司自成立以来就秉承着集团经营理念和严格的管理制度，经营规模持续增长，销售收入快速增加，盈利能力不断增强，负债率逐年降低，资产周转天数平稳，特别是在严格的信用控制之下较高的销售质量，保证了公司持有充裕的经营性现金流量，为授信提供了充沛的资金来源，保证了公司的授信偿债能力。经查询贷款卡信息，未发现该公司有逾期等不良历史记录，申请人还款意愿良好。

3. 该公司整体财务状况良好，资产负债率适中，流动比率及速动比率合理，盈利情况较好，经营活动现金流入较为充足，资产质量较好。在未来的财务状况中，企业的资产负债率将进一步降低，盈利情况随着公司新产品利润的贡献将有较好的提升。该公司的产品结构已经形成，盈利能力较为稳定。总体来说，该公司的财务状况长期趋好，符合银行的信贷政策，公司偿债能力较强，有利于确保银行信贷资金安全。

通过分析，银行认为该公司经营、财务状况良好，未来财务状况预计不会发生明显不利变化，仍将保持稳定健康的增速。

4. 担保人总体评价

本次授信由金东纸业（江苏）股份有限公司提供连带责任保证担保。

（1）公司所处的行业为轻工造纸业，为与国民经济和社会事业发展关系密切的重要基础原材料产业。造纸产业具有资金技术密集、规模效益显著等特点，其增长率与GDP增长率有很强的正相关性。《国家发展改革委、工业和信息化部、国家林业局关于印发造纸工业发展"十二五"规划的通知》明确指出控制总量、促进集中、优化原料、节能减排的大方向，公司将长期收益。"十二五"期间，中国纸业全面步入产业结构调整时期，要着力解决资源、环境和结构三个突出问题，从而促进产业升级。作为行业龙头企业，凭借集团整体优势、先进的技术设备、优于同行业的排放治污能力、上下游完整的产业布局，该公司在未来几年内将继续保持行业领先优势。

（2）经过在造纸行业的多年发展，公司拥有一支水平很高的管理队伍。公司高管层稳定，从业经验丰富，在公司治理结构、产品研究能力、工业生产管理、市场营销拓展等方面均优于国内同行业。公司经营状况良好，在经营规模、经营效益、利润水平等方面均处于同行业较高水平。

（3）公司财务透明度很高，集团整体由安永华明进行审计，便于了解，更容易把握风险。公司财务状况较好，资产实力雄厚，资产负债率低，销售规模大，盈利水平高，经营现金流较为充足，所以，该公司具有较强的担保能力。

三、银行授信方案

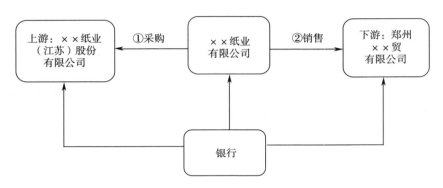

产业链标准流程

1. 授信方案

授信方案						
额度类型	公开授信额度		授信方式	综合授信额度		
授信额度（万元）	5000.00		授信期限（月）	12		
授信品种	币种	金额（万元）	保证金比例（％）	期限（月）	利/费率	是否循环
银行承兑汇票	人民币	5000.00	35	12	按银行规定费率执行	是
贷款性质	新增	本次授信敞口（万元）	3250.00	授信总敞口（万元）	3250.00	
担保方式及内容	保证人：××纸业（江苏）股份有限公司。担保方式：由××纸业（江苏）股份有限公司提供连带责任担保。					

本次授信由××纸业（江苏）股份有限公司提供连带责任保证担保。授信品种不可串用，但授信期间内可循环。

　　2. 本次授信优势

　　（1）受信公司在××省的纸类销售市场占比较高，经营状况和资产质量良好，经营业绩持续增长，现金管理能力强，第一还款来源充沛。

　　（2）公司所属的××集团产业布局完整，盈利能力、财务管理能力、资产整体实力很强，在国内纸类行业中整体竞争优势明显。

　　（3）本次授信可以为银行带来中间业务收入、存款收益、国际结算和部分零售业务。

　　3. 授信分析和风险缓释措施

　　该公司作为国内大型造纸集团公司的成员，凭借集团整体的技术、设备、完整产业链条优势，以及完善的管理制度、品牌竞争和价格优势等，具有较强市场竞争能力，销售收入持续快速增加，盈利能力持续增强，特别是在严格的信用控制之下较高的经营质量，保证公司具有充沛的经营性现金流量，所以说，公司具有较强的按期足额还款能力。

　　4. 风险分析以及缓释措施

　　（1）汇率风险。纸类纸品的主要原材料为木浆，但是由于国内森林资源有限，国内40%的木浆需求来源于进口，大多数来源于东南亚、南美洲等。人民币汇率的变化，以及出口国家的环保政策都可能影响到木浆的价格变化，导致纸品市场价格起伏波动。经过多年的发展，金光集团拥有了完整的产业布局，木浆自给率远高于同行业，加上人民币升值的趋势，授信期间内汇率风险影响较小。

　　（2）××集团整体的系统性风险。集团优势具有"双刃剑"，一方面提高公司的竞争力，但是另一方面，诸多偶然因素也会增加，可能会影响到公司的正常经营。××集团与政府建立了良好的沟通关系，多次获得政府和社会的好评，认可度很高。因此，从长远来看，××集团整体的系统性风险较低。

　　（3）风险缓释措施。在授信期间，客户经理应注重公司的经营变化，了解公司的应收账款变化，同时，关注行业变化、集团公司整体变化、汇率变化等，积极与其他相关客户经理沟通，积极防范风险的发生。

"最好的资源是自己，最好的客户是中小，最好的产品是授信"。银行营销客户最好选择一些中小客户，这些客户的忠诚度较好，营销较为容易，可以积小胜为大胜。银行客户经理最应当学习的银行产品是授信产品，请牢牢记住。

第十八章 轨道交通行业授信调查要点

一、基本情况

城市轨道交通是指具有固定线路，铺设固定轨道，配备运输车辆及服务设施等的公共交通设施。

轨道交通资金的来源包括市本级财政地铁建设专项资金、市区共建区出资资金、轨道交通沿线土地一级开发净收益和物业开发收益分配资金、债务性融资资金和其他资金等各类资金。

资金用途较为清晰，专项用于城市轨道交通（包括地铁、旅客自动输送系统、新型有轨电车等）及配套设施项目建设和债务偿还，以及承担城际轨道交通项目及其他轨道交通项目出资部分的资金，也就是以地铁为主、有轨电车为辅的所有轨道交通建设所需资金。

二、涉及账户

轨道交通资金实行三类专户管理：一类是财政资金专户，包括市本级财政地铁建设专项资金、轨道交通沿线土地开发收益资金、各区财政资金等专户，用于核算每年各类财政性资金的接收转账情况，经市地铁资金办确认用途后办理相应轨道交通线路或项目的拨付。二类是项目贷款资金专户，包括银团贷款、项目贷款等专户，用于核算指定贷款线路的广州市及各区银行贷款的接收转账情况，经市地铁资金办确认用途后办理相应轨道交通线路或项目的提款。三类是非项目贷款资金专户，包括中期票据、企业债、短期融资券、超短期融资券、融资租赁、流动贷款、信托及其他信贷资金，用于核算非项目贷款资金接收转账情况，经市地铁资金办确认用途后办理相应地铁线路或项目的划拨。通过专户管理，保证实行专款专用。

三、主要特点

1. 资金需求量巨大

城市轨道交通建设运营的资金需求量巨大。城市轨道交通项目建设投资数额巨大。

2. 投资回报周期长

城市轨道交通建设和投资回报周期长。城市轨道交通投入运营后，出于公益性需要，票价不能定得太高，不会立即产生显著的经营效益。当投资者对城市轨道交通项目投资以后，需要很长的时间收回投资。

3. 资产保值增值能力强

城市轨道交通资产保值增值能力强。城市轨道交通的网络规模效应使其保值增值潜力较大。此外，城市轨道交通具有独占排他性，这将使其吸引越来越多的客流，票款收入也会稳定的增长。与此同时，城市轨道交通的固定资产利用期很长，可以通过沿线的商业、物业开发来增加附加收入。

4. 对银行综合收益极高

城市轨道交通投资巨大，涉及铁路设备、机车、施工、材料等，带动上游行业极多，会给银行带来极为可观的综合收益。

环渤海、长三角、珠三角地区是我国轨道交通主要运营基地，总体规模较大，效益较好。

四、城市轨道交通资金的来源

1. 政府投资

地方各级政府对本地区基础设施建设项目进行投资和管理。政府对基础设施项目的投资总额有所限制，且主要投资在一些扶贫项目上，如乡村公路等。公路、城市轨道交通、收费高速公路等基础设施有一定收益能力，因此政府对这些项目的投融资体制进行了改革，以致力于减轻政府财政压力，实现投资主体多元化，融资渠道多样化。

2. 引进直接投资

改革开放以来，中国加大了引进外商直接投资的力度，但大部分集中在工业领域，基础设施领域很少。对于部分基础产业领域对外开放来看，不仅开辟了新的融资渠道，而且由此引入了国外相关基础产业的先进技术和管理模式，对于提高中国基础设施产业的整体素质，将比单纯的资金投入更有意义。

3. 发行债券

与银行贷款类似，发行债券是向社会公开发行需要还本付息的建设债券。截至目前，中国发行了多种的债券，有国家债券、铁路建设债券、金融债券等。债券期限最长的有20年期国债，期限短的有半年期、几个月不等。债券投资比股票投资风险小，收益更加稳定，受到投资大众的青睐。债券的发行方式主要有三种：一是银行、金融机构包销；二是采用向有关部门分摊；三是向社会公开发售。

4. 各类贷款

（1）政策性银行贷款。国家开发银行利用信贷资金发放与交通基础设施有关的贷款。

（2）商业银行贷款。商业银行利用信贷资金发放的投资性贷款。它具有偿还期灵活、筹资数量大、及操作手续更简便和快捷的优点。国家投资重心向基础设施建设倾斜，资金供给环境十分宽松。各大商业银行也响应国家政策的号召，纷纷加大力度投放高速公路、铁路、城市轨道交通这些收益稳定的建设项目的贷款，不断增加信贷规模。

五、主要风险点

融资方案在实施过程中，可能出现资金不落实，导致建设工期拖长、工程造价升高、原定投资效益目标难以实现的风险。其主要风险包括以下几方面。

1. 原定筹资额全部或部分落空风险。轨道交通工程建设资金来源于财政资金和银行贷款两个方面，项目使用的资金量较大，从建设单位性质、地方财力、银行融资的经验和条件等实际情况分析，原定筹资额全部落空的可能性较小，但部分落空的可能性还是存在的，特别是当其他轨道交通工程及其他重大城建工程同时建设时出现的资金使用高峰年，所需的财政资金可能难以足额落实，其筹资风险等级为一般风险，即使发生这样的风险，造成的损失也较小，不会影响项目的可行性。

2. 原定融资计划发生变化风险。原定融资计划为项目资本金占项目总投资的一定比例，银行贷款占项目总投资的一定比例。由于建设期较长，期间融资方案有可能发生变化，其风险等级为一般风险。

3. 项目法人筹资情况发生恶化，无力按原定计划出资风险。项目法人是当地政府轨道交通有限公司，公司性质为国有，将承担市轨道交通线网规划中多条轨道交通线路建设的项目资本金筹措任务，资金使用高峰期有可能发生无力按原定计划出资的情况，其风险等级为一般风险，但实际操作中除可研报告提出的筹资途径外，还可通过多元化方式化解一定的风险，如增加股东等。

4. 其他资金不能按建设进度足额及时到位风险。建设中除资本金和银行贷款外，没有考虑其他资金来源，实际建设中可以申请国债、贴息、发行债券、资本市场融资及社会融资等多种补充方式，对降低融资风险有促进作用。

六、审查、审批要点

1. 提供拟建城轨交通项目城市的城轨交通建设规划（包括远期目标、近期目标和资金筹措方案）及规划批复。

2. 建设资金落实情况，包括但不限于政府财政拨款、城市建设专项资金（城建费）、土地有偿使用收入（土地作价）、银行贷款（已实质承诺）、债券（包括财政债券和企业债券等），要特别关注资本金的落实情况。

3. 当地政府对轨道交通专项基金的设立和资金归集情况，落实运营期财政补贴资金来源，以及基金对债务本息偿还的覆盖率。

4. 地方财政实力，包括现有财政总收入、地方财政收入增长水平和潜力、地方财政支出负担等情况。

【案例】

××市轨道交通有限公司授信案例

一、企业概况

（一）项目概况

××市轨道交通2号线呈南北走向，线路起于相城区京沪高速铁路××站，经平江新城、石路商业区、沧浪新城，终于吴中区迎春南路。线路全长26.386km，方案为太阳路至润元路采用高架线，高架线长6.57km，其余为地下线、地面线及敞开段，地下线长19.146km、地面线及敞开段长0.67km。太阳路以北的地下线区间和两处敞开段采用明挖施工，其余地下线区间采用单圆盾构法施工。全线设22座车站，其中高架车站5座，地下车站17座。2号线设车辆段一处，位于相城区元和镇，占地约29.4公顷，主变电站两处，分别位于××火车站和宝带西路站，控制中心与1号线合建于广济路站的西北侧。

借款人背景雄厚，资质优良，发展潜力良好。

（二）项目资本金比例

××市轨道交通2号线工程项目总投资为1468330.9万元，项目资本金为700158.3万元，占项目总投资的比例为47.7%，符合国家关于轨道交通工程建设项目资本金比例要求的规定，项目所需外汇利用调剂外汇解决。

项目资本金中用于建设投资的数额为585252.0万元，用于建设期借款利息的数额为113866.3万元。

（三）项目资本金使用计划

本项目建设期项目资本金使用计划如下：

2号线建设期项目资本金使用计划表

项目	建设期				合计
	第一年	第二年	第三年	第四年	
项目资本金（万元）	153226.6	167053.7	211526.1	167311.9	699118.3
使用比例（%）	21.9	23.9	30.3	23.9	100.0

（四）项目资本金来源

项目资本金由建设单位——××轨道交通有限公司负责筹措。建议借鉴××市轨道交通工程建设的筹资经验，项目资本金主要来源于地方财政，具体可由市级财政及2号线沿途经过的各区财政分担解决。

二、银行授信方案

银行授信方案						
额度类型	公开授信额度		授信方式	综合授信额度		
授信额度（万元）	100000.00		授信期限（月）	60		
授信品种	币种	金额（万元）	保证金比例（%）	期限（月）	利/费率	是否循环
项目贷款	人民币	100000.00		60	按规定	是
贷款性质	新增	本次授信敞口（万元）		100000.00	授信总敞口（万元）	100000.00
担保方式及内容	信用					

第十九章　煤炭行业授信调查要点

——煤炭开采及洗选子行业

一、行业概况

煤炭开采及洗选是指对各种煤炭的开采、洗选、分级等生产活动,不包括煤制品的生产及煤炭勘探活动。煤炭开采及洗选包括烟煤、无烟煤、褐煤及其他煤炭品种的开采与洗选。

【客户经理思考要点】

1. 自己面对的客户是煤矿,还是煤炭经销商?

2. 客户向电厂销售煤炭,收到的是银行承兑汇票,还是商业承兑汇票?

3. 客户可以办理采矿权证质押吗?

4. 客户可以办理煤炭动产质押融资吗?

5. 客户的煤炭运输方式是什么?

6. 客户可以向电厂倒签商业承兑汇票吗?由电厂进行承兑。

二、主要特点

煤炭的种类很多,其中按照煤化程度由高到低可分为无烟煤、烟煤和褐煤三大类,按用途可分为炼焦用煤、动力用煤和化工用煤。

我国煤炭资源分布不均衡,在查明的资源储量中,晋陕蒙宁占煤炭资源储量的67%,新甘青和云贵川渝占20%,其他地区仅占13%,同时,由于赋存条件、煤炭品质等方面的差异性,不同矿区的单位产能投资、生产成本和销售价格有很大的差异。

煤炭是资金密集型和劳动密集型行业。大型煤炭企业和大型矿井的技术水平、安全条件、经济效益明显好于中小煤炭企业和中小煤矿。同时,煤炭开采对地质及生态环境的破坏力大，环保压力较大。

三、主要风险点

1. 宏观经济周期性波动的风险。煤炭行业作为国民经济的基础性行业，其发展与国民经济的景气程度有很强的相关性，即经济发展速度快，国内电力、冶金、建材、化工等主要耗煤行业在宏观经济高速增长的拉动下，将支撑煤炭消费的增长，反之则抑制煤炭消费的增长。

2. 资源枯竭风险。部分煤炭企业主要矿井开采服务年限较长，资源面临枯竭，存在停产、减产或生产成本提高的风险。

3. 政策风险。煤炭行业是国家宏观调控频繁的行业，未经有权部门核准或核准文件不齐备的煤炭项目，拥有小煤矿较多的煤炭企业，以及不具备安全生产条件、环保不达标的煤炭企业存在较大的政策风险。

4. 安全生产风险。煤炭行业属于高风险行业，面临的主要灾害有瓦斯、水、火、煤尘和顶板等，同时由于井工开采受空间、气候的制约，机电运输等事故也时常发生。

5. 煤炭行业竞争的风险。煤炭行业的竞争体现在多个方面，主要包括煤田赋存条件、煤质煤种、生产效率、成本、配煤能力、品牌和服务等。

6. 运输风险。我国煤炭储量北多南少，西多东少，而煤炭消费地主要集中在经济发达的东南部沿海地区，形成了西煤东运、北煤南运的格局。我国80%左右的煤炭需要较长距离的运输，铁路运输瓶颈制约将成为大部分煤炭采选企业普遍面临的风险。

四、授信调查要点

1. 对煤炭企业项目合规、合法性审查。相对于其他行业，国家有关部门对煤炭企业约束较多，信贷授信调查人员应督促尽职调查人员核实以下方面。

（1）申请流动资金贷款的煤炭采选企业应提供下属主要煤矿的煤炭采矿许可证、安全生产许可证、煤炭生产许可证、环保许可证、矿长资格证、营业执照等，并确保相关证书在有效期内。

（2）申请项目融资的煤炭采选企业必须符合煤炭产业政策要求，新建及改扩建煤矿项目必须符合煤炭生产开发规划、矿区总体规划和矿业权设置方案。煤矿建设项目由国土资源主管部门划定煤矿矿区（井田）范围，发展改革主管部门核准煤矿项目后，由国土资源主管部门颁发采矿许可证。同时，申请项目融资的煤矿必须提供相应环保部门的批复。若项目以煤矿采矿权抵押，企业的年开采规模应不低于120万吨。

（3）煤炭采选行业项目资本金比例应不低于项目总投资的30%。投资项目资本金的具体比例，由项目审批单位根据投资项目的经济效益及银行贷款意愿和评估意见等情况，在审批可行性研究报告时核定。

2. 资源储备情况审查。对于煤炭行业来说，煤炭资源是企业发展的基础，资源储备是煤炭采选行业公司价值的基础。因此，应重点审查煤炭企业资源可采储规模、可采年限长短、资源种类、开采条件等情况，综合判断其可持续发展能力。

3. 借款人资源整合及新增投资情况审查。现阶段，在行业政策导向的引领下，煤炭企业的发展呈现如下特点：（1）受行业资源整合及着力打造大型煤炭企业政策影响，煤炭企业通过兼并重组等措施，努力发展成为大企业、大集团；（2）在煤炭深加工及清洁能源技术推动下，煤炭企业将积极向下游延伸产业链，步入煤矸石及煤泥发电、新型建材、煤化工等领域；（3）煤炭资源价值逐步得到体现，资源价格将逐步长期走高，煤炭企业积极寻求优质煤炭资源，增加企业资源战略储备，获取一切可能获得的煤炭资源。

煤炭行业发展前景较好，但短期内煤炭企业投资所需资金规模加大，需关注企业是否存在资产过度扩张、资金缺口过大、资产负债率持续上升等情况，深入分析和判断其财务风险。

对于新建项目，由于地质和其他建设条件的差异，煤炭项目建设单位投资水平相差很大，应审查企业概算是否由具有相应资质的设计单位编制。单位造价与同类项目差异较大的，应对其合理性进行必要的分析和调整。

4. 产品销售渠道审查。煤炭企业销售状况受下游客户的影响较大，故应关注授信申请人是否与大型电力、钢铁、化工等企业有较为稳定和长期的供应关系，审查授信申请人与大型电力、钢铁、化工等企业的销售协议，通过对下游客户结构及合作时间、合作量的分析，分析判断授信申请人的竞争力和市场及经营风险。

5. 煤炭运输能力审查。应关注企业煤炭运输方式和运输保障问题，看其是否有匹配的运输能力或运输合作企业。依赖铁路运输的，应考察铁路运输能力，必要时应取得铁路运输的协议。

6. 安全管理情况审查。密切关注企业的生产条件，如安全措施、污染物处理等环保措施及其相关国家规定的必要条件落实情况。关注企业在日常生产中是否遵守相关法规政策、是否出现过重大安全事故，以及持续保持安全无事故生产天数等。

7. 授信金额及期限审查。煤炭采选企业的资金周转速度较快，授信额度应与其实际经营相匹配，原则上最高不超过最近两个会计年度平均收入的10%。

为解决煤炭企业长期资金需求与银行短期贷款的矛盾，对于特大型煤炭采选企业，在满足银行规定条件的前提下，可以考虑给予不超过36个月的可循环授信额度，同时要求授信项下单笔贷款期限原则上不超过一年，从而避免出现授信资金短贷长用的情况。

【案例】

江苏××能源有限公司授信方案

一、企业概况

1. 客户概况

江苏××能源有限公司注册资本为31000万元，是一家以经营电煤为主的煤炭经销公司。

该公司煤炭业务发展迅速，有可靠的资源基地，拥有较强的煤炭发运能力，能开展多种形式的煤炭业务，可以开展铁路直达煤、港口煤业务，从秦皇岛港、天津港、曹妃甸、锦州港等港口发运，与××能源有限公司、××科技集团、××煤业集团、××能源产业集团、××矿务局、××煤炭地矿等大型集团有着紧密的合作关系，与××发电厂、××国电、××港电厂、×港电厂、××电力等电力系统的电厂有着稳定的销售关系，并逐步扩大销售规模，几年来得到了相关行业的高度认可。

2. 上下游客户及主要结算方式

供应渠道分析			
	前三名供应商（按金额大小排名）	金额（万元）	占全部采购比率（%）
1	××能源有限公司	158000	48.76
2	××煤电控股集团上海有限公司	100000	32.4
3	××燃料有限公司	27500	8.48

××能源与主要供应商：××能源有限公司有 2 年以上的合作关系，与母公司中国铁路物资总公司有 5 年以上的合作关系，与××煤电控股集团上海有限公司等也有 2 年以上的合作，货物质量及安全有保障，供货稳定。

销售渠道分析			
	前三名销售商（按金额大小排名）	金额（万元）	占全部销售比率（%）
1	××科技集团	150000	47.46
2	××煤炭有限公司	53500	16.92
3	××煤矿××地方煤炭公司矿区分公司	46800	14.8

××能源与主要销售商：与××科技集团等公司有 5 年以上的合作关系，合作双方关系融洽，销路稳定，回款及时，付款情况良好。

二、银行授信方案

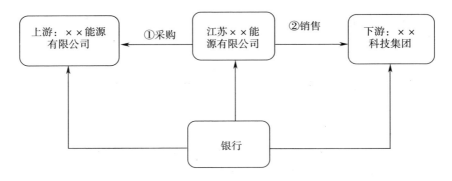

产业链标准流程

1. 授信方案

授信方案						
额度类型	公开授信额度		授信方式	综合授信额度		
授信额度（万元）	10000.00		授信期限（月）	12		
授信品种	币种	金额（万元）	保证金比例（%）	期限（月）	利/费率	是否循环
流动资金贷款	人民币	10000.00		12	按规定执行	是
贷款性质	新增	本次授信敞口（万元）		10000.00	授信总敞口（万元）	10000.00
担保方式及内容	信用					

本次综合授信额度为10000万元，限于向××能源有限公司支付采购煤炭货款。

借款人主要从事煤炭运销业务，主要客户有××能源有限公司、××科技集团、××煤业集团、××能源产业集团、××矿务局、××煤炭地矿等大型集团和国内知名公司，与多家电力系统的电厂有着稳定的销售关系，客户群实力雄厚。借款人信誉良好，还款能力强，账期合理，此次向银行申请1亿元综合授信，卖方为××能源有限公司。

2. 本次授信的优劣势分析

优势：（1）借款人从业时间较长，经验丰富，发展稳定，拥有稳定的客户资源；（2）该笔业务上游为××能源有限公司，该企业为国有大型企业，与借款人合作多年，货押风险小；（3）该公司采取稳健经营的方针，公司不囤货，不留库存，这在相当程度上抵御了煤炭价格波动带来的风险。

劣势：客户如果流失，会使得公司的营业收入存在较大的不确定性，进而影响盈利能力。

3. 风险点及控制措施

（1）货物控制。收妥买方缴存的保证金和提货申请书后，银行商品融资中心向××能源有限公司签发发货通知书，并传真至××能源有限公司指定的专人，同时电话通知。××能源有限公司在收到发货通知书的当日由专人向银行出具发货通知书收到确认函。××能源有限公司按协议约定向××能源发送相应货物，××能源收妥货物后向银行出具货物收妥告知函。

（2）质量控制、保险等。产品质量要求符合国家、行业标准及双方合同约定。

（3）其他管理措施。××能源应在银行授信产品约定期限内缴存保证金并封闭银行承兑敞口或偿还银行贷款，如在约定的时间江宇能源未能偿还银行授信，由银行商品融资中心通知江宇在1个工作日内向××能源有限公司发出退款通知书，其在收到银行出具的退款通知书后10个工作日内将未发货部分货款打入银行指定的××能源账户，专用于偿还银行授信。

综上所述，本次授信风险可控，收益与风险能够平衡。

第二十章　新建企业授信调查要点

一、基本情况

新建企业是商业银行客户经理经常遇到的客户群体，如果银行对新建企业授信额度合理，对新建企业的支持力度足够大，新建企业给银行的回报通常也会较为可观。银行应当关注如下新建企业：

（1）已购置土地或进行机器调试但尚未正式投产的企业；（2）已正式投产但不足1.5年，无法提供投产后连续两年财务报表的企业（其中前一年度报表须至少在半年以上）；（3）成立期限不足1.5年，无法提供连续两年财务报表的企业（其中前一年度报表须至少在半年以上）；（4）主营业务发生重大变化、期限不足1.5年、不能提供主营业务发生重大变化后连续两年财务报表的企业（其中前一年度报表须至少在半年以上）；（5）企业因合并、分立等导致总资产变动超过原企业40%及以上，期限不足1.5年，不能提供合并或分立后连续两年财务报表的企业（其中前一年度报表须至少在半年以上）。

【点评】

银行应当优选一些实力较强的大型企业集团在异地设立的新项目、新公司的融资，例如娃哈哈集团、万科地产、保利地产、宝钢集团在异地设立的新项目，这些都是银行值得关注的优质项目。

【客户经理思考要点】

1. 客户的股东方是谁？

2. 客户的项目什么时候可以正式运营？

3. 公司的授信，母公司提供担保吗？

二、主要特点

1. 全新性。未正式投产的企业无生产经营情况，处于全新状态；已正式投产的企业，不存在历史包袱，具备全新的财务数据；转（改）制企业与原有企业相比，在经营体制、主营业务、技术设备等方面存在新变化，前后财务数据的可比性较差。

2. 变化性。发生重大转（改）制或主营业务发生重大变化的新建企业，其股权结构、组织架构、管理人员及生产、经营、销售均会发生较大变化。

3. 不确定性。新建企业自我积累较少，经营前景难以预测，整体具有较高的不确定性。

4. 优越性。部分拥有高新技术或在政府扶持行业和区域内的新建企业，在经营、价格、税费等方面享受一定优惠。

5. 依赖性。新建企业对其股东在资金、人员、技术、管理、供销渠道等方面有着较大的依赖性，股东对其支持力度在一定程度上决定了新建企业能否顺利地按计划运营。

三、主要风险点

1. 政策风险

（1）产业及环保政策风险。部分新建企业主要负责建设、经营特定项目，相关项目如被列入国家产业政策限制和淘汰类名单或违反国家环保政策，企业将面临较大的建设、经营风险。

（2）区域政策风险。部分新建企业所享受的区域优惠政策（税收减免、土地补偿、财政补贴等）如发生变化，将对企业经营和财务状况造成影响。

（3）转（改）制的政策风险。该风险主要体现在新建企业组织形式、股权结构、法律关系等是否符合我国相关法律法规规定。

2. 经营市场风险

新建企业处于市场集中度不高、准入门槛较低的行业中时，由于其经营稳定性差，运营环节抗风险能力弱，面对激烈的市场竞争，较易破产或被收购、兼并。

3. 企业自身风险

（1）资本金到位风险。部分新建企业存在资本金难以及时足额到位的风险。

（2）经营成本风险。新建企业的购销渠道相对单一，生产经营成本及费用占比相对较高。能源和原材料价格发生较大变动时，企业自身依靠产品价格转嫁成本的能力有限，盈利能力将下降。

（3）项目滞后完成风险。若新建企业成立前的可研报告、报批手续与实际经营存在较大时间跨度，经营环境的变化可能会造成企业实际经营与计划存在一定差异，使企业经营的不确定性增大。

4. 股东关联风险

新建企业经营风险的大小受企业股东实力以及企业与股东主营业务相关性的影响较大。很多实力偏弱的民营企业在设立新公司后，立即将新公司的资本金通过各种方式抽走，留下巨大的风险隐患。

四、审查、审批要点

1. 合法合规性。审查新建企业是否属于国家《产业结构调整指导目录》中被列入限制和淘汰类的新建项目，各类批文是否齐备、完整，企业的成立是否符合《公司法》等国家法律法规，一些特殊的经营业务是否取得了相应的经营资格和资质，特别需要关注合资、外商独资新建企业的设立、经营、资金结算的合法合规性。

2. 区域经济分析。了解企业所在的区域经济环境的整体发展特点，判断新建企业发展目标是否与区域经济的发展相一致。

3. 所在行业分析。分析企业投产时的行业政策及可以预见的未来行业政策变化，评价行业所处阶段、发展潜力如何等。

4. 市场环境分析。对企业所处的市场环境进行分析，看是否属于产能过剩、竞争激烈的市场，分析企业在市场竞争中的主要优势和劣势以及企业是否享有较行业内企业更优惠的政策。

5. 股东支持力度分析。掌握企业股东或实际控制人背景情况，分析其对新建企业的控制力度及支持能力，包括资金、人员、技术、管理等方面。

6. 股东从业分析。分析股东是否涉足或从事新建企业的业务领域，是否有较强的从业经验，在该领域是否占有较强的市场地位。

7. 股东关系分析。对于多个股东共同出资的新建企业，要关注股东各方的合作意愿、合作历史、合作动机及出资方式，掌握新建企业成立的深层次原因。有外方股东的，要注意外方的国内局势及其与我国的外交关系等。

8. 资金来源分析。关注企业资本金的结构、出资方式，以及企业经营初期的资金来源和企业现金流量。

9. 经营者及员工分析。重点关注企业主要经营者的经营理念、经营经验、经营业绩，以及经营者的业务素质、文化程度、操行表现等，同时注意分析企业的员工学历水平及构成比例等情况。

10. 实际经营分析。关注企业实际经营情况与设计生产能力、计划收益是否存在较大差异，并判断对企业经营是否存在实质性影响，企业是否有相应可行的应对措施。同时，须关注企业产品是否达到设计标准和符合市场需求。

11. 供销渠道分析。关注企业上游供货、下游销售渠道的开发与建设情况，特别注意分析新建工业企业的原材料供应方是否稳定，分析新建非工业企业的销售网络的构成、分布以及销售模式特点。

12. 财务情况。应要求新建企业提供近期财务报表，核查企业验资报告，关注企业资本金和投资到位情况，分析企业财务报表数据是否与经营情况相一致，是否存在异动。

13. 授信用途。对新建企业的授信，要认真调查核实企业申请授信的真正原因，落实资金用途，以保证客户的实际需求与银行授信品种、期限、金额相一致。

14. 第二还款来源。鉴于新建企业自身抗风险能力通常较弱，原则上应提供银行认可的抵押、质押、保证等担保方式，以达到缓释风险的作用。

【案例】

安徽××集团有限公司项目经理授信方案

一、企业概况

安徽××集团有限公司注册资金为 7080 万元，承建较多优质项目，工程回款有一定的保障，合同金额为 44330 万元，已回笼资金为 39680 万元。在建及中标项目工程近 20 个，工程价款及标价总计 79668 万元，工程进度及回款情况良好。

近两年来，公司与上海××钢铁等 10 余家全国知名材料供应商建立了稳定的业务关系，保障了项目工程优质材料的供给。

公司项目经理均为从事建筑业 10 年以上的资深项目经理，他们通过与安徽××集团有限公司的合作，自身积累了一定的固定资产。这些项目经理在公司快速发展的同时，个人也得到了快速发展，对资金的需求量也日益增长。

公司有项目经理资格的共 98 人，其中有一级项目经理资格的 12 名，这些项目经理人均年承包工程量在 5000 万元，每人每年通过分包合同可获取净利润 500 万元，第一还款来源充足。

二、银行切入点分析

安徽××集团有限公司与项目经理为利益共生体，安徽××集团有限公司在承揽项目并确定项目的总金额后，采取压价方式，立即分包给具体的项目经理，项目经理组织设立项目经理部，调动资金完成项目。

安徽××集团有限公司之前自身向银行贷款筹集资金，划拨给项目经理部，项目经理成本意识较差。现在改为项目经理借款，安徽××集团有限公司提供担保，项目经理自负盈亏，项目的成本可以大大降低。

三、银行授信方案

银行授信方案			
额度类型	内部授信额度	授信方式	单笔单批额度
授信额度（万元）	10000	授信期限（月）	12

续表

授信品种	币种	金额 （万元）	保证金 比例（%）	期限 （月）	利/费率	是否 循环
项目贷款	人民币		0		按银行规定	
贷款性质	新增	本次授信敞口（万元）			授信总敞口 （万元）	
担保方式及内容	信用					

　　授信设定个人资产抵押，追加安徽××集团有限公司连带责任担保。安徽××集团有限公司出具担保函，担保函中承诺对应该笔贷款的项目回款全部进入在银行开立的账户。

第二十一章　房地产抵押业务授信调查要点

一、基本情况

对公授信业务中担保方式为房地产抵押的，具体分为国有土地使用权抵押、房地产抵押和在建工程抵押三种。

银行如果选择中小型房地产开发商作为目标客户群体，必须提前联系大型开发商进行兜底，即由大型开发商提供承诺，将来准备协助银行收购中小型房地产开发商的股权（见图21-1）。

银行必须具备整合能力，一旦发生风险，有极强的处置能力，而不是一味挑选毫无风险的客户，通常而言这类业务的利润也极低。

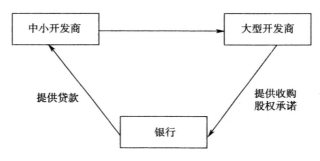

图21-1　房地产抵押流程

【客户经理思考要点】

1. 开发商的自有资金比例是多少？

2. 开发商在拿地过程中，有信托或地产基金的资金吗？

3. 开发商的开发周期是多久？

4. 开发商的土地是按照什么性质立项的？

5. 可以办理封闭开发贷款吗？以按揭归还开发贷款。

6. 开发商可以将本行选择为预售资金监管银行吗？

二、主要特点

1. 抵押房地产是对银行债权的一种担保形式，当债务人不履行义务时，银行作为债权人，有权依法以抵押房地产处置价款优先受偿。银行对开发商提供融资，应当优先选择房地产抵押，其次加入股权质押。

2. 在抵押期内，抵押人仍然享有抵押房地产的占有权、使用权、收益权，但处分权被限制，抵押权人拥有抵押房地产的预期处分权。

3. 房地产抵押权采用登记生效制，登记时抵押清单内应载明抵押物范围，在房屋所有权证的"附件"栏清晰地登记抵押的银行、抵押贷款的金额、抵押的期限等。

4. 房地产产权证明应与不动产登记簿记载的事项一致。如果不一致，除非有证据证明不动产登记簿确有错误，否则不动产登记簿的效力高于房地产产权证明。

5. 房地产评估价值是特定时点、特定情况下的价值实现能力，而抵押房地产变现时要受到诸多因素的影响，不能将房地产评估价值作为衡量其变现价值的唯一标准，变现价值通常低于评估价值。

6. 房地产抵押人可以是债务人，也可以是第三人。

三、主要风险点

1. 权属风险，即抵押人对抵押物是否具有合法、合规、完整、独立的产权，包括是否是依法不能抵押的房地产，不合法的房地产，权属有争议、产权有纠纷的房地产；是否是共有房地产；同一房地产是否设定多个抵押权，房地产是否分别抵押、重复抵押；抵押期限内，抵押土地是否超过规定的使用年限；在规定的期限内，是否由于土地开发进度不足或未按规定用途使用土地，面临行政处罚和国家收回土地的风险。

2. 市场风险，即市场要素变化所产生的风险，包括宏观经济下行，房地产市场波动影响抵押房地产的价格；城市规划发生变化、社会经济环境不规范、中介机构不按规范操作、职能管理部门管理上的漏洞造成房地产评估价格虚高。

3. 变现风险，即由于种种原因，不能实现预期的抵押价值，包括抵押物变现能力弱，如特定类型的房地产、大宗房地产、分割抵押的房地产；经济波动和市场预期导致变现出现困难；变现时间的急迫性影响了变现价格；房地产的功能性贬值导致的变现风险；房地产用途改变导致的变现风险。

4. 突发事件风险。如发生地震、水灾等，造成抵押房地产的损毁、灭失，从而导致抵押权灭失。

5. 存在其他法定优先受偿权，影响抵押权人对抵押房地产行使权利，如发生在纳税人财产被设定担保之前的税收、破产企业的劳动债权、建筑工程承包人的优先受偿权。

6. 地方法规的风险。各地对房地产抵押的规定不完全一致，银行在开展授信调查时容易忽略地方的一些特别规定。如深圳的相关法规规定，在建工程不得用于抵押；土地使用权证和房产证有两证合一、两证分离的不同情况，对两证分离的授信，审查时可能会只审查其中一证；对集体土地使用权设定抵押的要求和程序仅在某些地区，如河北、成都等地有较为明确的规定等。

四、授信调查要点

1. 抵押的合法性。抵押房地产是否属于法律法规允许抵押的财产。房地产禁止抵押包括但不限于以下情况：

（1）土地所有权。

（2）耕地、宅基地、自留地、自留山等集体所有的土地使用权，但抵押人依法承包并经发包方同意抵押的荒山、荒沟、荒丘、荒滩等荒地的土地使用权除外。

（3）国家机关、学校、幼儿园、医院等以公益为目的的事业单位、社会团体的教育设施、医疗卫生设施和其他社会公益设施等所占用的房地产。

（4）根据城市规划政府决定收回的土地使用权。

（5）共有房地产，未经其他共有人书面同意的。

（6）权属不明、权属有争议的，或未依法登记取得权属证书的房地产。

（7）司法机关依法裁定，决定查封、扣押、监管或者以其他形式限制权利的房地产。

（8）列入文物保护范围的建筑物和有重要纪念意义的房地产。

（9）违章建筑及已依法公告列入拆迁范围的房地产。

（10）空置三年（含）以上的商品房。

（11）已存在预告登记的不动产。

2. 抵押的有效性。抵押物的权属是否清晰，是否有争议以共有房地产作抵押的，抵押人应提供证明其处分权符合共同权利人之间协议、合同的相关文件。

拟抵押房地产为按份共有财产的，抵押人应出具抵押行为经占份额2/3以上的按份共有人同意的书面文件；拟抵押房地产为共同共有财产的，抵押人应提供抵押行为经全体共有人同意的书面文件。

以国有土地使用权作抵押的，要明确地价款是否已缴清，是否存在未付完的款项；对于享受国家、地方优惠政策而购买的土地，要审查处置权利是否受到限制，转让时是否需要补缴土地出让金。视具体情况，可以要求提供土地出让合同、土地出让金及契税缴纳凭据进行审查。

以在建工程抵押的，要审查"四证"（国有土地使用证、建设用地规划许可证、建设工程规划许可证、建筑工程施工许可证）是否齐全。

存在经营期限的抵押人以其房地产作抵押的，抵押期限不应超过其经营期限；以具有土地使用年限的房地产作抵押的，抵押期限不应超过建设用地使用权出让合同规定的使用年限减去已经使用年限后的剩余年限。

对于调查阶段在登记机关查询到存在不动产登记簿的房地产抵押，应关注不动产登记簿与权属证书内容是否一致，是否存在预告登记。如果不动产登记簿记载的事项有误，应要求抵押人及时申请更正登记或要求借款人提供其他合法有效的担保。

3. 抵押的可靠性。

抵押房地产的价值与变现能力。审查抵押物是否经过银行认可的评估事务所预评（首次授信客户）或评估，评估方法选取是否合理、适当。评估价值与审查人员的判断有明显出入的，视情况考虑重新指定评估机构或降低抵押率。

房地产抵押估价报告应当包括估价对象的变现能力分析，抵押价值可参考评估报告所提出的变现价值。

以贷款实施的在建工程抵押的，抵押物为该建设工程的土地使用权、建设过程中逐渐形成的财产及最终形成的财产。审查时，应动态分析判断抵押物的价值。

对于存在租赁关系的抵押房地产，原则上应要求抵押人（出租人）提供已将本次抵押告知承租人的书面文件；同时，银行应与抵押人（出租人）、承租人签订协议或要求承租人出具相关书面声明，确保银行需行使抵押权时不受租赁行为的影响。

4. 对变现价值产生影响的几个重要因素

（1）分割抵押。

（2）法定剩余使用年限。

（3）租期或承包期限。

（4）抵押的房地产如已列入拆迁（征用）范围，要了解可能收到的赔偿价款，将其作为变现价值的重要依据，可考虑将拆迁赔偿款专户纳入银行管理。

（5）以划拨方式取得土地使用权的经济适用房，其抵押价值应扣除变现时划拨土地应缴的土地使用权出让金或相当于土地使用权出让金的价款。经济适用住房变现过程较为复杂，处置时受到的限制较多，应审慎接受经济适用住房作为抵押资产。

（6）以闲置土地使用权作抵押的，要关注闲置时间以及可能面临的处罚，审查可能产生的土地闲置费和土地增值地价是否已从评估价中扣除。审慎接受闲置期限在 1～2 年（不含）、面临回收风险的土地作为抵押资产。不接受闲置期限满两年的土地作为抵押资产。

（7）对国土资源部门认定的房地产项目超过土地出让合同约定的动工开发日期满一年、完成该宗土地开发面积不足 1/3 或投资不足 1/4 的，应审慎接受该宗土地作为抵押物。

（8）拟抵押房地产具有其他法定优先受偿权的，审查是否已从评估价值中扣除了由此可能产生的相关费用，例如拖欠的施工企业工程款等。

5. 有无其他抵押权

抵押的房地产是否有其他抵押权设立在先，如有，应在充分考虑银行抵押权顺序的基础上确定对应银行债权的抵押值。

6. 合理确定抵押率

审查抵押率是否超过所规定的抵押率上限。如果超过，审查是否有明确合理的依据。综合房地产的区位、使用年限、成新率、用途、估价可信度、变现限制、市场价格波动、处置税费、贷款期限、是否有其他优先受偿权等风险因素设定抵押率。

对于存量叙做的授信业务，要分析抵押房地产的使用业态、折旧、外部环境等诸方面的重大变化对抵押物价值的影响，合理分析抵押率。

五、审查时须注意的其他要点

1. 坚持"房地一并抵押"的原则，不接受有地上建筑和定着物的单独以国有土地使用权的抵押以及不包括土地使用权的房产的抵押。

（1）以国有土地上的房屋抵押的，应将该房屋占用范围内的土地一并抵押。

（2）以出让方式取得的土地作抵押的，应将土地上的房屋同时抵押。

（3）以在建工程作抵押的，应将在建工程占用范围内的建设用地使用权，连同在建工程的投入资产同时抵押，并在核定抵押率时充分考虑建设工程承包人的工程价款，或者要求承包人出具书面承诺，放弃优先受偿权。

2. 以在建工程抵押的融资，授信叙做时要关注对在建工程的持续投入形成的资产是否纳入了抵押资产；在建工程取得产权证后，是否以竣工房地产重新办理了抵押登记。

3. 土地承包经营权变现时受到的局限较多，审慎接受土地承包经营权的抵押。

4. 以储备土地作为抵押物的融资主体仅限于土地储备机构。

5. 应要求抵押人进行财产保险，保险金额应与抵押物价值相同，如抵押物价值高于授信敞口金额，则保险金额可不低于授信敞口金额加三个约定的计息周期的利息；保险的有效期应至少长于授信到期日后的三个月；原则上，银行要为保险第一受益人。

保险机构提供的保险产品的原因或其他原因使得保险的有效期不能满足上述规定的，应要求抵押人承诺保险到期时必须进行续保。

6. 我国法律原则上禁止以集体建设用地使用权单独设立抵押，除非与其占用范围内的乡（镇）、村企业厂房等建筑物一并进行抵押。应审慎对待集体建设用地使用权单独设定抵押的授信项目，单独设定集体建设用地使用权抵押不得作为授信的主要担保方式，如果确需以集体建设用地使用权设定抵押，必须关注以下事项：

（1）集体建设用地使用权与土地上的建筑物一并设定抵押。

（2）如必须以集体建设用地使用权单独设定抵押的，首先，要考虑地方法规的相关规定，地方法规必须明确允许以集体建设用地使用权设定抵押；其次，必须办理完备的手续，如必须得到集体土地所有权人同意设定抵押的有效文件、办理抵押登记手续等；最后，必须明确一旦抵押被认定无效后的补救措施及相关责任。

（3）由于集体建设用地的用途受到严格限制，即使抵押合法有效，在抵押权实现过程中也不得改变集体土地的用途和性质，因此抵押权的实现受到较大限制，开展授信调查时必须事先做好贷后管理及资产保全的相关应对措施。

7. 原则上不接受法律规定不明确及存在法律争议的房地产抵押，如以此类房地产抵押，只能作为额外的风险缓释措施，不作为银行认可的担保方式。

六、对大型品牌开发商与本地中小民营开发商贷款策略比较

1. 大型品牌开发商

大型品牌开发商贷款策略包括：（1）项目公司借款；（2）总公司担保或区域公司提供担保；（3）提供供应链融资。其特点是集团融资能力极强，重视自身品牌声誉，开发运作效率极高。例如，碧桂园、恒大、龙湖、富力、融创等品牌开发商。

2. 本地中小民营开发商

本地中小民营开发商贷款策略包括：（1）提供土地使用权抵押；（2）项目公司股权质押；（3）委托变卖协议；（4）大型开发商确定购买承诺；（5）大股东放弃优先购买权承诺；（6）封闭贷款（按揭归还开发贷）。其特点是融资能力较弱，开发运作效率较低，极为容易受到宏观调控影响。

【案例】

××置业有限公司授信方案

一、企业概况

1. 客户概况

××置业有限公司注册资金为 84000 万元，其开发的××区××家园 C 区、D 区项目（都会商业中心）规划建设用地面积为 145170.91 平方米，总建筑面积为 643563 平方米，是融居住、商业金融、市政设施于一体的综合性项目。该项目由 C 地块、D 地块两部分组成，分三期开发建设。其中，D 地块为居住用地，用地面积为 65161.14 平方米，总建筑面积为 190129 平方米，是项目一期工程；C 地块为商业金融用地，用地面积为 80009.77 平方米，拟建建筑总建筑面积为 453434 平方米，该地块中商务办公楼及其附属商业部分为项目二期工程，商业、办公、酒店部分为项目三期工程，尚未开发建设。三期项目中，一期、二期为经营性房地产，全部销售，三期为公司经营性物业投资，公司持有并通过租赁实现收入。

××集团有限公司共有 20 个房地产事业部和 76 个控股子公司，通过 17 年的发展历程，集团已成为中国企业 500 强和中国房地产龙头企业之一，房地产开发经营是集团的核心主导产业，同时集团加强多元化发展，旗下的能源、资产经营、建筑、汽车服务、物业管理各行业均已具有较大的规模和较强的实力。

2. 主要合作者情况

项目设计单位为中国××建筑设计研究院，施工单位为北京×建集团有限责任公司和上海市×建筑有限公司。

北京×建集团有限责任公司是国家建设部批准的一级总承包企业，可承建大型小区和高层建筑。该公司有十多年的施工管理经验，技术力量雄厚，聚集了大批中高级施工管理人才，建筑质量绝大部分达到优良等级，在消费者中树立了良好的声誉，这为该项目开发建设提供了有力的保证。

上海市×建筑有限公司是具有国家施工总承包特级资质的大型综合性建筑企业，是上海××集团主要成员。公司在上海市建设和管理委员会对在沪施工企业综合业绩考评中五次名列第一。公司成立以来，先后承建上海浦东国际机场、上海国际会议中心、外滩金融中心、上海磁悬浮快车主线、卢浦大桥、中远两湾城。

同时，项目还将聘请工程监理，有效控制项目的工期、成本及质量。项目监理单位为北京建工××工程建设监理公司，是建设部正式批准的具有甲级监理和代理资质的单位，监理、管理、咨询、服务的建设工程范围广泛，建筑面积达3000多万平方米，总造价为700余亿元，成功承接的项目有凤凰国际传媒、国家体育馆、地铁十号线、北京医院等多个大型工程。

3. 担保人总体评价

作为经济发达地区的特大型国有企业集团，××集团有限公司的资产规模、销售收入、盈利水平都居行业前列且稳定增长，具有很强的资金实力。近年来，房地产行业的调控可能会对集团未来的收入、盈利及资金产生一定负面影响，但地产业务收入仅占集团销售收入的1/3，集团整体抗风险能力较强。

虽然从财务指标上看，集团近两年负债率上升，流动比、速动比下降，但其主要原因为预收账款增加过大；有息负债虽也有较大增加，但其与集团主营收入规模的增加是同比的，没有出现恶性上升的情况。从近期集团报表情况看，其货币资金处于较稳定状态，地产业务的现金流入未来可能会有所下降，但集团在调控时期的投入节奏也会放缓，同时，集团的其他业务板块的现金流不会有太大波动，地产的调控对集团未来现金流整体影响有限。因此，集团作为担保人，其担保能力是具备的。

二、银行授信方案

1. 授信方案

<table>
<tr><td colspan="7" align="center">银行授信方案</td></tr>
<tr><td>额度类型</td><td colspan="2">内部授信额度</td><td>授信方式</td><td colspan="3">单笔单批额度</td></tr>
<tr><td>授信额度（万元）</td><td colspan="2">50000.00</td><td>授信期限（月）</td><td colspan="3">36</td></tr>
<tr><td>授信品种</td><td>币种</td><td>金额
（万元）</td><td>保证金
比例（%）</td><td>期限
（月）</td><td>利/费率</td><td>是否
循环</td></tr>
<tr><td>商用房开发贷款</td><td>人民币</td><td>50000.00</td><td>0</td><td>36</td><td>按银行规定</td><td></td></tr>
<tr><td>贷款性质</td><td>新增</td><td colspan="2">本次授信敞口（万元）</td><td>50000.00</td><td>授信总敞口
（万元）</td><td>50000.00</td></tr>
<tr><td>担保方式及内容</td><td colspan="6">保证人：××集团有限公司。抵押物名称：××区××家园C区、D区二期。</td></tr>
</table>

本次授信由××集团有限公司提供连带责任担保，追加××区××家园C区、D区二期抵押作为此次信用授信额度担保。

2. 授信情况分析

××置业有限公司在银行申请5亿元房地产开发贷款，抵押物为××区××家园项目C区5~13号楼分摊土地39447.15平方米。××区××家园C区、D区项目宗地面积为80009.77平方米。

由于后期项目需要，××置业有限公司向××银行北京大兴支行申请房地产开发贷款，抵押物为C区、D区宗地中三期商业项目分摊的土地面积40562.62平方米。

借款人在××银行申请的相关开发贷款已获批准，但在办理相关抵押登记过程中国土局根据国土资发〔2012〕14号文中规范土地抵押登记的相关规定，对于剩余土地部分追加抵押方式不予办理。

我国《担保法》和《物权法》规定，抵押人所担保的债权不得超出其抵押物的价值。财产抵押后，该财产的价值大于所担保债权的余额部分，可以再次抵押，但不得超出其余额部分。同一财产向两个以上债权人抵押的，拍卖、变卖抵押财产所得的价款依照下列规定清偿：抵押权已登记的，按照登记的先后顺序清偿。由于不动产抵押采纳登记要件主义，所以不动产抵押权顺位确定的原则为：登记优先原则，即以抵押权登记的先后为标准，先登记的抵押权优于后登记的抵押权。

按照上述相关法律规定，银行对抵押物具有实际控制权，剩余土地的抵押权及处置问题对银行债权实现不会造成影响。鉴于以上情况，建议修改原批复中客户承诺第二条"本次授信项下抵押物不得在他行进行抵押融资"。由××银行大兴支行按照宗地抵押中顺位抵押权的规定申请享有房山区广阳家园C区、D区第二顺位抵押权，并出具相关说明。

该项目未来的销售形势良好，销售及回款计划可行，第一还款来源可靠。贷款采取项目土地使用权抵押担保加××集团有限公司连带责任担保方式。因项目已比较成熟，抵押率较低，具有较强的变现能力，加上担保人实力较强，信誉良好，有较强的代偿能力，所以，两个第二还款来源均可靠。

借款人与银行合作的忠诚度高，项目资金100%封闭，风险可控，且能带来综合收益。待该项目开发贷款审批通过后，公司会将启航社（项目二期推广名）项目预售资金监管账户开立在银行，全部销售款（不少于20亿元）都会归集到该账户，并且根据预售资金监管办法，在项目预售完成初始登记并达到购房人可办理转移登记的条件时才可解除资金监管，建委初步核实重点监管资金8亿元，不但会有大量的销售款留存银行，更能确保银行贷款资金安全。

3. 主办客户经理意见

本笔商用房开发贷款专项用于××区××家园C区、D区项目二期（项目名称为都会商业中心，推广名为启航社）的项目开发。经调查，该期已累计投入自有资金54000万元，自有资金占比为36.36%，已取得国有土地使用权证、建设用地规划许可证、建设工程规划许可证、建筑工程施工许可证、商品房预售许可证（不包含5号、6号、7号、8号、9号、11号、12号楼地上一层和13号楼，该部分预售证正在办理），具备融资条件，特申请贷款金额5亿元、期限3年的商用房开发贷款。

虽然政府调控频繁，"新国八条""京十五条"及"商改住"禁令陆续出台，但对该项目影响较小，具体分析如下：

（1）销售准备较充分，销售情况良好。政策出台后，开发商在售楼处向咨询和购买启航社的客户告知新政策并在认购书和购房合同中与购房人明确约定。对商业项目的产权年限及未来使用成本，购房客户也有思想准备，售楼处现场咨询的客户关于"商改住"的询问较少。

启航社可售套数为2912套，可售面积为168097.74平方米，开盘均价为14000元/平方米。其中已售363套，已售面积为20417.13平方米，占可售面积的12%。项目二期工程施工进度正常，当前正处于基础底板施工阶段。

现北京市场上与启航社项目相同的在售商住项目共有47个，占北京房地产市场上在售住宅项目的比例较小。从此以后，北京"商改住"项目将不再有增量，这意味着符合限购条件的外地人可购买房屋的只能选择仅有的这些项目。

（2）"商改住"政策对该项目无实质性影响。其表现在以下几方面：

①该项目的用地、规划及开工手续均获政府部门批准，启航社已取得建筑工程施工许可证。在建筑工程施工许可证批准的设计图纸中，标准层每户均设有独立卫生间。建筑工程施工许可证是在"商改住"禁令发布前

申请取得的，之后也并未因"商改住"禁令的出台要求开发商更改图纸，说明该项目在"商改住"禁令出台前已获得规划部门的审批，不受禁令限制。工程竣工验收依据就是工程规划批复条件，通过验收就不存在办证、过户的问题。近期，在新规出台后，陆续通过竣工验收并开始办理房产证的项目，如合生北方房地产开发有限公司开发的望京"麒麟社"项目、中冶置业开发的"金澳国际"项目都顺利过关，说明政府确实是按通知所明确的，在按"老项目老政策"执行。项目现场平整，围挡已砌好，已开始施工。对于政策中"不得擅自更改用途"的要求，公司也会严格按照政府所批规划进行施工，不会改变用途。

②销售明确此项目为商务办公项目，开发商不会再刻意宣传其居住功能，更不会改变用途。同时，将严格按建委要求公示此类项目的产权、用途、费用等相关事项。此类项目也是市场需要的一种产品，商住楼能注册企业，使用功能灵活，对中小企业而言是不错的选择。项目符合北京城市总体规划和空间布局的要求，对落实新的城市规划、建设宜居城市起到了提升和完善作用，成为投资新热点。

综上所述，该项目未来的销售形势良好，销售及回款计划可行，第一还款来源可靠，贷款采取项目土地使用权抵押担保加控股集团有限公司连带责任担保方式。

因项目已比较成熟，抵押率较低，具有较强的变现能力，加上担保人实力较强，信誉良好，有较强的代偿能力，所以，两个第二还款来源均可靠。

（3）为保证此笔贷款安全，拟按下列方案进行管理和操作。

①放款前落实抵押登记和担保手续。

②为保障银行贷款安全，贷款采取分次发放方式，并按照项目实际进度及用款需要进行提款，确保贷款全部用在所开发项目上。

③贷款担保方式。为土地使用权抵押加控股集团有限公司连带责任担保，项目开工建设形成在建工程后追加在建工程抵押。现土地评估金额90599万元，抵押物位于××区××家园C区、D区，为该项目二期用地未售房屋部分分摊的国有土地使用权。抵押物规划用途为商务金融、办公、物业管理用房、地下仓库，使用权类型为出让。贷款余额始终不超过抵押物价值的50%。

④按工程进度分次提款，未来根据销售进度，每半年还款一次，抵押物销售率达 80% 时，贷款结清。

⑤利率为基准上浮 15%。此外，企业需在银行开立收入监管账户，签订账户监管协议，全部销售收入进入银行监管账户。

⑥此次开发贷款专项用于 ×× 区 ×× 家园 C 区、D 区项目二期开发，银行将严格监督贷款资金实际流向。

> 首先要了解客户，再去营销客户。
>
> 在营销客户前，首先要了解客户，分析客户的需求点，然后，找准银行产品，找到可以满足客户需求的产品，才去营销。不了解客户，就去营销，成功是一种奢望。

第二十二章　教育行业授信调查要点

一、基本情况

对公授信业务对象为各类大学、中学，各类民营学校，通常以学校学费收入作为主要还款来源。

【客户经理思考要点】

1. 学校的招生情况？

2. 学校收入的稳定性？

3. 学校的定期支出是多少？

4. 学校的土地是什么方式获得？

5. 可以控制学校收费账户吗？以学费归还贷款。

6. 学校可以将本行选择为学费唯一监管银行吗？

二、主要特点

教育行业主要参考指标见表22-1。

表22-1　　　　　　　　　教育行业主要参考指标

主要经营指标	单位	年
学校所属类型		
在校生人数	人	
招生报到率	%	
教师人数	人	
学科、系	个	
硕士授予点	个	
博士授予点	个	

续表

主要经营指标	单位	年
资产规模	万元	
收入规模	万元	
其中：事业收入	万元	
学费收入	万元	
住宿费收入	万元	
资产负债率	%	
银行借款	万元	
收支结余	万元	
借款收入比		
主管部门对学校在银行融资限定额度	万元	
财政对每学生拨款	元	

三、主要风险点

高校举债行为，一方面表现为高校债务产生的财务风险；另一方面高校又是一种投资，增加了学校的资产，改善了办学条件，提高了办学竞争力，这说明举债是一把"双刃剑"。

有个别高校的资产负债率已达到60%～70%，这样的资产负债率在以盈利为目的的工商企业都已进入了财务高风险区域，何况不以盈利为目的的高校；甚至有的高校已亏损运行，连债务利息都无法偿还，而且我国高校由于产权不清导致债务的责任人缺位，类似于过去的国有企业债务问题。

四、授信调查要点

1. 了解学校所属类型、行业资质，具有权威部门批准的招生资格，收费范围、收费价格经物价部门批准。

2. 核定学校在校生规模，近三年招生（本科生、专科生、研究生）报到率及就业率情况。

3. 申请人近年来收入支出详细情况；事业收入的构成，以及学费收入、住宿费收入多少。

4. 了解当地政府主管部门对学校银行融资额度有否限制。如有，其额度是多少。

5. 了解近年来当地高等教育状况，主要包括目前共有普通高等院校数、本科院校数、当地在校生人数、高等教育入学率及与全国平均水平的差距。

6. 国家对当地高校生均拨款数，地区财政对院校生均拨款数。

五、审查时须注意的其他要点

1. 优化筹资结构，降低高校举债风险。其主要是合理控制高校负债筹资规模。高校筹资规模就是高校事业发展过程中某阶段实际需要的资金与可能拥有的资金的差额。

2. 高校的办学成本由经常性成本和建设性成本两部分组成。合理的筹资规模就是确定贷款规模的均衡点，即学校收入扣除经常性成本后，剩余部分大于或等于银行利息。贷款均衡点的确定必须坚持可持续发展、效益性和合理额度的原则。

优化筹资的时间结构。由于短期借款从风险上看要比长期借款高，而从资金成本上看，长期借款要比短期借款高。因此，要合理安排借款结构，将长期借款与短期借款相结合，权衡长短期负债的优缺点，尽可能以长期贷款为主，必要时辅以短期贷款。

【案例】

××大学授信方案

一、企业概况

××大学是国家级大学生创新创业训练计划、国家大学生创新性实验计划、国家建设高水平大学公派研究生项目、全国深化创新创业教育改革示范高校，中国政府奖学金来华留学生接收院校，首批一流网络安全学院建设示范项目高校，首批学位授权自主审核单位。

学校占地面积为 5195 亩，建筑面积为 266 万平方米，设有 34 个学院（系），开设 123 个本科专业，拥有 5 个国家重点一级学科、17 个国家重点二级学科、6 个国家重点（培育）学科、46 个一级学科具有博士学位授予权、57 个一级学科具有硕士学位授予权、42 个博士后流动站、设有 3 所三级甲等附属医院，有专任教师 3700 余人，有普通本科生 29405 人、硕士研究生 19699 人。

二、银行授信方案

授信方案

<table>
<tr><td colspan="7" align="center">银行授信方案</td></tr>
<tr><td>额度类型</td><td colspan="2">内部授信额度</td><td>授信方式</td><td colspan="3">单笔单批额度</td></tr>
<tr><td>授信额度（万元）</td><td colspan="2">50000.00</td><td>授信期限（月）</td><td colspan="3">36</td></tr>
<tr><td>授信品种</td><td>币种</td><td>金额
（万元）</td><td>保证金
比例（%）</td><td>期限
（月）</td><td>利/费率</td><td>是否
循环</td></tr>
<tr><td>学校建设贷款</td><td>人民币</td><td>50000.00</td><td>0</td><td>36</td><td>按银行规定</td><td></td></tr>
<tr><td>贷款性质</td><td>新增</td><td colspan="2">本次授信敞口（万元）</td><td>50000.00</td><td>授信总敞口
（万元）</td><td>50000.00</td></tr>
<tr><td>担保方式及内容</td><td colspan="6">账户开立：在本行开设学费收款账户。</td></tr>
</table>

附件文本

【附件1】

银行对公授信客户现场贷后调查内容

1. 客户经营的主要特点（包括经营思路、资金管理模式、技术特点、上下游结算、在建项目、对外投资等）。

2. 股东、组织架构及管理层面发生的重大变化。

3. 授信期间行业、产业政策等外部环境变化对客户的影响。

4. 授信期间客户主营业务收入、利润、应收账款、存货、现金流量等财务运营指标是否与项目申报时的预测一致，不一致的主要原因。

5. 授信客户批复中前提条件和其他授信要求是否逐一落实，未落实的主要原因。

6. 授信批复中提出的特别关注事项进展情况。

7. 对银行授信有哪些需求（结合上下游结算特点、新建项目、资金管理模式等方面）；主要合作银行有哪些，与其他银行授信合作的主要方式（业务模式、授信产品与服务、授信金额及近期变化、风险缓释手段和授信条件等）。

8. 对银行授信的评价和意见（包括对授信方案、授信产品、服务、授信管理要求等方面的评价和意见）。

【附件2】

银行对公授信客户现场贷后调查工作报告

（客户名称）　　　　　项目

一、受访客户情况简要介绍

二、选择该客户的原因及回访目的

三、受访客户最近一次授信方案批复情况及使用状况过程描述

四、回访过程

主要描述回访时间、银企双方参与人员、回访工作步骤及措施。

五、回访结论

1. 受访客户最近一次授信批复执行情况。其包括但不限于说明批复中担保条件、前提条件、过程管理要求、风险提示，以及申报方案中的其他业务开展计划逐一跟踪落实情况；如未落实，需逐项说明原因，并评价其合理性。

2. 评价授信方案、审批意见的适用性和合理性。如分析授信期间客户财务运营情况与申报方案时预期是否一致，并对产生偏差的理由作出合理的判断；分析银行授信是否充分满足客户需求，可结合银行与他行授信模式、产品、金额、风险缓释手段等的优劣势比较；创新授信业务模式中提出的风险控制措施是否存在缺失；分析批复中特别关注事项的进展对银行授信安全的影响；判断银行授信方案和审批意见的适用性和合理性，反思当前授信方案和审批意见的不足，并提出解决方案。

3. 启示与建议。指出从本次回访工作中得到的启示，提出对今后银行审批工作的建议。如对银行授信审批管理体制、授信权限设置等制度层面的建议，对银行对公授信团队建设的建议，对审批工作思维模式或工作方法的反思等。

报告人：

负责人：

日期：

【附件3】

银行客户经理现场调查提纲
（参考格式）

一、调研时间：最好约定周二至周四

二、调研客户名称

三、前期所做的准备工作：应当提前登录目标客户网站，搜寻目标客户基本信息，尤其是客户的新产品信息，分析客户的目标市场情况。

四、调研方式

五、希望了解的有关情况

（一）授信客户调研

1. 行业地位、市场前景、产品的销售前景。

2. 供销、管理层等经营方面的稳定性。

3. 原材料价格变化、盈利能力等财务情况。

4. 公司发展计划与银行融资及结算业务合作的相关需求。

5. 调查报告中未提及或已提及但需要进一步核实的内容。客户经理应当将本行的授信调查报告进行逐条对照，看哪些内容还需要进一步了解。

（二）行业重点客户调研

1. 行业内企业数量、市场结构和竞争状况。

2. 行业内产品市场的地域分布和市场占有率。

3. 了解国家出台的相关政策对行业发展的影响。

4. 产业链完善程度、产品的市场销售情况。

5. 生产成本的构成、占比、价格及未来的变化趋势。

6. 与上下游企业之间的结算方式等。

银行客户部

_____年_____月_____日

【附件4】

银行客户经理现场调查总结
（参考格式）

被访单位：	
时间：	
目的：	
过程（包括参加座谈的人员，察看的机器设备、厂房等具体实施的事项）：	
成果：	

客户经理：　　　　　　　　负责人：　　　　　　　　日期：

【附件5】

××股份有限公司授信调查报告

一、企业概况

1. 客户概况

××股份有限公司注册资本为1亿元，目前投产能力为64万吨。该公司边生产边建设，内抓生产，外拓市场，不断调整产品结构，完成了对焦油、粗苯、硫铵、煤气等项目的投资，既达到了环保治理要求，又增加了新的利润增长点，增强了发展后劲。

项目生产工艺先进，采用侧装捣固焦炉（国家推广的炼焦新技术），符合国家规划发展要求，捣固法比常规重力装煤多配20%～25%的瘦煤，直接降低炼焦成本，增加生化处理、洗脱苯、脱硫及硫回收、蒸氨、地面除尘站等化产项目，这些工艺可很好地回收炼焦过程中的"三废"，直接增加经济效益。

配套工程——××铁路集运站已通过铁路部门的审批。集运站的铁路直接通往该公司厂内，集运站建设相关的土地等手续已通过行政部门的批准。

该项目的建设能够满足外运焦的需要，提升企业的核心竞争力，对企业发展非常重要，同时可以带动周边经济的发展。

此外，母公司××省焦炭集团与××焦煤集团签署了战略合作协议，双方约定对对方领域互相渗透，达到共同发展的目的，这无疑为××焦化股份有限公司的原煤供应提供了保障。

2. 上下游客户及主要结算方式

供应渠道分析			
	前三名供应商（按金额大小排名）	金额（万元）	占全部采购比率（%）
1	××市宝平煤化有限公司	22940	31
2	××市参树煤化有限公司	22200	30
3	××焦煤集团	15540	21

供应商总体评价:
从供货质量与价格、供货稳定性、付款条件等方面对供应商进行描述。该公司前期原煤供应以当地和周边煤矿为主，随着母公司与××焦煤集团结为战略合作伙伴，今后企业用煤将由××焦煤集团供应。

销售渠道分析		
前三名销售商（按金额大小排名）	金额（万元）	占全部销售比率（%）
1 ××省焦炭集团	88657	100
2 无		
3 无		
该公司产品全部销售给母公司，由母公司再统一代销，回款期在120天以内。		

3. 企业财务分析

第一还款来源分析							
借款人财务分析（1）—财务简表							
资产负债简表结构和对比							
项目	××年××月		××年			××年		
	金额（万元）	%	金额（万元）	%	同行业比例（%）	金额（万元）	%	同行业比例（%）
总资产	84584.43	100.00	83315.06	100.00		55469.27	100.00	
流动资产	47628.14	56.31	42757.23	51.32	42.39	18123.47	32.67	42.39
货币资金	5623.11	6.65	2651.22	3.18	16.06	1502.13	2.71	16.06
应收账款	5688.30	6.72	9896.43	11.88	8.16	315.13	0.57	8.16
其他应收款	3755.88	4.44	2193.07	2.63	4.03	1517.78	2.74	4.03
存货	17158.19	20.29	16487.91	19.79	11.90	12547.51	22.62	11.90
长期投资	300.00	0.35	0.00	0.00	0.91	0.00	0.00	0.91
固定资产净值	15954.75	18.86	17142.81	20.58	38.98	11747.39	21.18	38.98
无形资产	1208.49	1.43	1208.49	1.45	3.23	1233.93	2.22	3.23
流动负债	57708.33	68.23	56753.82	68.12	41.17	29571.37	53.31	41.17

续表

资产负债简表结构和对比								
项目	××年××月		××年			××年		
	金额（万元）	%	金额（万元）	%	同行业比例（%）	金额（万元）	%	同行业比例（%）
短期借款及一年内到期的长期借款	5000.00	5.91	0.00	0.00	25.68	0.00	0.00	25.68
应付票据	5000.00	5.91	2500.00	3.00	3.29	0.00	0.00	3.29
应付账款	20211.21	23.89	25590.18	30.71	7.14	1532.29	2.76	7.14
长期借款合计	16500.00	19.51	16500.00	19.80	5.71	20000.00	36.06	5.71
所有者权益合计	10376.10	12.27	10061.24	12.08	44.07	5897.89	10.63	44.07
实收资本	10000.00	11.82	10000.00	12.00	15.61	6700.00	12.08	15.61
未分配利润和盈余公积	376.10	0.44	61.24	0.07	11.23	−802.11	−1.45	11.23
主营业务收入净额	58073.05	100.00	88657.04	100.00		20787.10	100.00	
主营业务成本	54323.34	93.54	76125.36	85.86	81.75	16573.06	79.73	81.75
主营业务利润	3457.25	5.95	11830.75	13.34	17.83	4153.52	19.98	17.83
营业费用	1575.31	2.71	4838.59	5.46	2.81	2622.97	12.62	2.81
管理费用	862.63	1.49	3029.42	3.42	4.96	1860.73	8.95	4.96
财务费用	679.60	1.17	3088.64	3.48	2.32	456.02	2.19	2.32
营业利润	339.70	0.58	874.10	0.99	5.90	−801.11	−3.85	5.90
利润总额	328.01	0.56	903.92	1.02	6.71	−802.11	−3.86	6.71
净利润	314.86	0.54	664.29	0.75	4.95	−802.11	−3.86	4.95

现金流			
项目	××年××月	××年	××年
	金额（万元）	金额（万元）	金额（万元）
经营活动现金流入量	43996.09	70125.45	17282.54
经营活动现金流出量	37946.40	67091.65	25522.56
经营活动现金净额	6049.69	3033.80	−8240.02
投资活动现金流净额	−2273.03	−2074.39	−23428.91
筹资活动现金流净额	−804.77	189.68	32716.47

二、银行授信方案

综合以上分析，同意按照以下方式给予授信。

授信方案						
额度类型	公开授信额度		授信方式	综合授信额度		
授信额度（万元）	10000.00		授信期限（月）	12		
授信品种	币种	金额（万元）	保证金比例（%）	期限（月）	利/费率	是否循环
国内有追索权保理	人民币	5000.00	0.00	12	按银行规定执行	是
银行承兑汇票	人民币	5000.00	30.00	12	按银行规定执行	是
贷款性质	新增	本次授信敞口（万元）		8500.00	授信总敞口（万元）	8500.00
担保方式及内容	保证人：××焦炭集团有限责任公司。质押物名称：原煤、精煤、焦炭。					

1. 保理方案

业务类型：国内有追索权保理

销售商品：焦炭

买方：××焦炭集团有限责任公司

融资比例：合格应收账款的80%

付款期限及条件：最长不超过发票日后 120 天

买方付款方式：电汇保理专户

2. 货押方案

质物：原煤、精煤、焦炭

出质人：××股份有限公司

业务模式：现货质押

授信品种：银行承兑

货权形式：动产

仓库位置：××股份有限公司自有厂区

仓库监管人：中远物流

监管模式：输出监管

保证金比例：30%

质押率：70%

赎货期：银行承兑汇票到期前一个月

【附件6】

××家集团有限公司授信调查报告

一、企业概况

1. 客户概况

××家集团有限公司（以下简称集团）主营水产品生产制造，经多年发展，现已发展至整个产业链，成为一家以食品加工、水产养殖、海洋捕捞、海洋运输及其他工业、高效农业为支柱的产、供、销、科、工为一体的国家级大型企业集团，其主导产品为水产品、方便食品加工、优质海产品养殖捕捞。

集团本部重点从事冷冻食品加工，主要产品为烧烤类、菜卷类、鱼排类、即食系列海洋食品等，产品以外销为主，上下游产品市场稳定，客户群较固定，其原料来源有保障。其水产品加工原料主要来自自身船队捕捞及养殖，原料来源有保障。产品销售主要依靠连锁店、加盟店及外派销售人员。经过几年的努力，好新家牌系列食品已在国内市场占领一席之地，销售形势看好。

2. 企业背景

随着企业规模的扩大，以及青岛蓝色经济区域发展计划的推进，集团已将研发、销售和管理团队向青岛转移，目前已有多家直营店和加盟店在银行办理 POS 业务，日常主要结算均在银行进行。集团董事长目前正在与青岛市政府就高标准的研发中心和办公楼等事宜进行协商。该集团目前已与青岛地区的多家银行开展合作。为更好地推进业务开展，银行已于 2013 年 5 月向分行上报重点客户申请，拟加大银企合作力度，从而将其上市子公司业务纳入银行集团授信中，并且积极开展供应链"1＋N"业务，目前已达到准入条件，总行将完成该业务的认定。

一是加大海参良种繁育基地建设。随着海参养殖面积的不断扩大，集团对海参育苗的需求量在逐年增加，推动了集团海参育苗规模的扩大和技术的提高。

二是集团经过 20 多年的建设，现已建成 3.6 万亩围海养殖基地，定向增发的募投项目 9800 亩围海工程成功合拢，到 2012 年末已有 5000 亩参池改造结束，已投放苗种。

三是加大海参精深加工的投入，促进传统产业升级与新兴产业培育双轮驱动。

3. 集团原有融资的使用分析

（1）集团非上市公司现有流动资产和流动负债的对比。集团非上市公司板块的流动性融资规模较大，基本覆盖了流动性资产占用的各项需求，主要原因为集团的传统经营产品中冷冻食品加工和造修船等产业板块的周转较慢，对资金形成了一定的占用。

（2）集团资金周转效率分析。集团流动资产周转率较慢的原因是受海产品行业生长周期较长的影响。集团在每年 8 月前大量采购和存储海鱼、肉类等原材料，8 月后开始批量加工、冷冻、出售，造成了集团在 8 月达到存货的高峰，目前集团存货周转天数为 188 天，采用的核算数据为年初、年末的存货余额，但集团的平均存货量要高于年末余额数，存货周转天数要高于报表中显示的天数，经企业落实，在 260 天左右。以上情况导致企业流动资产周转情况较差，会形成一定的资金占用。

（3）企业现有流贷使用的规模和判断。目前，各家银行都加大了对集团的支持力度。集团流动资金贷款余额为 190596 万元，其中好新家上市公司为 69400 万元，其余主要为集团融资，集团资金主要用于购买原材料，近三年集团非上市板块的固定资产投入较小，集团中的固定资产建设主要集中在上市公司，故集团非上市板块的短贷常用现象不明显，但考虑到集团传统行业的发展前景有限，且他行额度较高，银行本次授信不用于原有业务板块的生产经营，而是用于集团对上市公司配套产品的生产经营。

二、担保情况分析

1. 担保人

山东××实业有限公司注册地为××市虎山镇沙嘴子。为了更好地规范公司的行为，2000 年，根据董事会决议和临时股东大会决议，根据×体改函字〔2000〕6 号文批复，山东××水产股份有限公司（后更名为山东××实业有限公司）下设两家子公司：××家集团有限公司、山东××家海洋发展股份有限公司。

经过多年的公司改革，目前山东××实业有限公司（以下简称担保人）已逐渐转型为管理类行业，目前主要的经营范围有公司医院、××宾馆、养貂场。

担保人是全国农产品加工出口示范单位、全国食品工业优秀龙头食品企业、中国工业行业排头兵、中国专利山东省明星企业、省级高新技术企业、省级文明单位，下辖的山东××家海洋发展股份有限公司被评为"全国农业产业化优秀龙头企业"，水产养殖区被列为全国水产养殖标准化示范区。"××家"海洋食品被评为"中国名牌产品"，××家注册商标被评为"中国驰名商标"。担保人为第十一届全运会海参产品独家供应商和海洋食品指定供应商。

担保人资产总额为594252万元，其中流动资产为305979万元，累计实现销售收入49800万元，实现利润总额4318万元。担保人管理规范，管理层从业时间较长且经验丰富，具有良好的诚信；经营活动稳定，行业前景看好。

担保人自成立以来从未发生过借款逾期和欠息现象，具有较强的融资能力、还款意识和保持良好银行信用的观念。

2. 实际控制人——担保人×××

担保人董事长×××提供个人连带责任保证。×××从美国就读完MBA归国后转战商场，刚开始靠着几条小渔船捕捞起家，现在已经发展成为拥有一个上海证券交易所A股上市公司、总资产50多亿元的企业家，现为全国劳动模范、全国优秀乡镇企业家、××市发展经济创业功臣，并任××市食品工业协会会长。

作为第二还款来源，山东××实业有限公司和董事长×××在集团无法正常还款时，愿意承担全额连带责任，代偿不分先后。

三、银行授信方案

1. 银行贷款投向及额度分析

本次银行授信将投向集团中配套上市公司扩大海参养殖规模的产品生产经营，该部分的经营风险较低，且与上市公司挂钩，银行授信间接投向优质资产。

银行拟以生产人工礁石、修船、电煤采购为贷款用途与集团开展12000万元的综合授信业务，流动资金贷款7000万元，银行承兑汇票5000万元（40%的保证金）。

集团需要投入18000万元生产人工礁石，为上市公司；由于上市公司海水养殖区域的增大，作业渔场的出海次数和维修次数都有所提高，从而增加了造船厂的造船费和维修费；好新家上市公司购买集团的网具、电费、纸箱包装、塑料包装等资金需求在 2012 年的基础上增加 10% ~ 30%，其中热电厂的供电需要增加了 1200 万元的资金需求，箱板纸资金需求增加了 600 万元。

银行本次贷款 12000 万元给集团，资金用于采购 ×× 家上市公司人工礁石项目生产所需的原材料，贷款额度符合集团 2013 年资金的使用需求。

2. 集团流动资金需求测算

本次授信申报总额度为 12000 万元，授信总敞口为 10000 万元，其中流动资金贷款为 7000 万元，银行承兑汇票额度为 5000 万元，40% 的保证金。通过测算显示，申请人集团可以整体增加流动资金贷款规模 52420 万元。申请人集团资金的具体投向是用于采购人工礁石加工的原材料，加上其他资金需求，共计 18000 万元，主要是为上市公司人工礁石项目配套服务，本次在银行申请授信 12000 万元，属于合理范围。

四、银行贷后管理

1. 七天用途检查

申请人通过受托支付贷款方式在银行贷款 3000 万元，用于满足购买生产人工礁石所需的原材料、发电所需的煤炭采购及造修船所需的流动资金需求，银行受托支付给荣成 ×× 水产有限公司 1000 万元、荣成 ×× 水产有限公司热电厂 500 万元、荣成 ×× 水产有限公司塑料网具厂 1500 万元。经检查，授信用途符合银行授信要求。

申请人通过受托支付贷款方式在银行贷款 2000 万元，用于满足购买生产人工礁石所需的原材料、发电所需的煤炭采购及造修船所需的流动资金需求，银行受托支付给荣成 ×× 水产有限公司塑料网具厂 2000 万元。经检查，授信用途符合银行授信要求。

申请人通过受托支付贷款方式在银行贷款 2000 万元，用于满足购买生产人工礁石所需的原材料、发电所需的煤炭采购及造修船所需的流动资金需求，银行受托支付给荣成 ×× 水产有限公司 1000 万元、荣成 ×× 水产有限公司塑料网具厂 1000 万元。经检查，授信用途符合银行授信要求。

2. 全面风险检查

每季度做一次全面风险检查。

第一季度，本阶段新发放 1500 万元差额 40% 保证金的银行承兑汇票、7000 万元的流动资金贷款，总资产为 554006 万元，销售收入为 183265 万元。借款人定量预警信号：速动比率下降（批发零售业降到 0.4 以下，其他行业降到 0.8 以下）。企业主要产品海珍品生长周期通常为 1 年以上，回收期较长，企业存货增加，导致速动比率下降。

第二季度，本阶段新发放 2500 万元差额 40% 保证金的银行承兑汇票，总资产为 561401 万元，销售收入为 248610 万元。定量预警信号：存货周转天数上升（批发零售业达 90 天，其他行业 180 天）。近年来，受国际金融危机蔓延的影响，市场需求量降低，原材料价格较高，利润空间变小，但是公司依靠自身过硬的产品质量、技术水平和自己的规模化竞争优势，依旧保持了较快的发展速度，2012 年累计实现销售收入 25.8 亿元。2012 年公司存货周转天数为 256 天，由于海珍品生长周期通常在 1 年以上，回收期相对较长，公司存货周转速度高于其他行业。

第三季度，无新发放贷款，总资产为 570457 万元，销售收入为 24870 万元。定量预警信号：存货周转天数上升（批发零售业达 90 天，其他行业 180 天）。

第四季度，本阶段新发放 2300 万元差额 40% 保证金的银行承兑汇票，总资产为 589382 万元，销售收入为 98389 万元，定量预警信号：存货周转天数上升（批发零售业达 90 天，其他行业 180 天）。近年来，受国际金融危机蔓延的影响，市场需求量降低，原材料价格较高，利润空间变小，但是公司依靠自身过硬的产品质量、技术水平和自己的规模化竞争优势，依旧保持了较快的发展速度。

3. 平行作业检查

分行风险经理及支行客户经理对申请人进行了一次平行作业，现场参观了企业集团核心办公地点，并与企业财务负责人深入沟通，加深对企业的了解，掌握企业生产经营情况，防范授信后风险，了解贷款资金的流向，并就上市公司的近期发展状况进行了沟通。调查发现，企业经营情况良好，开工正常，能够按照银行批复的要求使用贷款资金。银行通过加强公私联动业务的开展，进一步加强了企业的忠诚度，为更好地防范风险起到了保障作用。

分行风险经理及支行客户经理对申请人进行了第二次平行作业，在企业财务办公室与企业财务负责人见面，了解首次授信后企业的实际经营情况、财务情况，以及授信款项使用是否合规，并从企业财务负责人处获取了最新的授信材料，为企业授信到期并叙做做好准备。

【附件7】

账户监管协议

甲方：××银行＿＿＿＿＿＿＿＿＿＿＿＿

乙方：＿＿＿＿＿＿＿＿＿＿＿＿

为了保障甲方与＿＿＿＿＿＿＿＿（以下简称主债务人）于＿＿＿＿＿年＿＿＿＿月＿＿＿＿日签订的编号为＿＿＿＿＿＿＿＿＿的借款合同（以下简称借款合同）项下债权的实现，依据《合同法》《民法通则》及其他有关法律法规，甲乙双方经平等协商一致，订立本账户监管协议。

第一条　账户的开立

1.1　乙方以下述作为主债权还款保障的，须就该收入在甲方开立第1.2条规定的存款账户：

A. 移动通信收费收入；

B. 供水/供电/供气收费收入；

C. 有线电视收费收入；

D. 供热收费收入；

E. 财政收入：＿＿＿＿＿＿＿＿＿＿＿＿＿；

F. 其他收入：＿＿＿＿＿＿＿＿＿＿＿＿＿。

1.2　乙方在甲方或其辖下的＿＿＿＿＿＿＿＿＿＿＿＿（指定开户行）开立基本存款账户/一般存款账户。账户名称：＿＿＿＿＿＿＿＿＿＿＿＿＿，账号：＿＿＿＿＿＿＿＿＿＿＿。双方同意该账户为本协议所称监管账户。

1.3　乙方承诺按下述第＿＿＿＿＿条规定的方式接受甲方对其收入实施账户监管：

1.3.1　若监管账户为基本存款账户，乙方承诺将其所有收入均存入该账户。若监管账户为一般存款账户，乙方承诺该账户是唯一的收费账户，保证将第1.1条约定的所有收入款项全部存入该收费账户，并承诺在其与相关第三方签订的合同或收费单据中明确，所有款项直接汇入该收费账户。

如果甲方认为有必要，乙方应提供相关第三方的书面承诺，保证将应支付款项汇入监管账户。

1.3.2　乙方承诺将其第1.1条所述收入的百分之_____存入该监管账户，并根据甲方要求，提供相关第三方关于保证将应支付款项汇入监管账户的书面承诺。

第二条　账户的日常监管

2.1　乙方授权甲方对账户进行日常监管，包括但不限于对监管账户的资金收入和支出情况进行了解和记录，依据本协议对账户资金使用进行限制。

2.2　本协议有效期内，监管账户余额在任一时点均不得低于最低存款额，即_____万元（如存款为外汇，则按当日牌价换成人民币计算）。

2.3　乙方从监管账户的单笔提款数额超过_____万元的，须征得甲方书面同意后方可予以办理支付手续。

2.4　乙方承诺监管账户余额低于第2.2条约定的最低存款额的，将及时采取措施补足存款差额。在未补足存款差额之前，甲方有权拒绝乙方从该账户提取任何款项。

2.5　本协议有效期内，乙方必须保证监管账户资金的月流入量不低于_____万元。

如月资金流入量低于本协议约定数额，甲方有权决定采取下述一种或几种措施：

（1）自下月起提高第2.2条中的最低存款限额，直至月流入量恢复本协议约定数额为止；

（2）自下月起降低第2.3条中的单笔提款限额，直至月流入量恢复本协议约定数额为止；

（3）停止发放乙方尚未提取的贷款或要求乙方提前归还全部或部分已提取贷款。

第三条　账户的特殊监管

3.1　乙方授权甲方对监管账户进行特殊监管，包括但不限于授权甲方在本协议规定的情形发生后对监管账户资金进行相应的冻结和扣收。

3.2 乙方授权甲方在发生下列情形之一时对监管账户资金进行冻结，直至违约行为得到纠正，并被甲方认可：

（1）乙方违反第1.3.2条规定；

（2）主债务人发生借款合同项下的违约。

3.3 乙方授权甲方在发生下列情形之一时对监管账户资金进行冻结，并在主债务人到期未履行或未完全履行相关义务时从监管账户扣收贷款本息及其他应由借款人支付的费用：

（1）借款合同约定的结息日前_____天，主债务人没有将应偿还的贷款利息存入相应账户内；

（2）在借款合同规定的贷款偿还（含分期偿还）期限（包括甲方宣布提前到期）前_____天，主债务人没有将应还的贷款本金存入相应账户内。

3.4 甲方依据第3.3条从监管账户直接扣收相关款项的范围包括但不限于借款合同项下全部借款本金、利息、罚息、复利、违约金、赔偿金、实现主债权的费用和所有其他应付费用，直至上述款项全部得到清偿为止。

3.5 关于最低存款余额的约定不对甲方依据第三条约定扣收贷款本息及其他费用构成任何限制。

第四条　双方的权利和义务

4.1 未经甲方书面同意，乙方不得就第1.1条约定的收入与甲方之外的任何银行签订账户监管协议，但本协议采取第1.3.2条规定的账户监管方式时除外。

4.2 甲方有权要求乙方协助避免监管账户及账户内资金受到或可能受到来自任何第三方的侵害，乙方有义务通知并协助甲方避免侵害的发生。

4.3 甲方未行使或部分行使或迟延行使本协议项下的任何权利，不构成对该权利或任何其他权利的放弃或变更，也不影响其进一步行使该权利或任何其他权利。

4.4 主债务履行期届满借款合同债务人履行债务，或主债权得到清偿的，甲方应及时解除对监管账户的日常监管和特殊监管。

4.5 乙方有下列情形之一的，应当及时书面通知甲方：

（1）收费权限、收费价格、收费期限等发生变化；

（2）经营机制发生变化，包括但不限于实行租赁、承包、联营、合并、分立、股份制改造、与外商合资合作等；

（3）经营范围、注册资本或出资、股权发生变动；

（4）涉及或可能涉及重大经济纠纷、诉讼、仲裁，监管账户资金被他人强制执行或依法冻结；

（5）破产、歇业、解散、被停业整顿、被吊销营业执照、被撤销××登记；

（6）单位名称、章程、营业地址、电话、法定代表人或负责人等发生变更。

4.6　甲方与主债务人协议变更借款合同的，除贷款展期和增加贷款金额外，无须乙方同意，乙方仍遵守本协议的所有约定。

第五条　违约和违约救济

5.1　本协议生效后，任一缔约方不履行或不完全履行本协议项下的任何义务，或违背其在本协议项下所作的任何陈述、保证与承诺的，即构成违约。因此而给对方造成损失的，应予赔偿。

5.2　本协议任一缔约方有下列情形之一的，应当承担因此引起的额外费用和损失：

（1）未按本协议约定作出相关通知或通知内容与事实不符；

（2）在正常工作时日内，拒绝接收对方依本协议作出的通知。

5.3　如因乙方原因造成本协议无效，乙方应在第3.4条约定的相关款项范围内赔偿甲方的全部损失。

5.4　除本协议另有规定外，任一缔约方违约，另一缔约方有权采取中华人民共和国法律法规及规章规定的其他任何措施。

第六条　生效、变更和解除

6.1　本协议自缔约方签署之日起成立，自乙方在甲方开立监管账户之日起生效。

6.2　本协议有效期为：自本协议生效之日起，至借款合同项下的借款本金、利息、罚息、复利、违约金、赔偿金、实现债权的费用和所有其他应付费用全部清偿之日止。

6.3　本协议的任何变更均应由缔约各方协商一致并以书面形式作出。

变更协议构成本协议的一部分，与本协议具有同等法律效力。变更协议生效前本协议仍然有效。

6.4 本协议任何条款的无效或不可执行，不影响其他条款的有效性和可执行性，也不影响整个协议的效力。

6.5 本协议的变更和解除，不影响缔约各方要求赔偿损失的权利。本协议的解除，不影响本协议中有关争议解决条款的效力。

第七条 争议解决

7.1 本协议的订立、效力、解释、履行及争议的解决均适用中华人民共和国法律。在协议履行期间，凡由本协议引起的或与本协议有关的一切争议、纠纷，当事人可以协商解决，也可直接以下述两种方式解决：

（1）将该争议提交_____仲裁委员会，按提交仲裁申请时该仲裁委员会有效之仲裁规则，在_____（仲裁地点）仲裁解决。仲裁裁决是终局性的，对双方均有约束力。

（2）在甲方所在地法院通过诉讼方式解决。

第八条 双方约定的其他事项

8.1 _____。

8.2 _____。

8.3 _____。

第九条 附 件

9.1 本协议附件是本协议不可分割的组成部分，与本协议正文具有同等的法律效力。

9.2 本协议的附件包括：

附件一：

附件二：

第十条 附 则

10.1 本协议正本用中文书写，一式_____份，甲乙双方和_____各执一份，具有同等法律效力。

甲方：××银行_____（公章）

负责人（授权代理人）：_____（签字）

乙方：_____（公章）

法定代表人（授权代理人）：＿＿＿＿＿＿＿（签字）

日期：＿＿＿＿年＿＿＿＿月＿＿＿＿日

【附件8】

银行承兑汇票质押贷款业务合同

申请人：　　　　　　　　　　　　　　（以下简称甲方）

住所：　　　　　　　　　　　　邮政编码：

法定代表人：　　　　　　　　　联系人：

电话：　　　　　　　　　　　　传真：

银行：　　　　　　　　　　　　（以下简称乙方）

住所：　　　　　　　　　　　　邮政编码：

法定代表人：　　　　　　　　　联系人：

电话：　　　　　　　　　　　　传真：

甲乙双方本着平等互利的原则，经友好协商，签署本合同。

第一条　银行承兑汇票质押贷款业务是指客户以其持有的符合贴现规定的银行承兑汇票作为质押，银行为客户提供短期流动资金贷款的业务操作形式。

本次质押针对的主债权合同：＿＿＿＿＿＿，合同编号：＿＿＿＿＿＿。

第二条　甲方提供质押的银行承兑汇票信息如下：

单位：元

汇票号码	汇票金额（大写）	出票日期	到期日期	承兑银行

本次银行承兑汇票质押，甲方另选择提供_____万元的定期存单质押，存单编号：_____。

第三条 甲方的保证与承诺

1. 向乙方提交的银行承兑汇票、增值税专用发票、商品交易合同或商品发运单据以及其他材料是真实的。

2. 甲方承诺提供的银行承兑汇票由甲方合法拥有，具有真实、合法的商品交易背景。

3. 甲方承诺提供质押的应收银行承兑汇票不存在任何缺陷或瑕疵。

4. 被质押银行承兑汇票不会出现虚假、瑕疵、非法或其他票据问题而导致无法托收或托收不能的情形。

5. 甲方承诺承担因被质押银行承兑汇票到期托收不能而给乙方造成的一切损失。

如甲方违反以上保证与承诺，甲方必须在三个工作日内向乙方缴存足以兑付新签发银行承兑汇票金额的现金，并赔偿乙方由此而产生的一切损失。如甲方未能按要求返还该款项，乙方有权随时从甲方开立在其系统内各机构的账户上扣除上述款项。

第四条 乙方将根据拟质押银行承兑汇票的查询查复确认结果决定办理质押贷款。

第五条 在甲方提交拟质押银行承兑汇票后，乙方需查证票据，对于瑕疵票或假票等不符合乙方收票条件的票据，乙方有权退回甲方。

本合同生效后，甲乙双方当事人均应如约履行本合同项下的义务。任何一方不履行或不适当履行本合同项下的义务，应承担违约责任。

第六条 本合同生效后，除本合同已有约定外，甲乙任何一方均不得擅自变更或解除本合同；确需变更或解除本合同的，应经甲乙双方协商一致，达成书面合同，并由甲方和乙方各自的法定代表人或授权代理人签字并加盖各自的公章方为有效。

第七条 甲乙双方之间发生的关于本合同的一切争议，双方可协商解决。协商不成需诉讼的，由乙方所在地的人民法院管辖。

第八条 本合同自甲方和乙方各自的代表人或授权代理人签字并加盖各自的公章之日起（含该日）生效。本合同生效后，甲方或乙方发生合并或分立或改制的，本合同对合并或分立改制后的全体法人或其他组织同时具有约束力。

　　第九条　本合同正本一式两份，甲方和乙方各执一份，具有同等的法律效力。

　　甲　方：　　　　　　　　　乙　方：
　　法定代表人：　　　　　　　法定代表人：
　　（或授权代理人）　　　　　（或授权代理人）
　　签订日期：＿＿＿年＿＿＿月＿＿＿日　　签订日期：＿＿＿年＿＿＿月＿＿＿日

立金银行培训中心名言

1. 做商业银行客户经理，为人处世必须能屈能伸，可方可圆。

对客户的不理解，暂时遇到的困难，不必较真，大度一些。外表大度圆融，内心见棱见角，有自己的做人原则，不触动底线。二者相辅相成，缺一不可。

2. 在人海中，如果我们不想孤立，就要学会如何与人相处。不要求你喜欢所有的人，但同时世上也没有什么最牛的人。和为贵，就是要互相留台阶，互相给面子。

3. 平常心看待平常人，摘下你的有色眼镜，你看到的天空才是蓝的，没有非常喜欢的人，也没有非常厌恶的人。尊重你的客户，但不要仰视，即便他是你的存款大户。尊重你自己，但不放纵自己，即便我们已经业绩惊人。心胸要大些，对自己要求严格些；大事清楚些，小事糊涂些。

4. 融入世俗，做事不必与俗同，亦不宜与俗异。做事不必令人喜，亦不可令人憎。对事不对人，对事无情，对人要有情；做人第一，做事其次。做人要尽朋友之力，做事要尽人臣之分。

5. 银行客户经理每日要精神饱满，嘴角上翘，将痛苦、忧愁与失望藏于微笑后面。有人在你面前说某人坏话时，你只微笑。

6. 每位客户经理要记住，长相是父母给的，聪明与否是上帝定的，但是做人的态度是自己可以决定的。如果长相不好，就让自己有才气；如果才气也没有，那就微笑。要努力不息，拼命去力争上游。

7. 急事，慢慢地说；大事，清楚地说，关乎资产质量的都是大事；小事，幽默地说，指标多些少些都是小事；没把握的事，谨慎地说，吃不准的银行产品要谨慎；没发生的事，不要胡说；做不到的事，别乱说。

8. 人在一生当中从事各种活动最重要的是人力资源。对于从事业务的银行客户经理来说，人力资源更加重要。说得直观一点，人力资源就是一个人的营销网络，有了这张网，才能顺利地进行自己的各种营销活动，拿到存款。所以，初涉金融圈的银行客户经理在了解银行产品的同时，要尽快建立起自己的人力资源关系。

9. 人和人相遇，靠的是一点缘分；人和人相处，靠的是一份诚意；人和人相爱，靠的是一颗真心。人与人相处既是一门学问，也是一种艺术。在交往中学会与人相处，会有好人缘，会得好人心，会有好事随。

10. 银行客户经理学会大方，请客吃饭都是小钱，都是在加杠杆，只要客户肯帮你，你会赚得盆满钵满；显示你的大方，会让每位客户都喜欢你。

11. 银行客户经理要学会低调，有大将风度。凡事不以物喜，不以己悲。总是一颗平常心，不要轻易向别人显示喜或悲。你喜，有人会嫉妒你；你悲，也没有人会同情你，反而会搞坏你的心情。

12. 未来的竞争是抢位，抢接口。商业银行领导者最关键的要点在于：一是对未来经济发展趋势有着极为精准的判断；二是能够确立正确的商业模式。

13. 商业银行做存款业务的诀窍就是押贷期限的错配，即质押物和银行融资期限的错配。短银行承兑汇票质押发放长期限贷款，短应收账款质押发放长期限银行承兑汇票，存款通过错配得来。同时，通过存款结构性安排，企业无须再提供额外的费用支出，银行和企业各取所需。企业若认为成本相对合理，会接受银行的方案。

14. 商业银行做中收业务的诀窍就是操作资金撮合业务，通过借贷双方信息不对称、借贷之间预期值的不同，借款人可以承担较高的利率，贷出人可以接受较低的利率，中间的利差就是商业银行的中间业务收入。商业银行实际承担借款人的信用风险，利差是对商业银行承担风险的补偿，而商业银行经营的就是风险。

常用银行公司业务信贷产品（100个）

一、票据	二、保函	三、贸易融资	四、贷款	五、承诺及投行	六、供应链融资
1. 敞口银行承兑汇票	1. 投标保函	1. 全额保证金国内证	1. 流动资金贷款	1. 固定资产贷款承诺函	1. 明保理
2. 全额保证金银行承兑汇票	2. 履约保函	2. 敞口国内信用证	2. 项目贷款	2. 流动资金贷款承诺函	2. 暗保理
3. 准全额保证金银行承兑汇票	3. 预付款保函	3. 银票质押国内证	3. 股权质押贷款	3. 贷款＋保理	3. 反向保理

续表

一、票据	二、保函	三、贸易融资	四、贷款	五、承诺及投行	六、供应链融资
4. 买方付息	4. 质量保函	4. 商票票质押国内证	4. 增发贷款	4. 法人透支承诺	4. 保理银票
5. 银票拆分	5. 预售资金监管保函	5. 国内信用证买方押汇	5. 并购贷款	5. 信贷证明	5. 按揭分期
6. 商票保贴	6. 安全生产保函	6. 国内信用证卖方押汇	6. 商标权质押贷款	6. 发债承销	6. 买方信贷
7. 商票保押银票	7. 并购保函	7. 国内信用证议付	7. 固定资产贷款	7. 意向性授信承诺	7. 出口退税账户质押贷款
8. 银票错配	8. 后续出资保函	8. 国内信用证福费廷	8. 小镇贷款	8. 集团授信承诺	8. 新能源补贴质押贷款
9. 票据池	9. 租赁保函	9. 国内信用证银票议付	9. 飞机融资	9. 主动授信	9. 投标定向贷款
10. 银票提前填满敞口	10. 出国留学保函	10. 进口信用证	10. 房地产开发贷款	10. 商票保兑承诺	10. 政府购买贷款
11. 银票收益权融资	11. PPP项目投标保函	11、进口信用证押汇	11. 住房按揭贷款	11. 短期融资券（CP）	11. 政府中标贷款
12. 商票收益权融资	12. PPP项目履约保函	12. 出口信用证打包贷款	12. 委托贷款	12. 中期票据（MTN）	12. 海陆仓贷款
13. 银票质押贷款	13. PPP项目交付保函	13. 出口信用证议付	13. 军品见证贷款	13. 超短期融资券（SCP）	13. 封闭动产质押贷款
14. 商票拆分	14. 海关关税保函	14. 进口打包贷款	14. 银团贷款	14. 资产支持票据（ABN）	14. 三方保兑仓
15. 财票贴现	15. 业绩承诺保函	15. 出口打包贷款	15. 小微贷款	15. 项目收益票据（PRN）	15. 四方保兑仓
16. 小票换大票	16. 双向保函	16. 保付代理	16. 信用贷款	16. 绿色债务融资工具（GN）	16. 权证融资
17. 标准化票据	17. 税收保函	17. 跨境人民币融资		17. 资产池融资	

　　每位银行客户经理平时都用到哪些银行信贷产品？产品使用的越多，与客户的合作黏性越好。